湖南省教育科学"十四五"规划2021年度立项课题"新课标背景下语文课堂教学逻辑与活力研究"（课题批准号：XJK21CJC023）阶段性成果之一

徐昌才　刘昭文 ／ 著

『教』出一片好风光

雅 礼 名 师
语文教学新探

诗意长相歌
&
古风苍茫文
&
小说新天地
&
情理练达文

君子终日乾乾

經天緯地之手

及时奋发精神

雅

集大成可卜

由勉学問致家

好把写字宙

九州出版社
JIUZHOUPRESS

图书在版编目（CIP）数据

"教"出一片好风光：雅礼名师语文教学新探 / 徐

昌才，刘昭文著. -- 北京：九州出版社，2024.1

ISBN 978-7-5225-2489-4

Ⅰ. ①教… Ⅱ. ①徐… ②刘… Ⅲ. ①中学语文课–

教学研究 Ⅳ. ①G633.302

中国国家版本馆 CIP 数据核字(2023)第 211432 号

"教"出一片好风光：雅礼名师语文教学新探

作　　者　徐昌才　刘昭文　著
责任编辑　陈春玲
出版发行　九州出版社
地　　址　北京市西城区阜外大街甲 35 号(100037)
发行电话　(010)68992190/3/5/6
网　　址　www.jiuzhoupress.com
印　　刷　长沙市精宏印务有限公司
开　　本　710 毫米 × 1000 毫米　16 开
印　　张　21
字　　数　220 千字
版　　次　2024 年 1 月第 1 版
印　　次　2024 年 1 月第 1 次印刷
书　　号　ISBN 978-7-5225-2489-4
定　　价　98.00 元

序

循语文之道，发生命之光

◎汲安庆

认识徐昌才老师，是从他的《恋上大唐诗生活》一书开始的。

《杜甫的"眼泪"为谁流》《"风"言"风"语情义长》《谁来关心一棵小草》……书中的每一篇阐析文章，视角是那么独特，视野是那么开阔，阐析又是那么清晰、灵动，与平时看到的很多语文名师的套板之作反差颇大，一下子吸引了我的目光。了解渐多，特别是得悉他自2011年到2023这12年间，先后出版了《你的时光，我曾来过》《踏梦犹唱蝶恋花》《风流雅韵在宋词》《向文本更深处漫溯》等26部著作，简直呈井喷之势，更是震撼不已，这得需要怎样的激情、勤奋与才华？

缘于此，当他将与刘昭文老师合著的书稿《"教"出一片好风光》发来，请我写序时，尽管手头事情堆积如山，还是不由自主地答应了。撇开徐老师作家型教师与学者型教师融为一体的特殊魅力，我也很想第一时间见识一下湖南顶级名校的名师，在当下喧哗与躁动、自信与迷茫杂糅的课改时代，是否依然能把持好我与时代、我与语文、我与学生的关系，在陶冶并确证师生言语生命的同时，持守住语文阅读教育的固有魅力？很欣慰，随着阅读的推进，书稿中的文字不仅渐渐打消了我的疑虑，还让我有了时遇同道的惊喜。

书稿按"诗意长相歌""苍茫千古文""小说新天地""情理练达文"四个部分，呈现了诗歌、小说、散文等不同文类、不同文本的个性化教学探索，可以说是两位老师高中语文阅读教育的心灵之旅。让我欣悦的并不是对当下时尚芜杂概念的热切呼应，而是基于文学史、文化史、语文教育发展史，从实践层面对语文阅读教育为何教、教什么、怎么教这些根本问题以及当下的诸多理念，进行了更为理性、深邃、独特的思考与探索。

一、为何教：致用、致美、致在的统一

当下语文阅读教育，学者们偏好探究"教什么"，一线教师更倾向于琢磨"怎么教"，"为何教"成了一个似乎无须审视的问题。结合中国语文教育史和当下的语文课程标准，"为何教"俨然经历了"吸收知识——习得能力——积淀素养"这样一个认知过程。在狭隘的功利主义者眼中，便只剩下"应试考高分"这唯一的目的了。

但是人们从未思考过，如许的认知是在何种语境中产生的？有何历史意义？当下是否适恰？与发达国家的教育认知比，还存在哪些差距？该如何消弭差距？比如，不论是民国时期叶圣陶提出的培养"应付生活的普通公民"，还是20世纪八九十年代盛行的"培养听说读写能力"说，抑或当下的"发展语文核心素养"说，均带有明显的指向生活、实现物质需求的"致用"取向，对充盈自我、发展自我、实现自我，满足精神需求的"致美""致在"取向，其实是非常淡漠的。即便是人们津津乐道的语文核心素养指向，与民国时期

的知情意和谐发展的指向比，依然有避虚就实、重外轻内的偏颇，更别说放逐素养发展、只求刷题的异化价值观了。

在这样的认知语境中来看徐、刘两位老师《"教"出一片好风光》中的价值取向，不难为其恒定而超拔的坚守所感动。他们追求致用，诸如关注课程目标、单元目标、单篇目标的落实，讲究词义辨析、文脉梳理、形象分析等，但也会关注情意的陶冶——比如从《梦游天姥吟留别》感受李白的浪漫、风雅与自由，还会追求趣味的激发——问学生"照顾鹅儿与雏鸭"可否改为"照顾鹅儿与鸡鸭"，或者改为"照顾鹅儿与牛羊""照顾鹅儿与猪狗"？讲求文化的滋养——如将周南中学校园文化与《诗经·周南》联系起来，提炼知书达理、礼待贤才等文化基因，将雅礼中学的校训"公、勤、诚、朴"与《论语》中的"子所雅言，诗书执礼"进行会通，甚至还能关注自我心像的建构——对"一尊还酹江月"的阐释：端起酒杯，临江洒酒，让江水冲走万古忧愁，举酒对月，与明月同饮共醉，活在江天明月之间，获得大自在、大快乐、大境界。这是对苏东坡诗意人格的诠释，何尝不是在学生心中播下诗意心像的种子？因此，很好地实现了实用与虚用的统一。

细读《"教"出一片好风光》不难发现：徐、刘两位老师还注意了专用与泛用的统一，以语文为体，他科为用，很自然地守住语文体性，同时走向学科融合——对《天狗》中夹杂"Energy"单词的解释，便触及了社会学、文化学的内容；追求小用与大用的统一，将学生的个人发展与社会的发展、民族的发展乃至学科的发展结合起来——在《红烛》《峨日朵雪峰之侧》等篇的教学均能见出这种思想倾向。这种追求，与当下只注重实用、专用、小用，鄙视情意素养培育，觉得这样做很水、很空、很假的功利主义倾向比，教育境界不啻霄壤。

难能可贵的是，两位老师还有至美的教育追求：内容上，注意引导学生感受文本的情思之美、人格之美、趣味之美等，如从迷娘回乡路途的艰险，感悟"我"和"你"（知心人）同心同德回家的决心与意志；从"云雀"意象中读出作者昂扬奋发、积极向上的精神风貌；玩绎"白日依山尽，黄河入海流"一句中为何用"白日"而不用"红日"的秘妙。感受文本的情思之美，不少优秀的教师会自觉践行，但是触及作家的言语人格、言语情趣乃至言语气势、言语韵味等构成的言语气韵层，鲜有人能做到，因为这需要颇为深厚的学养和对培根铸魂理念的深度认同。形式上，感受文本的结构之美、修辞之美、节奏之美等——抓住出现两次的"我们"，揭秘特朗斯特罗姆《树与天空》一诗意脉的精致与深刻；解读"纵一苇之所如，凌万顷之茫然"一句，抓住"纵""凌"二字与《与朱元思书》《洛神赋》会通，体会作者轻盈飘举，御风飞翔般的快意与自由；分析《子路、曾皙、冉有、公西华侍坐》中的人物性格及孔子的心情之变，品味《鸿门宴》中的矛盾冲突，便触及了文本的叙事节奏之美。教学方法上，追求科学与审美的相乘——不仅关注知识建构的正确与否，还关注建构得是否富有美感；感性与理性的相乘——很多深刻的理解，都是借助了学生熟悉的文本、现象或案例，如从儒家"三不朽"、佛教"六道轮回"、西方"灵魂不灭"解读"故物与我皆无尽也"中蕴含的哲理，令人耳目一新；熟悉与陌生的相乘——让学生自由言说，再介入讨论，形成思维的相互触发之势，颇有道家的顺势而化智慧；学习《陈情表》一文，解读"苦情牌""窘情牌""情理牌"的言说艺术，这种对话的张力一直存在。因而，徐、刘两位老师的阅读教学，即使没有时尚的情境设计、任务驱动，依然处处散逸着思想的清芬，以及个性化审美创造的光辉。

二、教什么：学养、学识、情怀的合体

《"教"出一片好风光》在"为何教"的问题上，突出致用、致美、致在相统一的价值取向，在"教什么"的问题上随之显出了与一般老师不同的选择取向。

传统的语文阅读教学，基本上是在知识分类学视域下展开的。有的是围绕现代认知心理学的分类"陈述性知识、程序性知识和策略性知识"展开教学，有的是围绕舒尔曼的"学科教学知识"（简称"PCK"，指教师对学习者的知识、课程知识、教学情境知识和教法知识等）展开，有的则是不知不觉地围绕中国学者陈向明提出的"为了实践的知识""实践中的知识"和"实践性知识"而展开①。不过，尽管有理论引领，在一线老师那里，这些理论还是被打了折扣。受应试教育的影响，大家更多的是关注陈述性知识和策略性知识，程序性知识不是很被重视——即使重视，也是关注共识性的知识，忽略"独识性"的知识；重视课程知识、教法知识，忽略对学习者的知识及教学情境知识；重视"实践中的知识"和"实践性知识"，忽略"为了实践的知识"，等等。

徐、刘两位老师显然突破了知识本位的教学，更看重各类知识的和谐共生以及基于其上的问题解决、生命会通、情意陶冶与个性彰显。换言之，在教什么的问题上，他们并未只停留在知识的建构、能力的训练上，而是在此基础上，开始谋求学养、学识、情怀的融为一体，共生共荣。

由于有了致用、致美、致在相统一的价值取向统摄，在徐、刘两位老师那里，学养的积淀已超越了传统的听说读写训练，他们更关注知识建构、能力训练的生活性、情境性、系统性与灵动性，进而将语文核心素养的发展落到了实

---

① 陈向明.教师最需要什么素养[J].中国教育学刊，2018（8）：1.

处。同是追求记诵之学，两位老师更看重特定情境的自然激活与会通——这从学生自觉将李白诗句"半壁见海日，空中闻天鸡"，与李贺诗句"我有迷魂招不得，雄鸡一声天下白"进行比较阅读，不难一窥消息。同是追求阅读理解，他们更看重辽阔视域下多层面、专题性的深刻理解——如研读《登泰山记》倒数第二自然段，一学生以"怪"字来概括泰山的主要特点，依据有三：1.三多——"山多石""多平方""多松树"；2.三少——"少土""少圆""少杂树"；3.三无——"无瀑水""无鸟兽音迹""至日观数里内无树"，总计九个特点，合称"泰山九怪"。同是词语辨析、知识讲解，他们更看重特定语境下认知的适恰性、系统性与细腻性——解读"羽化而登仙"一句中的"羽化"，竟能从生物学上的蛹破茧成蝶，飞升飘举，获得自由，说到"庄周梦蝶"生化的逍遥游思想，从而完成对苏轼轻舞飞扬，飘飘成仙的自由与惬意的内心世界的解读。

叶圣陶曾抨击旧教育"可以培养记诵很广博的两脚书橱，学舌很巧妙的人形鹦鹉，可以培养或大或小的官吏和以教读为生的儒学生员，却不能培养能运用国文这一种工具应付生活的普通公民"[①]。正是看到了旧教育狭隘应试教育观指导下的知识教育、能力训练的弊端，知识教育、能力训练不与生活相连，很容易走向机械化；不与情境相连，很容易冷漠化；不与逻辑相连，很容易碎片化；不与自我生命相连，很容易走向工具化。徐、刘两位老师从学养积淀的高度来择定与建构知识，所以很好地规避了上述弊病。

两位老师不仅教学养的积淀，更教学识的磨砺。主旨领悟、结构把握、语言赏析、手法揭秘……只要有学识磨砺的机会，两位老师均会极力开发，从

---

① 叶圣陶.叶圣陶语文教育论集[M].北京：教育科学出版社，1980：8.

而形成一种思维触发、情感交汇、想象翻跹的动人情境。为什么白居易用的是"幽愁"而非"忧愁"？因为后者就只是一般的担忧、忧虑、着急，前者侧重深藏内心，不轻易表露出来的内心情感，较之后者更细腻，更微妙，更复杂。如此情感，琵琶女演奏出来了，一者见得琵琶女内心世界的丰富与深沉，二者见出诗人内心感受的敏锐与细致。"雁过也，正伤心，却是旧时相识"，词人为何看见大雁飞过就感到伤心？一是睹物思人，大雁还在，夫君不再，物是人非事事休，欲语泪先流，无限伤感，不胜唏嘘；二是大雁唤起词人对亲人、对家园、对过去美好生活的回忆，今昔变化，面目全非，不胜悲伤；三是大雁随天气冷暖而迁徙，自由自在，无拘无束，而词人却是国破家亡，夫君离去，文物丢失，无家可归，漂泊流离，大雁的自由反衬词人的困窘难堪；四是大雁或许是成群结队而飞，或许是一字形，或许是人字形飞过，反衬出词人的孤苦伶仃，楚楚可怜。此类精彩阐析的片段，书中不胜枚举。

但是，他们不会只关注所谓的高阶思维能力培养，对学生的联想力、想象力、情感体验力培育，他们一样重视。仅以学生对《兰亭集序》中王羲之"乐"的阐释为例，竟有五种之多：有认为"乐"在情趣，有的认为"乐"在活动，有的认为"乐"在一个美好的时辰，有的认为"乐"在景色优美，有的认为"乐"在"流觞曲水，列坐其次"，诗酒助兴，游戏好玩。每一种解释既能贴紧文本，又能忠于自我的联想、体验与分析，可谓各美其美。由是观之，对片面拔高某一方面能力的提法，两位老师是很谨慎的。从课例来看，他们更关注人的整体发展、和谐发展、灵动发展，即使在某些问题上很看重学生的思维质量，也是讲求在联想、想象、情感体验等多种心理机能的有机生长中，自然地孕育出思维之花。

令人感动的是，两位老师还有"照着说与接着说"的自觉。这是冯友兰先生的治学方法，徐、刘两位老师在教学中亦能自觉化用，并引领学生践行——比如，为什么"祥林嫂"嫁给贺老六之后没被叫作"贺六嫂"，课例中给出的两种可能性分析，显然是基于孙绍振先生文本解读成果的一种思想对话，这或许是他们课例染上学术色彩的一个主要原因。当然，这种学术对话在以后的教学中，还可以强化，以形成学养与学识的相互映照、互相促进之势。

学识磨砺，常被人心安理得地边缘化，以为这是学者的专利，学生与一线中小学语文教师与此无涉；或认为学识需要禀赋，并非讲授所能奏效，于是心安理得地追求共识的传递，致使"独识性"的知识建构成为事实上的水中月、镜中花。徐、刘两位老师没有囿于上述偏见，而是忠于自己的内心，悉心引导，引爆学生的思维、体验与想象，所以出现了共感与独感、共识与独识相乘的喜人景象。

值得一说的还有两位老师对情怀的关注。传统的语文阅读教学，人们基本上在言语内容和言语形式这两个层面滑行，但是徐、刘两位老师的教学还深入到了"言语气韵层"，触及作家的言语人格、言语情趣、言语气势、言语韵味等，这让语文阅读教育一下子有了生命的温度。民国时期的语文教育大家夏丏尊先生说过："教育上的水是什么？就是情，就是爱。教育没有了情爱，就成了无水的池，任你四方形也罢，圆形也罢，总逃不了一个空虚。"①可惜的是，虽然现在的课标有立德树人的倡导，但不少人觉得这是一个空洞的口号，与考试一点关系没有，所以教学时直接放弃。在这种情况下，徐、刘两

---

①夏丏尊.夏丏尊集[M].广州：花城出版社，2012：200.

位老师还能从情怀陶冶的高度孜孜矻矻地践行，的确自有高格。

三、怎么教：科学、审美、创造的谐和

讲求语文阅读教育的科学，似乎人人皆懂，无须赘言，可事实并非如此。比如，追求华丽、煽情的导入，基于学情的摸底——读懂了什么？还有什么不懂？这种教学方式被视为古董，已经很少见到了；再如讲究教学的行云流水，容不得任何形式的所谓"冷场"——殊不知，教学太顺极有可能是老师在做假，或是提出的问题纯属伪问题，人人担心的冷场反而是学生思维、体验、想象的高光时刻；又如忙于情境设计、问题驱动，结果放逐了文本解读，导致语文本体性知识建构被不知不觉忘却；为了所谓的大单元整体教学，忽略单篇文本的深度解读，忽略议题的精选，忽略学生的认知实际，对多篇文本进行"拉郎配"，导致语文教学的大跃进、假大空之风越来越猖獗……诸如此类，均是打着科学的旗帜，兢兢业业地做着反语文、反科学，乃至反生命的事情，荒谬至极而不自知，不亦悲乎！

徐、刘两位老师的可敬之处是：踏踏实实遵循语文阅读教育规律而教。布置的预习任务，一定会检查；抛出去的问题，一定会收回；学生回答不出，一定会提供学习支架；学生回答呈放射状，一定会耐心等待，并适时点染，不断推动学生的思维走向全面、缜密与深刻。因此，中断"课气"，忙于"赶场子"，提无须动脑的问题，玩花里胡哨的活动，在《"教"出一片好风光》中是看不到的；能看到的，一定是基于学情而教，还有基于语文而教，基于文本类性而教或基于文本篇性而教的思想面影。

基于语文而教，即坚守语文体性，杜绝发生"耕了别人田，荒了自家园"

的现象。落实到具体的实践中，便是在言语内容和言语形式的关系处理上，注意在二者统一的过程中突出言语形式；在解读路径上，遵循"言语形式→言语内容→言语形式"不断循环上升的路线，即不仅关注文本讲了什么，更关注文本是怎么讲的；在解读层次上，既触及言语内容层、言语形式层，也会触及言语气韵层。言语内容层是教学的基础，言语形式层是教学的核心，言语气韵层是教学的统摄。这种追求，仅从题目便能一窥其思想的天光云影，如《辨析差异探诗心——〈芣苢〉与〈插秧歌〉比较教学》《咬文嚼字品词心——苏轼〈念奴娇·赤壁怀古〉教学漫谈》《青春之美在何处——茹志鹃的〈百合花〉与铁凝的〈哦，香雪〉比较教学》。

基于文本类性而教，就是注意依据文类特征，在教学目标的确立、教学内容的择定、教学方法的选择上有所区别。从记梦诗、游仙诗，还是山水诗的问题切入《梦游天姥吟留别》的教学，从情节破绽（山神庙的大门没锁，三人打不开时怎么毫不怀疑）的视角切入《林教头风雪山神庙》教学，均体现了遵类而教的自觉。从诗化小说抒情性的视角切入《哦，香雪》的教学，就不仅是遵类，而且是遵体了——"文类"是上位概念，可以再分；"文体"是下位概念，一般情况下不可再分，作为语文教师，辨类而教与辨体而教结合，专业性才能真正矗立。比如教学蒲松龄的《狼》，就不能只围绕屠户、狼的形象分析展开，还应挖掘其背后的寓意，因为这篇小说很特殊，是寓言体小说。在教出小说的文类特色时，还应教出寓言的文体特色。这方面，徐、刘两位老师做得还是颇为出色的。

令人惊喜的是，两位老师还能基于文本的篇性而教。篇性是文本中彰显的独特的言语个性和言语智慧，亦即歌德强调的"秘密"，王国维强调的"秘妙"，鲁迅强调的"极要紧处"。抓住篇性巧妙施教，往往可以收到执一御万、触类旁通的艺术效果①。这恐怕是两位老师教学最为显著的特色——抓住"笑"字揭秘苏轼《石钟山记》的文心，抓住人物的名字教学鲁迅的小说《祝福》，抓住关系辨析沈从文小说《边城》（节选）的主旨，真的是一篇有一篇的教学视角，一篇有一篇的独特发现。

说到审美，也是两位老师坚守的教学信念。在指向上，他们不仅悉心挖掘文本之美，还能细心营构教学之美——如用为《哦，香雪》选色彩、选表情、选动作的形式设计教学，用改标题、看插图、拟标题的形式学习《装在套子里的人》，将小说一下子教活了。由此引领学生发现语文之美、生活之美，确证师生的精神生命之美，都是能在字里行间感应到的；在解读上，不仅以审美的眼光审视言语内容层、言语形式层，还会审视到气韵层，将民国时期知情意素养和谐培育的精神道统，赓续得不露痕迹。在设计和实施上，不仅注意设计之美，还注意思想之美、语言之美，从而将语文教育化作了一次次审美之旅。语文教育要注重审美，虽然"课标"在倡导，一些名师在践行，但是受科学主义、工具主义思想的影响，这种追求并不普遍，连学界权威提出的语文好课"四标准九层次"说都过分关注科学——如追求所教的与学术界认识一致，与"课标"一致，遗忘审美，忽视充满批判性的精神创造，遑论一线语文教师呢？从这个角度说，徐、刘两位老师不仅坚定地信奉审美，而且扎扎实实地践行审美，更显弥足珍贵。

打动我的，还有两位老师对言语创造的引领与落实。品读课例，不难发

①汲安庆.精致：语文阅读教育的应然追求[J].中学语文教学，2019（5）：22-23.

现他们始终奉行"解读就是解写"的原则，不遗余力地为学生提供各种言说的机会、言说的支架，使他们的精神生命之光得以不断闪烁——比如，将《哦，香雪》中的几个文段改编成诗歌，让学生自由朗读，提醒他们不要将之读成《沁园春·长沙》的"豪迈体"、郭沫若《立在地球边上放号》的"咆哮体"、郭沫若《天狗》的"天狗体"、昌耀《峨日朵雪峰之侧》的"铿锵体"，而要读成铁凝小说内蕴的"香雪体"，认为这种体朴素、清新、美丽，散发着乡土气息。让学生不断亮见、激活学养的例子还有许多，可以说，两位老师非常自觉地吸纳了胡适先生当年提倡的"活的教学法"（朗读、质疑、演讲、辩论等）的精髓，于无声处让语文阅读教育从"占有"走向了"存在"。

作者简介：

汲安庆，文学博士，南京信息工程大学教师教育学院教授，研究方向：文学阅读与文学教育。

目 录
CONTENTS

第二辑　古风苍茫文

第三辑　小说新天地

第四辑 情理练达文

1

第一辑

诗意长相歌

来自土地的歌唱

——《诗经·周南·芣苢》教学漫谈

教学《诗经·周南·芣苢》，如何激发趣味，点燃激情，教出新意呢？我依托扎实的备课与充分的准备，加上就境生成，巧妙设计了一些问题，引发学生的探讨，激活课堂气氛，师生交流频繁，不时闪现或有趣、或灵动、或新奇、或别致的见解。课后看到学生一脸灿烂的笑容，满目放光的神采，我感觉这一个课时的探索是成功的。

上课伊始，开门见山，交代学习内容，简要介绍《诗经》的文学常识。主要是引导学生回忆，突出《诗经》"六义"，从内容上看分为风、雅、颂，从艺术表现上看分为赋、比、兴，合称"六义"。《诗经》中艺术成就最高，影响最大的首推十五《国风》，主要反映劳动人民的生产、生活，传达来自底层与土地的声音，开创了中国文学史上的现实主义传统。战国时期以屈原的《离骚》为代表的政治抒情诗开创了中国文学史上的浪漫主义传统。《诗经》和《离骚》是中国文学的源头，合称"风骚"。

今天我们来学习选自最古老的诗歌总集《诗经》当中的《周南·芣苢》。看到这个标题，同学们自然会对"周南"产生敏感，因为我们长沙就有一所全国闻名的中学——周南中学。大家知道这所学校为什么叫"周南中学"吗？我们新高一的同学当中有没有从周南中学考到雅礼来的？学生说，周南中学作为一所百年名校，得名来源于《诗经·周南》，什么叫"周南"呢？有同学想到，这是指古代周天子管辖、统治之下的南方地区。说得不太准确，教师纠正。"周南"大概是指周公统治之下南方地区的民歌，范围包括洛阳以南，直到江汉一带地区。还有一种说法，"周南"来自《诗经》"周礼尽在，南化流行"，周朝的礼仪都存在，并向南方流传教化那边的人们。因为周起源于西部，政治中心在北方，当时南方被称为南蛮，所以周王朝将自己的礼仪传到南方的蛮族中，使南方也知书达理。曹操《观沧海》有言"周公吐哺，天下归心"，意思是，我要像周公那样礼待贤才，才能使天下人心都归向我。"周公吐哺"典出《韩诗外传》，大意是说，周公为了招揽天下贤才，接待求见之人，一次沐浴要多次握着头发，一餐饭要多次吐出口中食物来，后来就用"周公吐哺""一沐三握""一饭三吐"来表示求贤若渴、礼贤下士，为招纳人才而操心忙碌。因此，"周南中学"这个名字早有来头，底蕴深厚，含义深邃，折射出学校的办学理念。又如，我们"雅礼中学"的"雅礼"两个字来自哪里？学生齐声说"子所雅言，诗书执礼"，《论语》的原话是"子所雅言，诗书执礼，皆雅言也"，孔子也有用规范语言的时候。如诵诗、读书和执行礼事，孔子都说当时的官方语言。国学大师钱穆先生认为，孔子之重雅言，一则重视古代之文化传统，一则抱天下一家之理想。今天雅礼的校训是"公、勤、诚、朴"，就是要培养卓越非凡之人，知书达理之人，学问渊博之人，气质高雅、举止优雅之人。正如校歌所唱"经天纬地才能，由学问成就""及时奋发精神，好担当宇宙"。"明德中学"的"明德"来自《大学》开篇的句子"大学之道，在明明德，在亲民，在止于至善"。翻译过来就是，大学的宗旨在于弘扬光明正大的品德，在于使人弃旧图新，去恶从善，使人达到最完善的境界。"亲民"应为"新民"，长沙有个新民学会，有条新民路，均是这个含义。台湾有一所学校，与湖南长沙的"明德中学"是兄弟学校或姊妹学校，名字就叫作"明道中学"，意思与"明德中学"差不多，均表现出学校立德树人。完善人格的办学理念。湖南师大有一栋教学楼，名字就叫作"至善楼",也是得名于《大学》开头这个句子。

由"周南"拓展开去,联想到"雅礼""明德""至善"等名称,趁势普及来自《诗经》《论语》《大学》的传统文化思想,熏陶学生,激发兴趣,也开阔见闻,提升素养。回到《诗经·周南》这首《芣苢》,大家看题目,"芣苢"当然是一种野菜,是诗歌要描写的主要对象,请朗读诗歌,说说这首诗歌整体表现出来的感情基调。学生齐读,读得比较平淡,似乎感情基调不明显,再读一遍,并且要思考,诗歌到底写谁、在做什么?他(她)又是怀着怎样的心情来做这些事情的?读完之后,学生大致感受得到,诗歌传达出一种轻松、愉快、明朗的情调。这是怎么回事呢?或者说,为什么是这样一种感情基调?有学生说,这与诗歌的节奏分明有关,有的说这与诗歌大量的重复有关,明快的节奏造成欢快的基调,重章叠句的形式又造成一唱三叹、回肠荡气的效果。节奏和重复决定了感情基调的欢快明朗。

再往深处想,这首诗歌主要描写了什么内容,能不能用最简单的几个字来概括,比如三个字,比如六个字,比如十二个字,请学生将诗歌中的重复的字词和没有含义的字词去掉,在此基础上提炼出最恰当的词语来概括诗歌的主要内容。同学们很快概括出来了,三个字就是"采芣苢",四个字就是"采集芣苢",六个字就是"一起采集芣苢";去掉重复,保留十二个字,就是"采之""有之""掇之""捋之""袺之""襭之",连读起来,也很有节奏感,但是,没有四言诗朗朗上口,荡气回肠。《诗经》以四言为主,从二言的基础上发展、演变而来。其实,中国最古老的诗歌不是《诗经》,据考证,还有比《诗经》更早的二言诗,如"断竹,续竹,飞土,逐肉",意思是砍断竹子,做成弹弓,射出弹丸(土块或石砾),击中野兽。这四个动词,节奏分明,连贯而下,准确地描绘狩猎的全过程,也表现出收获的喜悦。这是二言诗,显然,朗读起来,或是歌唱起来,没有四言诗《芣苢》好听。

进一步思考问题,紧紧围绕"采集芣苢"探讨:谁采集?为何采集?几个人采集？在哪里采集？天气如何？怎样采集？收获如何？心情如何？这些问题是彼此关联的，可放在一起研究。诗歌当中没有直接的答案，需要学生结合语境，展开联想，合情合理推测、理解，还需要适当结合社会生活经验来帮助理解。

比如，谁采集芣苢？一个人还是一群人？有同学认为是一个人一边采集，一边歌唱，大多数同学认为是一群人，因为全诗传达的情感气氛是热烈的、欢快的、自由的，这种气氛是一个人歌唱所无法形成的。那是一群男子，还是一群女子呢？大家能够感觉到应该是一群女子，因为诗歌所咏唱的劳动场景和谐欢快，气氛热烈，采集动作连贯利索，举止优美，细致入微，切合女子的身份。再说，古代部落或氏族社会男女合作，各有分工，男子负责上山打猎，下河捕鱼，耕田种地，女子负责生儿育女，纺纱织布，采桑种菜。我们熟悉的一首汉乐府民歌《陌上桑》就有这样的描写："秦氏有好女，自名为罗敷。罗敷喜蚕桑，采桑城南隅。……行者见罗敷，下担捋髭须。少年见罗敷，脱帽着帩头。耕者忘其犁，锄者忘其锄。来归相怨怒，但坐观罗敷。"一个名叫罗敷的女子手提竹篮，采桑城南，惊艳了过往路人，以至于他们看得如醉如痴，忘却自我。这也从侧面说明，采集桑叶或野菜一类的活儿多半由女子来承担。

为何采集芣苢？诗歌没有答案，答案在诗外。这就需要同学调动自己的生活积累、知识见闻以及相应的历史文化理解。有同学说，芣苢是一种中药，可以清热解毒、祛暑避晦，她们采去做药；有人说，芣苢可以治疗女子不孕不育，她们采去求多子；有人说，当时生产力水平低下，人们吃不饱肚子，她们采去充饥；有人说，芣苢叶嫩色绿，繁密茂盛，可以熬汤喝，味道清新鲜美。……诗中并无具体而明确的答案，但是，诗歌整体流露出来的轻松、愉悦、自由的情调却暗示我们，以上说法显得不近情理，甚至违背生活真实。针对药用说，我们要问，有必要众人欢唱，集体采药吗？就像采摘茶叶一样？针对生育说，我们要问，众多女子集体不孕不育吗？针对饥饿说，我们要问，饥肠辘辘还能如此欢唱吗？大概只有一种说法比较合理，那就是将芣苢采去当食物，当野味，当佳肴。这在古代社会是完全有可能的。清代学者郝懿行在《尔雅义疏》中谈到芣苢时就说："野人亦煮啖之。"高亨先生在《诗经今注》中也说："芣苢，车轮菜的古名，可吃，劳动人民用它做副食。"还有学者考察了古代朝鲜族人将芣苢当作食物的习俗。综合起来，可能"食物说"相对合理。

说到她们如何采集，自然要理解、体会诗歌当中的六个动词"采""有""掇""捋""袺""襭"，请一个或两个同学上讲台来表演后面四个动词所描写的动作。此处掀起了课堂教学高潮。一个同学表演看着教材的注解，表演了"袺之"（提起衣襟兜住芣苢）、"襭之"（扎紧衣襟兜起芣苢，满载而归），比较到位，但是"掇之""捋之"不到位。另一个同学上来表演，虽然看了注解，还是不知道这两个动词到底是怎样写女子采集芣苢的具体动作的。老师演示："掇之"，就是弯下腰去，伸手摘取一片一片的嫩叶。因为芣苢是野菜，比人矮小，不像桃树李树比人高，所以摘取叶片需要低头弯腰。我们平时说"拾掇"也就是从地上捡起东西。"捋"是什么意思呢，就是用手指顺着物体抹过去，使物体顺溜或干净。比如"捋袖子"，就是用一只手握住另一只的手袖口，往手臂上方滑溜。用之于采集芣苢，当然就是握住茎根，顺势一抹，就将成把的芣苢摘取到手了。这和"掇之"不一样，那是一片一片地摘取，这是一把一把地采集。可见四个动词，准确地描绘了一群女子采集芣苢的动作，由此表现出她们熟练顺畅、干脆利索的动作美，也折射出她们愉快、自由的心情。前面两个动词"采之""有之"更像是总体描写，相对抽象，后面四个动词具体描写，比较形象。

这群女子是在怎样的天气状态之下采集芣苢的呢？是刮风下雨，愁云惨淡，还是风和日丽，阳光灿烂？学生很容易发现，当然是后者，因为天气和自然的节律与人的生命和心理的节律是保持一致的，唯有晴朗的天气才可以烘托出女子的欢快、幸福的心情。清代有一个评论家读了这首诗歌之后，这样描写他的审美想象："读者试平心静气，涵泳此诗，恍听田家妇女，三三五五，于平原绣野、风和日丽中群歌互答，余音袅袅，若远若近，忽断忽续，不知其情之何以移而神之何以旷，则此诗可不必细绎而自得其妙焉。"（方玉润《诗经原始》）阳春三月，惠风和畅，阳光明媚，一群女子结伴同行，于山坡野外，于田间地头，采集芣苢，歌唱生活，欢笑回荡山坡，歌声萦绕山野，多么和平美丽的图景，多么快乐幸福的生活！我们的祖先用勤劳与汗水，用热烈与真情，歌唱他们的劳动，歌唱他们的生活，唱出内心的幸福与喜悦，唱出她们对美好生活的向往。

如此梳理、评点、研讨一番之后，学生对诗歌深层含义有了一定程度的理解，再安排他们齐声朗诵诗歌。先明确朗诵要点，节奏分明，语调轻快，语速渐快，情绪饱满，情感充沛，"之"字拖音，"薄言"轻读，动词重读，整体情调欢快、明朗。全班分男生齐读一遍，女生齐读一遍，全班合读"采采芣苢，薄言采之。采采芣苢，薄言有之"两遍，整体造成一唱三叹，荡气回肠的效果。学生读得比较投入，感情处理得好。再将这首诗的现代汉语翻译版展示在大屏幕上，要求全班齐读。

车前子儿采呀采，采呀快快采些来。
车前子儿采呀采，采呀快快采起来。

车前子儿采呀采，一片一片拾起来。
车前子儿采呀采，一把一把捋下来。

车前子儿采呀采，手提着衣襟兜起来。

车前子儿采呀采，掖起了衣襟兜回来。

全班朗读，激情高昂，兴趣浓烈，声音洪亮，不少同学眼睛放光，精神振奋，而且不知不觉，手舞足蹈，打起节拍来，形成了热烈而欢快的朗读氛围。读完微笑，鼓掌，掌声送给自己，送给美丽的儿歌，送给古老的先民——那些站在春天的原野上、山坡边采集芣苢的勤劳能干的劳动妇女。

这个环节完成之后，老师接着引导，将诗歌学习推进一层。我们通过品味、讨论、表演、朗诵充分感受到了远古先民的劳动之美，生活之乐，精神之悦之后，再来联系生活，仿写《芣苢》。老师先写了一首《蜡烛》，请同学们比较老师的四言诗《蜡烛》与《诗经》中的《芣苢》，切忌阿谀奉承，要实事求是，有理有据。大屏幕展示老师的诗歌：

点点蜡烛，薄言点之。

剪剪蜡烛，薄言剪之。

…………

学生大笑，大赞，大叫，非常兴奋。教师提醒学生，冷静思考，热烈讨论，充分比较，说出点道理来。有人点评仿诗叠词用得好，动作突出，有情有义。有人点评音节和谐，节奏分明。有人疑问，剪蜡烛怎么回事。有人觉得，仿诗机械模仿，少了感情。有人质疑，谁点蜡烛，为何点蜡烛，又为何点了又剪，剪了又点？各种想法都有，思维非常活跃。老师提醒同学们，从生活的真实出发来比较两首诗。这时，有同学发现，《芣苢》所写采集芣苢，客观真实，情感真挚，情调欢快。《蜡烛》生硬造作，显得怪异荒唐。有同学扩展想象：一个人点蜡烛，剪蜡烛，重复不断，是不是显得很无聊啊？有人换个角度思考，要是一群人或一伙人，一起点蜡烛，一起剪蜡烛，一起吹蜡烛，这样写合理吗？又不是集体过生日，用得着点了又点，剪了又剪吗？一个同学想起李商隐的诗句，获得新解。"君问归期未有期，巴山夜雨涨秋池。何当共剪西窗烛，却话巴山夜雨时"（《夜雨寄北》）：期盼团聚，夫妻共点蜡烛，剪蜡烛，彻夜无眠，激动幸福啊。还有同学说，一个人正是因为无聊，才点燃蜡烛，剪去灰烬，不断剪去，让烛光照亮黑暗，让烛光陪伴自己，度过漫漫长夜。这个点、剪蜡烛可以理解啊，不荒唐。教师反问："这个仿诗基调欢快，适合表达个人无聊、孤寂的心绪吗？"

综合学生的发言，不难看出，《芣苢》所写生活内容真实，所抒发感情真挚，而且采用重章叠句、一唱三叹的形式来抒发感情，效果比较好。仿诗内容不真实，有悖生活常情常理，显得荒唐、怪异，不伦不类。这就告诉我们，仿写诗歌，要注意内容与形式的统一，要注意内容必须符合生活真实，要注意多角度思考，选准恰当生活素材。当场布置一个作业，请仿照《芣苢》的表达形式，选取一种劳动内容，写作一首四言诗。题目自拟。要求形式正确，内容完整（四章或六章），感情饱满。

笠是兜鍪蓑是甲

——杨万里《插秧歌》教学漫谈

南宋大诗人杨万里的诗歌《插秧歌》，语言清浅，内容简单，节奏分明，声韵和谐，情调欢悦，朗朗上口。如何激发学生的探究兴趣？如何将简单的文本教得深刻？如何在无疑处生出疑问来？如何发现平易表达之后的不平凡？这首诗歌还是有不少地方值得探究的。我开门见山直奔课题：这个课时，我们一起来学习南宋大诗人杨万里的诗歌《插秧歌》，大家已经做了充分预习，并且能够背诵、默写，我们在此基础上来研究几个问题。

首先，通读全诗，说说看，诗歌描写一家人忙于插秧，这个劳动场景中出现了几个人？为什么？不少同学脱口而出"四个人"，依据就是开头两句"田夫抛秧田妇接，小儿拔秧大儿插"。也有几个同学发现了，不止四个人，好像还有一个人，诗句"唤渠朝餐歇半霎，低头折腰只不答"当中还有一个人，也就是喊他们歇息一会儿，吃过早饭再劳动的那个人。那个人是谁呢？有人说是诗人杨万里，有人说是村里人（或邻居），有人说是老人，有人说是大儿或小儿媳。到底是谁呢？理由又何在？这里给学生三两分钟讨论。有人发现，这个家庭里面，连田妇都下田劳动了，要是有大儿媳妇或小儿媳妇的话，她们是不可能在家里休息的，肯定要下田劳动。有同学开玩笑，要是其中一个怀孕了呢？呵呵，怀孕了，有可能在家休息，做点轻巧事情，做点家务，煮饭，送饭到田间来，也是有可能的。要是这样的话，可以设想，就连孕妇都出动了，可见全家劳作，何等齐心，何等忙碌，又是何等辛苦！做农民真的不容易啊，不像我们今天的孕妇要保胎，要住高级医院静养，要全天候休息，成为全家呵护的重点对象。也有同学认为，邻居不太可能送饭来，他们家也要插秧啊，每家每户这个时节都很忙碌。再说，他们凭什么要帮助这户人家呢？我们从诗中似乎找不到合适的理由。有的说，诗人送饭来，也不可能，诗人是一个文人，一个官员，他只是描写农民劳动的紧张、忙碌与充实，见证这一切，他和他们不是一家人，凭什么送饭呢？显得很唐突。说来说去，这个送饭的最大的可能就是这个人家的老人，老男人就叫"老翁"。我们学过杜甫的《石壕吏》的句子"老翁逾墙走，老妇出门看"，老女人又叫"老妇"，或是"老妪"，或是一个字"媪"。他们年事已高，体力不支，只能做些轻松的家务：做饭，打扫卫生，看好家禽，养猪养羊什么的，农忙时节就给家里劳动力做饭，送饭，做好后勤工作。家中的劳动力，全部出动，下田插秧，做最重、最累、最辛苦的活儿。这些人当中，尤其又是哪个人最令人佩服呢？当然是"小儿"，想想看，你佩服他什么？有人说，小小年纪，还是撒娇、调皮、玩乐的童年，本不该下田劳动的，也不该和大人一样干重活，可是他干了，而且是颇具技术性的"拔秧"，可见他不怕辛苦，勤劳能干，对这样的劳作早就习以为常。这又是为啥？还不是家庭出身决定的，还不是父母兄长长期影响的结果，穷人的儿女早当家啊。和我们的青少年不一样。还有人说，最佩服这个小孩，也和大人一样，下雨了，不躲避，冒雨拔秧。劳作了大半天，饥肠辘辘，又累又乏，一点不叫苦，一点不埋怨，任劳任怨，吃苦耐劳，小小年纪和大人一个样范，必须点赞。

老师趁势补充一首词作，南宋词人辛弃疾的《清平乐·村居》。

　　茅檐低小，溪上青青草。醉里吴音相媚好，白发谁家翁媪？
　　大儿锄豆溪东，中儿正织鸡笼。最喜小儿亡赖，溪头卧剥莲蓬。

词作描写一家五口的田园生活，清新自然，淳朴有趣，恬静和谐，幸福快乐。草屋的茅檐又低又小，溪边长满了碧绿的小草。含有醉意的吴地方言，听起来温柔又美好，那满头白发的老人是谁家的呀？大儿子在溪水东面豆田锄草，二儿子正忙于编织鸡笼。最令人喜爱的是淘气的小儿子，他正横卧在溪头草丛，剥着刚摘下的莲蓬。词中的小男孩不懂事，躺在溪沟里，剥着莲蓬，样子调皮、机灵，可爱极了。

诗中句子"唤渠朝餐歇半霎，低头折腰只不答"，揣摩一下，"朝餐"和"歇半霎"分别暗示了什么？"朝餐"是早饭，一家大小，连早饭都还没吃，从天麻麻亮干到中午，也是大半天了，差不多饥肠辘辘，还不吃早饭，可见，他们心中，及时插秧比吃早饭更紧急，更重要。"歇半霎"中的"霎"本来就是一会儿，短时间，前面还加上一个"半"，更见其短，即便就是很短的片刻休息，一家人也停不下来，要是秧苗还没有插完，他们就是下雨也不躲雨，就是要抢抓农时，忙于插秧啊。可见他们的忙碌紧张，吃苦耐劳。

后面一个句子"低头折腰只不答"，请问，为何不答？到底答了没有？不答"朝餐"，不答"歇半霎"，埋头插秧，聚精会神，无暇他顾。还是回答了，诗歌后面两句就是回答的内容，"秧根未牢莳未匝，照管鹅儿与雏鸭"，秧根不牢，栽秧未完，刚刚栽下，你可要照看好鹅鸭，提防它们跑到田里来，撞倒了这些秧苗啊。问而不答，答非所问，揭示出这个答话者的担心与顾虑。依据情境推测一下，这个答话者可能是谁呢？又是一番争论，诗中出现的四个人都成了答案，但是，依据后面答话内容来看，按照可能性来排列，可能性由大到小依次是田夫、田妇、大儿、小儿，严格来说，小儿是不太可能的，因为他年纪最小，对家事，对鹅鸭捣蛋之事不太了解，也不太关心。再说，他不是一家之主，他不太可能沉稳老练地吩咐婆婆吧。最有可能就是一家之主的"田夫"。有同学提问，怎么这个人物对话没有一点礼貌，连起码的称呼都没有啊。有人说，一家人，比较熟悉，不需要讲客气。有人说，诗歌跳跃性大，省略很多内容，要简洁行文，这个称呼不写，反而给读者留下想象的空间和回味的余地。

雨天插秧当然是辛苦的，诗中有描写："笠是兜鍪蓑是甲，雨从头上湿到胛。"将斗笠比作头盔，将蓑衣比作铠甲，隐喻冒雨插秧类同战斗，形势紧张，劳动艰苦。请问这一家四口要和谁"战斗"？有人说，要和自己的饥饿、劳累、辛苦战斗，要和时间赛跑，要和春雨战斗，要全家出动，要全力以赴，要同心协力，要彻底赢得这场特殊的战斗。他们身上体现出一种昂扬奋发，坚韧劳作，无惧艰辛的精神。

开头两句，按照正常的拔秧、抛秧、接秧、插秧的顺序应该这样写："小儿拔秧田夫抛，田妇接秧大儿插。"和原文比较一下，哪一种写法好些，为什么？改文是按照时间顺序和插秧的自然进程来写，结尾也押韵，节奏也分明，但是，将"小儿"与"田夫"并列，将"田妇"与"大儿"并列，似乎不妥，破坏人伦秩序，不合礼规。原文"田夫抛秧田妇接，小儿拔秧大儿插"，将"田夫"与"田妇"并列，突出夫妇配合，你唱我和；将"小儿"与"大儿"并列，突出兄弟配合，和睦和谐。整体看，一家四口，大小两代，齐心协力，抢抓时机，努力劳作，精神可敬，态度可赞。还有同学说，开头两个句子是互文，是句间互文，句内互文。先说句内，"田夫抛秧田妇接"，意思还原就是，田夫田妇你抛我接，彼此接应。"小儿拔秧大儿插"，还原意思就是，大儿小儿你拔我插，马不停蹄。再说句间互文，还原两个句子的意思就是，不管是两位大人，还是两位小孩，都在田中，或者拔秧，或者抛秧，或者接秧，或者分秧，或者插秧，紧张繁忙，有条不紊。如此理解，凸显劳动场景的热烈、忙碌的气氛，也是可以的。不过，要注意，这种理解与不当互文那种理解的区别。

诗中句子"照顾鹅儿与雏鸭"，可否改为"照顾鹅儿与鸡鸭"，或者"照顾鹅儿与牛羊"，或者"照顾鹅儿与猪狗"，为什么？如此设问意图在于引发学生对插秧的深度理解，插秧之后，秧苗根未稳当，不能让鹅鸭跑到水田来，撞倒了、弄坏了"未稳"的秧苗。这里的"照顾"实际上就是提防、防备、当心的意思。显然，鸡鸭、牛羊、猪狗均不会跑到田里来，自然不属于要提防的东西。还要注意，"照顾鹅儿与雏鸭"，言语表达有何特点？口语，通俗易懂，明白晓畅。"鹅儿"显得很亲切，很可爱。"雏鸭"，刚出生不久走不了多远小鸭子，模样也萌萌的，今天的城市人还买来当作小宠物喂养呢，要是改为"老鸭"，好比"照顾鹅子与老鸭"，意味就大不一样。口语化，亲切的称呼，流露出喜爱与愉悦之情。

辨析差异探诗心

——《芣苢》与《插秧歌》比较教学

听胡老师的课，比较教学《芣苢》与《插秧歌》，我对于群文教学产生了一些感悟。首先什么是群文？当然是两篇或两篇以上具有一定联系或是可以建构一定联系的文本，或者说一组文本，它们可以是教材同一单元的文本组合，也可以是课内外关联文本的临时组合，还可以是教师为了教学需要的自创文本（或自己创作，或临时改编，或临时借用学生习作，等等）与教材文本的组合，这些不同形式组合的文本群，均可以叫作群文。总之，既然能够组合在一起，它们之间必然具有一定联系，或同或异，极具可比性，有助于教学。什么叫群文教学呢？那就是教师依据教学目标，设计教学方案，实施教学策略，贯彻单元教学理念，践行新课标意图的教学活动。如何教学？当然要立足单元教学目标，当然要理解教材之所以将这两篇或你之所以要将这几篇文本组合在一起的意图，也就是说，群文教学要立足群文，聚焦群文，挖掘群文的内在联系，努力构建群文之关联，要是打着群文教学之名义，而实施单文教学，独文教学，那就犯了新瓶装旧酒的毛病。教师设计教学的能力在于能吃透几篇文本，多读几遍文本，梳理几次文本，敏锐发现文本之关联，深刻构建文本之联系，并在如此联系的基础之上，提炼问题，设计教学，组织活动。

就拿高中语文必修上第二单元"歌颂劳动"这个主题之下的两篇课文《芣苢》与《插秧歌》来说，两首诗歌都描写、歌咏劳动场景，不妨抓住"劳动"

二字设问，深入而充分地品读两篇作品，比较两种"劳动"场景有何不同，又有何相同。任由学生读读议议，反复读，互相议，七嘴八舌说，彼此启发、激荡思维，自然会蹦出一些思路和想法。比如说，劳动者的身份不同，劳动环境不同，劳动时间不同，劳动方式不同，劳动内容不同，作者不同，等等，试图引导学生从诸多不同之中去探究、去体会古代劳动人民对劳动的态度，对生活的态度，进而揭示出劳动的价值与意义，以及我们应该怎样看待劳动。

芣苢

〔先秦〕佚名

采采芣苢，薄言采之。采采芣苢，薄言有之。

采采芣苢，薄言掇之。采采芣苢，薄言捋之。

采采芣苢，薄言袺之。采采芣苢，薄言襭之。

插秧歌

〔宋代〕杨万里

田夫抛秧田妇接，小儿拔秧大儿插。

笠是兜鍪蓑是甲，雨从头上湿到胛。

唤渠朝餐歇半霎，低头折腰只不答。

秧根未牢莳未匝，照管鹅儿与雏鸭。

从劳动环境来说，环境由时间、空间和具体条件构成。《芣苢》描写一个春光明媚、阳光灿烂的日子，一群年轻女子成群结队上山采摘芣苢的情景，可谓天朗气清，惠风和畅，天时、地利、人和三美齐备，其乐融融。何以知道采摘芣苢是在春天呢？不妨从认识芣苢入手，教师提供资料，增进学生的认识。多年生草本植物，又作"芣苢"，可食。《毛传》认为是车前草，其叶和种子都可以入药，有明显的利尿作用，并且其穗状花序结籽特别多，可能与当时的多子信仰有关。春夏生长结籽。《插秧歌》则是描写春耕时节一户人家全家起早摸黑、栉风沐雨下田插秧的情景，天气"恶劣"，劳作辛苦，全家出动，场面感人。农耕插秧，赶农时，赶天气，头等大事，马虎不得，必须全家参与。

从劳动者的身份来看，《芣苢》主要是写一群年轻的女子相约采摘芣苢，于漫山遍野之间，于丽日晴空之下，青春时节，朝气蓬勃，活力无穷。《插秧歌》主要是写一家成员，有田夫、田妇，有大儿、小儿，还有一个做饭、送饭的人。送饭的这个人是谁呢？请大家研读诗歌，说说你的理解。此处是一个思维引爆点，吸引学生注意，抓住学生心理，调动他们的积极性。有人说是田妇，做饭是妇女的事情，可是，前面说"田夫抛秧田妇接"，田妇也到秧田劳作，不太可能又回去烧火做饭。烧火做饭的一定是照顾家里的另外一个人。有人说是婆婆，婆婆年纪大，身体不太好，受到家人照顾，农忙时节也不下田，就在家里照看鸡鸭鹅，负责一家的饭菜，到时候将饭菜送到田间地头。这种说法有一定道理。尊老爱幼，传统美德。老人理当受到照顾。研究人物的时候，还可以思考一个问题，这几个人的分工，以及为何要这样分工，尤其要注意小儿，小儿拔秧，相对插秧、抛秧、接秧轻松一点，也是受到关照的人。但是，话又说回来，小儿有多小，我们不知道，我们却知道一个事实，农忙来了，小儿或小孩也不轻松，也要下田帮忙。按理说，小孩最调皮，应该是在家里玩耍，嬉戏，在父母怀里撒娇，可是，穷人的儿女很辛苦，他们很小就得下地劳动。也有人可能会说，那个做饭、送饭的人可能是大儿子的媳妇，为啥不下田劳动呢？可能怀孕了，受到格外优待。即便如此，也要腆着一个大肚子做饭菜，送饭菜，可见农家的确不容易。一句话，农家全员出动，抢赶农事，让我们看到了农民的辛苦与艰难。

从劳动内容来看，《芣苢》是采摘车前草（芣苢），尽管也辛苦劳累，但是，我们从《芣苢》里读到的不是沉郁顿挫，而是节奏明快；不是辛苦、沉重，而是欢欣与喜悦；不是劳者歌其苦，而是舞者歌其乐，字里行间洋溢出一群青春女子对劳动的热爱，对美好生活的向往。想想看，一边采摘，一边歌唱，载歌载舞，无比欢悦。她们在歌唱生活，歌唱明天。当然，也许有人会说，她们采摘车前草去充饥，或是入药，或是祈求多子，等等。据学者考证，采摘车前草，作用多多。但是不管哪种用途，无一不辛劳，无一不苦累，而诗歌中的劳动者却是齐声歌唱，不见半点辛苦，不叫一声苦累，这就反映出她们对自然风光、对生活热爱的态度。完全可以说，这是一首美化劳动，美化生活，甚至艺术化劳动的乐章。再看杨万里的《插秧歌》，主要写一家四口的协作劳动，田夫抛秧田妇接秧，夫妻配合默契，同心同力；小儿拔秧大儿栽秧，兄弟分工明确，懂事能干；婆婆烧饭、送饭、照管鹅鸭，忙里忙外不停，为家分忧。插秧辛苦，赶时间，冒风雨，饿肚子，下苦力，但是无怨无悔，无忧无虑，倒是拧成一股绳，心往一处想，劲往一处使，表现得空前团结与配合。读杨万里的诗歌，看到这样忙碌而紧张的插秧场景，我们会情不自禁礼赞一家人的坚韧与勤劳。

　　从劳动视角来看，《芣苢》是置身其中的劳动者歌唱自己的劳动，歌唱自己的生活，歌唱美丽的自然风光，可谓劳者歌其乐，乐在其中，乐趣无穷。属于劳动者的群体歌唱。来自生活，来自土地，来自春天，来自美丽和谐的大自然。一曲咏唱，重章叠句，循环往复，一唱三叹，荡气回肠。杨万里的《插秧歌》则是文人的歌咏，置身局外，静观默会，情动于衷，行诸于文，有见证，有同情，有感叹，有钦佩，有理解，各种滋味，蕴含其中。一方面，诗歌极言劳作之辛苦，苦在何处呢？全家出动，抢抓农时，下田栽秧，忙忙碌碌，毫不停歇。起早摸黑，顾不上吃饭，哪怕饿着肚子也要栽秧。刮风下雨，从头湿到肩胛，也无所顾忌。一家老小，不管是应该在家玩耍嬉戏的小儿，还是垂垂老矣的老婆婆，不管是挑起大梁的田夫田妇，还是年富力强的大儿，都上阵，都出场，宛如一场战斗，必须打赢，必须拼力。另一方面，诗歌也悄无声息地歌赞劳动者的勤劳与坚韧。你瞧，一家人配合何等融洽、默契，劳动技能何等娴熟，劳动干劲何等旺盛，劳动精神何等感人。前者是在郊野山腰唱，后者是在田间地头唱。前者歌声飘荡在山峦起伏之间，天空白云之下，春风骀荡之中；后者歌声回荡在漠漠水田之上，阴阴夏木之际，纷纷春雨之中。

从劳动者的动作来看，两首诗歌都注重对劳动过程中动作、细节的描写，绘形绘神，声情并茂，动人心弦，惹人联想。《芣苢》一连用了六个动词，从"采之"到"有之"，从"掇之"到"捋之"，从"袺之"到"襭之"，动作熟练，节奏分明，行云流水，一气呵成，给人的感觉是，姑娘们的劳作好比在编织一件针线活，穿针引线，无比流畅。尤其是其中的细节，特别感动人，既有趣，又包含深意。"捋之"是成把成把地拿下，动作顺溜，成就感十足。"袺之"到"襭之"，或提起衣襟兜起来，或扎起衣襟兜回来，越采越多，越采越快，越采越开心，大约是原来所带的竹筐盛不下了，才急中生智，撸衣扎裤，想到以这样的方式多装载一些芣苢回家，动作很有画面感，也很有意思，更有感染力。让我们感受到了劳动者的满心欢喜与冲天干劲。杨万里的《插秧歌》也妙用动词，恰切描述劳动情景。历历如画，可圈可点。"田夫抛秧田妇接，小儿拔秧大儿插"，田夫是"抛秧"，力量较大，劳作艰辛。"田妇"是"接"应，配合默契，勤勤恳恳。小儿是"拔秧"，轻巧一点，简单一些；大儿是"插"秧，技术活儿，非大不可。"唤渠朝餐歇半霎，低头折腰只不答"，送饭的是声声呼唤，心疼年轻人；劳作者是不答，低头折腰，忙个不停。诸多动词，切合情境，连缀成篇，形象地勾勒出一家老小辛苦劳作的动人画面，也折射出劳动者自食其力、不畏风雨的精神面貌。

游山玩水多开颜

——李白《梦游天姥吟留别》教学漫谈

教学李白诗歌《梦游天姥吟留别》时，一个课时教完，既要突出教学重点，又要激活学生思维，更要让学生学得兴致勃勃，有滋有味。如何教学呢？我设计导语，设计问题，紧扣语境，深入挖掘，捕捉兴趣点，点燃学生的激情，激荡学生的思维。整体教学气氛好，效果好。先是导入课文：前面两节课，我们随陶渊明一块回家，随杜甫一块登高，这个课时，我们随李白一块做梦，学习他的七言古诗，走进诗人的梦幻世界。这就是课文《梦游天姥吟留别》。要抓住一篇诗歌的主旨，最快捷、最直接的方法就是抓诗眼、抓标题，抓诗歌当中的关键句子，一般是议论抒情的典型句子。

（提问学生）就这首诗歌而言，大家朗读并背诵了诗歌，你觉得李白想通过一场大梦要表达怎样的人生态度呢？学生很快读出来："安能摧眉折腰事权贵，使我不得开心颜！"也就是说李白不愿意点头哈腰，卑躬屈膝，讨好权贵，谄媚权要，他要过自由自在、无拘无束的日子，这句诗表现出李白鄙弃权贵、厌恶功名、追求自由的人生态度。与其说他叫作李太白，不如说叫作"李自由"。（同学大笑）有同学马上给李白送上另外一个名字"李逍遥"。教师当即抓住这个名字，引导学生比较，"李自由"和"李逍遥"，有何区别，到底哪一个名字更适合李白的精神追求？"逍遥"是描述一种自在、轻松、闲适、洒脱的状态，"自由"侧重无拘无束，天马行空，随心所欲，强调我做主人，我行我素，显然，送给李白"李自由"更适合他在《梦游天姥吟留别》中表现出来的思想主旨。

要理解一首诗歌的主要内容和结构思路，最好的方法莫过于抓住标题，对应诗文，梳理结构。李白这首诗歌的标题"梦游天姥吟留别"，由三个部分组成，"吟"是古代诗歌的一种文体，本义为有节奏的吟咏、吟诵，后来引申为古代能够吟唱的诗歌体裁。"梦游天姥"交代了这首诗歌所写主要内容，记叙、描写诗人的一场大梦，对应诗歌第一、二两节。"留别"暗示了这首诗歌的创作目的，诗人将要离开东鲁诸公，写下这首诗来赠别各位，同时表达自己的人生追求，对应诗歌第三节内容。此时不妨拓展一下，比较几首赠别诗，体会李白的良苦用心与独到心志。王昌龄诗歌《芙蓉楼送辛渐》："寒雨连江夜入吴，平明送客楚山孤。洛阳亲友如相问，一片冰心在玉壶。"诗人不能回到洛阳，但是，他要友人替他给洛阳亲友捎去一颗心，"一片冰心在玉壶"，置身名利场，我的心就像玉壶里的冰块一样晶莹透明、清澈无瑕，丝毫不受污浊风气污染。冰清玉洁，心志光明，这是诗人捎给亲友的厚礼。王维送别友人《送元二使安西》："渭城朝雨浥轻尘，客舍青青柳色新。劝君更尽一杯酒，西出阳关无故人。"摆设酒宴，饯别友人，劝酒敬酒，难舍难分。王维送别友人就是一杯又一杯的美酒，以此留住朋友，延迟离别。李白离别朋友，留给诸公的不是美酒，不是厚礼，而是一首记梦诗，一片心志。"梦游天姥"四个字很有意味。哪个字最能体现诗人的心志追求或生命精神？"游"字类似我们初中学过的《与朱元思书》中的句子"从流飘荡，任意东西"，道出了自由自在、无拘无束的生命状态，也就是李白在这首诗中着意凸显的生命精神。"梦"字暗示我们，日有所思，夜有所梦，"梦"一定是现实生活的曲折反映，现实中得不到的东西，一般可以在梦境中得到。这也含蓄暗示出李白在现实中是不可能"游"的，不可能达到自由境界，不可能天马行空，随心所欲。"天姥"是一座山，但是与我们的岳麓山不同，最大的不同在哪里呢？岳麓山是文化山，是历史山，是风景山，是自然山，天姥山则是仙山，远离人间，超拔尘世，仙气飘飘，令人神往。何以看出这一点呢？注意教材注解，传说登山的人能听到仙人天姥唱歌的声音，山因此得名天姥山。"姥"字两读，读"lǎo"，指老年妇女。读"mǔ"，多半是指老年仙女。天姥山自然是因老年仙女而得名。所以，李白梦游所至不同凡俗，他要飘举飞升，抵达仙境。"梦游天姥"四个字就透露出了李白的崇道求仙的志趣。

有人认为这是一首记梦诗，有人认为这是一首游仙诗，有人认为这是一首山水诗，其实，从全书主旨来看，从李白思想追求来看，这更像一首游仙诗，全诗洋溢浓郁仙气。说到仙气，不能不提李白的雅号"诗仙"。据说，贺知章初见李白，惊叹于他的仙风道骨，丰神俊朗，神采非凡，感叹其不是人间诗人，而是天仙下凡。即在天上犯了罪，被玉帝贬谪到人间来的仙人。其实李白诗歌就有强烈的仙气。请同学们认真阅读诗歌，找出文中诗句说说看，哪些地方的描写具有仙气。

学生立马找到诗句："列缺霹雳，丘峦崩摧。洞天石扉，訇然中开。青冥浩荡不见底，日月照耀金银台。霓为衣兮风为马，云之君兮纷纷而来下。虎鼓瑟兮鸾回车，仙之人兮列如麻。"闪电撕裂黑色的天幕，雷霆震响长天大地，一时间，天摇地动，山峦崩塌，仙府石门，訇然中开，眼前呈现一个神奇瑰丽的世界：青天浩阔，深不见底，日月照耀，楼台生辉。各路神仙披虹霓为衣，驱长风为马，从天而降。老虎弹琴，凤凰拉车，仙人列队，密密麻麻，整整齐齐，都在欢迎人间李白的到来。李白虚构了一个神仙聚会而欢迎自己的场景，无疑是表现了他对自由、光明、幸福、清洁天地的向往与追求。人间没有，梦幻出现。梦幻是对现实的曲折抚慰。

有同学找到诗句："我欲因之梦吴越，一夜飞度镜湖月。湖月照我影，送我至剡溪。"一个"飞"字颇能唤起读者的美妙联想，诗人脚踏祥云，张开翅膀，沐浴清风，飘然飞举，一路欢畅，一个晚上抵达剡溪。何等飘逸，何等奇妙，又是何等浪漫，不是神仙，胜过神仙。李白就是这样喜欢"飞"在云端，"飞"在天上，"飞"上仙界。杜甫不一样，更多脚踏大地，艰难行走，体察民生，悲悯苦难。一个在天上飞，一个在地上走。诗句"湖月照我影，送我至剡溪"，本来是沐浴月华，一路飞奔，掠过镜湖，留下倩影，诗人却要浪漫想象，明月多情，相伴相随，护送我抵达剡溪。何等亲切？何等深情？又是何等美妙？李白还有诗句写明月，"我寄愁心与明月，随君直到夜郎西"（李白《闻王昌龄左迁龙标遥有此寄》），我不能一路送你西去，只能托月传情，捎去牵挂，一路陪伴朋友远赴夜郎西边。月亮有情，深情相送。李白想得很美妙，很浪漫。

有同学找到诗句"半壁见海日，空中闻天鸡"，诗人站在山崖边，朝东远眺，一轮红日从苍茫的海边冉冉升起，天地之间，光明灿烂。突然，天空之中又传来天鸡鸣叫，响声震天，引来天下群鸡鸣叫，白天因此而到来。正如李贺诗句所言，"我有迷魂招不得，雄鸡一声天下白"。（《致酒行》）所见壮观，所闻奇妙，所见所闻，超拔脱俗，惊心动魄，无不带有强烈的奇幻色彩。

有同学找到诗句："谢公宿处今尚在，渌水荡漾清猿啼。脚著谢公屐，身登青云梯。"短短四句诗歌，两次提到"谢公"，足以看出李白对谢灵运的敬重与崇拜。何以如此呢？谢灵运又是何人？南朝旅行家、文学家，山水诗鼻祖，性好自然，徜徉山水，追求自由，藐视权贵，任性而为，我行我素，才学丰赡，学问广博，深受李白景仰。谢灵运曾经如此评价天下才子："天下才共一石，曹子建独得八斗，我得一斗，自古及今共分一斗。"（《南史·谢灵运传》）"才高八斗"由此而来。一番话语足可见出谢灵运的博学多识，文采非凡。这也是李白敬佩他的原因之一。李白还佩服另外一个人——孟浩然，曾经有诗《赠孟浩然》："吾爱孟夫子，风流天下闻。红颜弃轩冕，白首卧松云。醉月频中圣，迷花不事君。高山安可仰，徒此揖清芬。"李白推崇拜孟浩然的风流潇洒，藐视权贵，自由自在，无拘无束，将孟浩然视作一座大山，虔诚膜拜，五体投地。李白是什么人？狂傲不羁，唯我独尊，就连皇帝老子都不看在眼里的人，竟然如此崇拜谢灵运、孟浩然，可见二位多么了不起。诗中特别写到李白要歇宿谢公当年旅居的宾馆，要穿上谢公当年特制的木屐，要走谢公当年登山的路径，既是文学文脉之旅，又是浪漫风雅之行，多少也增添了此番梦游的奇幻神秘之色彩。

也有学生找到诗中的恐怖场景："熊咆龙吟殷岩泉，栗深林兮惊层巅。云青青兮欲雨，水澹澹兮生烟。"熊在咆哮，龙在长吟，山谷震响，山泉激荡，深林战栗，山峦惊悚。天空乌云滚滚，水面烟雾缭绕。整个就是一幅波诡云谲、险象环生的恐怖景象，让人产生心惊肉跳、毛骨悚然之感。这是世间少有、人所难见的景象，融进了诗仙的想象与夸张，营造出奇幻迷离而又惊世骇俗的氛围，从中隐约透露诗心在现实世界的某种隐忧与惊悸。如此描写，不是仙境，其实也增添了神秘、惊恐、诡谲、骇人的色彩，无疑助力仙气的渲染与营造。

有同学点评这个句子："千岩万转路不定，迷花倚石忽已暝。"徜徉天姥山上，山崖耸立，路径狭小，弯弯曲曲，绕来绕去，让人意态恍惚，不辨东西，加之花木葱茏，山石峥嵘，更是让人流连忘返，沉醉不醒。不知不觉，日色昏暗。这两个句子是过渡句，由前面的光明壮丽（半壁见海日，空中闻天鸡）转向后面的晦暗阴森（熊咆龙吟殷岩泉，栗深林兮惊层巅），道出了一番神奇景象，也是人间难得、仙山才有的奇景。从某种意义上来说，也是增添了仙山的仙气，诗歌的仙味。

几乎可以说，诗歌第一二两节，全都是在写"仙气"，所谈"瀛洲"，所语"天姥"，所夸高峻，所梦飞度，所住剡溪，所着木屐，所登山壁，所见海日，所闻天鸡，所历山石，所迷花木，所听熊咆，所惊层巅，所栗深林，所到洞天，所遇仙人，一切的一切，神奇、壮丽、诡谲、惊骇、梦幻，刺激、美妙，道出诗仙超出现实、飞升仙境、追求自由、张扬个性的人生志趣。万千奇观，万千仙气，一腔自由，一腔不羁！

文中诗句有仙气。请学生找出来，逐一品味。教师穿插李白崇拜孟浩然的诗歌，谈到李白受到各路神仙的欢迎，谈到李白的奇异、惊悚的见闻，无疑让学生大饱眼福，大饱耳福，充分激发他们对诗仙风采的迷恋，对诗歌文句意境的神往，甚至唤起他们对李白诗歌的勃勃兴致。

百年多病独登台

——杜甫《登高》教学漫谈

教学杜甫七律《登高》，教师如此导入课文：前面几个课时，我们随陶渊明一起回家，感受脱离官场、回归田园的自由与幸福；随曹操一起宴饮放歌，感受创业的艰难，人才的难得，呼唤天下一统的到来，这个课时，我们随杜甫一起来过重阳节——学习他的七律《登高》。

王维过重阳节，漂泊在外，远离兄弟，挥笔写下一首《九月九日忆山东兄弟》："独在异乡为异客，每逢佳节倍思亲。遥知兄弟登高处，遍插茱萸少一人。"王维的兄弟们相约一起登高远眺，祈求幸福健康，唯独发现少了王维，彼此思念。杜甫的"登高"又是如何呢？请大家朗读诗歌，猜猜看，诗人大约是什么时候写这首诗的？请从诗歌中找出依据来说明。

有人发现，"百年多病独登台"中的"百年"暗示这首诗写于诗人的晚年，百年意思是人生百年，形容人生岁月有限，诗中指诗人的晚年。有人认为，"万里悲秋常作客"中的"悲秋"不但悲自然之秋，也悲人生之秋，暗示诗人到了风烛残年的生命之秋。教师补充，一年有四季，春夏秋冬；一生有四季，少年、青年、中年、老年，生命节律暗合自然节律。这位同学从自然之秋，读出了生命之秋，有独到发现，值得点赞。有人认为，"艰难苦恨繁霜鬓"，这个"繁霜鬓"描写白发苍苍，指明诗人年纪已高。教师补充，比如老师，就和落魄潦倒的杜甫一样，两鬓苍苍，满头白发，而且头发稀少。（引来全班大笑）有人认为，"无边落木萧萧下"中的"落木"表面是写落叶飘零、衰败，其实也很容易让人联想到人生的凋零、衰败，很容易让人联想到诗人已经到了生命的秋天。教师补充，和前面同学的发言相比，这个同学从景物意象当中读到生命状态、人生感悟，印证了王夫之的话语"一切景语皆情语"。这种解读诗歌的方法值得学习。有同学认为，"百年多病独登台"中的"多病"，暗指诗人疾病缠身，健康状况糟糕，这与一个老年人的境况比较吻合。"独登台"又分明暗指诗人流离他乡，远隔亲人，鲜有朋友、形单影只的凄惨境况，很容易让人联想到一个孤独的老年人的模样。教师补充，诗人写作这首诗的社会、时代背景（安史之乱结束第四年，诗人寓居成都，投靠成都尹严武，后来严武去世了，杜甫无以为靠，只能沿着长江东下，寓居夔州，重阳节登高有感身世家国境遇而写下这首《登高》）。帮助学生理解诗人的境遇以及诗歌当中浸润的丰富而厚重的思想情感。有人从诗歌结尾一句"潦倒新停浊酒杯"中的"新停浊酒"来推测，刚刚停下酒杯，也就是戒酒，说明健康状况不好，加上又是"潦倒"不堪，很可能暗指诗人晚年多病、不能喝酒的境况。

以上诸多发言，均是紧紧咬住诗句，深入挖掘，从而印证诗人写作这首诗的时间与人生状态。应该说，这种立足文本，咀嚼诗意，合理分析，适当联想的解读诗歌的方法是非常正确的、管用的。这是真阅读，不依托其他参考资料，不依靠老师的讲解，也不带任何先有的成见，就只是沉入文本，多维度思考，进而得出自己的理解与判断。教师补充：从全诗来看，所写景物意象、所营构的意境图景、所呈现的情感格调，均吻合一个老年诗人的生命境况。比如首句"风急天高猿啸哀"中的"猿啸"，与李白的"两岸猿声啼不住，轻舟已过万重山"中的"猿声"大不相同，前者是凄厉哀号，凄凄惨惨，无异于一曲人生哀乐；后者是欢快响亮，无异于一曲热烈欢乐的交响曲，是在祝贺李白摆脱戴罪之身，重获人身自由。

又如"渚清沙白鸟飞回"一句中的"鸟飞回"，与曹操《短歌行》"月明星稀，乌鹊南飞。绕树三匝，何枝可依"中的"乌鹊"不同，前者是在瑟瑟秋风中盘旋飞舞，无处安身，无处栖落，暗喻诗人漂泊流离，居无定所的状况；后者是乌鹊绕飞，无枝依靠，象征人才东奔西跑，找不到投靠的主公，流露出曹操的担心与忧虑。

再如"潦倒新亭浊酒杯"中的"浊酒"，就与李白喝的酒不一样，李白要喝"茅台、五粮液、1573"等名牌高档酒，"五花马，千金裘，呼儿将出换美酒，与尔同销万古愁"，豪气，霸气，大气，痛快淋漓！杜甫是穷困潦倒，沉沦下僚，只能喝低档的"浊酒"，一杯浊酒，道出多少人生苦况。凡此种种，均可感受到诗人的境遇与心声。

诗歌颔联"无边落木萧萧下，不尽长江滚滚来"，描写夔州深秋景色，意境阔大，视域高远，格调雄浑，意绪苍凉，给人一种苍茫辽阔又萧瑟悲凉的人生感受。其中，上联写"落木"，脱离枝头，飘零风中，弥漫天地，转瞬即逝，很容易让人产生人生短暂、时光易逝的联想。下联"长江"滚滚而来，无穷无尽，源源不断，象征着自然的永恒，天地的久远。落木萧萧转瞬即逝，长江滚滚无穷无尽，有限与无限，渺小与宏大，形成强烈的对比，给读者留下咀嚼、回味的广阔空间。同时，长江的滚滚而去，波澜起伏，似乎又关联着诗人的心潮澎湃，还暗喻大唐王朝时局动荡，国运衰微，透露出诗人的焦虑与担心。

当然，还要注意诗中的几个字词。苦恨，即极恨。"苦"是"极""非常""十分"之类的意思，不是辛苦、艰苦之类的意思。注意杜甫这首律诗的特点，全诗每联均是严格对仗。"艰难苦恨繁霜鬓，潦倒新停浊酒杯"，"苦恨"对"新停"，"苦"对"新"，自然也是副词，翻译为"很""非常""十分"之类的意思，因为"新停"的"新"是副词，"刚刚""正好"之类的意思。"恨"不同于现代汉语的"痛恨""厌恶""憎恨"，是遗憾的意思。杜甫的遗憾是什么？可以适当拓展。杜甫早年的诗歌《望岳》有云"会当凌绝顶，一览众山小"，要登高望远，胸怀天下，将泰山踩在脚下，将壮志写在蓝天。何等自信，何等豪迈，又是何等气雄天下！杜甫在另外一首诗里说"致君尧舜上，再使风俗淳"（杜甫《奉赠韦左丞丈二十二韵》），要做帝王之师，要辅佐君王，移风易俗，改变社会风气，造福天下苍生。可见，杜甫是有理想、有抱负的，和万千文人一样，想挥洒才情，施展才干，大济苍生，建功立业。但是，时局动荡，命途多舛，人生坎坷，英雄无用武之地，理想无实现之日。他替诸葛亮叹惋，"出师未捷身先死，长使英雄泪满襟"（杜甫《蜀相》），其实也是替自己叹惋，遗憾。

在《登高》中，慨叹自己不能为国效力，平定叛乱；不能当朝为官，造福一方百姓；不能施展才华，奉献社会。遗憾多多，人生老迈，岁月流逝，时日不多，不禁感慨万千，唏嘘叹息。诗中"作客"与"做客"有区别。前者是寓居他乡，有家难归，流露出人在旅途的无奈与困窘；后者是受邀前往，备受礼遇。杜甫属于前者，"万里悲秋常作客"，是"作客"，远隔万里，兵荒马乱，有家难归，有亲难聚。

同是天涯沦落人

——白居易《琵琶行》教学漫谈

教学白居易《琵琶行》，一个课时能干什么？我既想突出重点，又想调动学生，还想精要讲解，如何设计？是个问题。上课伊始，简单解题。《琵琶行》中"行"是一种文体，大约就是讲述一个与琵琶有关的人生故事。故事发生应该有一个背景，诗中小序简要交代了故事的人物、时间、地点、环境、事件等要素。千百年前的一个秋天的夜晚，明月高悬，秋风瑟瑟，贬官到江西浔阳的白居易在盆浦口送别朋友，举酒欲饮，心绪伤感，江面忽然传来一阵琵琶之声，刹那之间打动了白居易与朋友，他们移船相邀，倾心交流，听琵琶演奏，畅饮美酒，演绎了一段"同是天涯沦落人，相逢何必曾相识"的江湖故事。这首《琵琶行》就是记述、描写这次人生际遇。

从标题看，"琵琶"可能是诗歌的线索，诗歌描写了几次弹奏琵琶呢？请大家阅读诗句，找出每次描写琵琶演奏的起始句，朗读一遍，并体会演奏效果。学生很快找到，诗歌一共描写了三次琵琶演奏的场景。

第一次："忽闻水上琵琶声，主人忘归客不发。循声暗问弹者谁，琵琶声停欲语迟。"一个"忘"字写出了主客忘归，沉醉不醒的状态，从侧面突出琵琶女演奏的技艺精湛、声情动人。一个"忽"字又暗示出诗人对琵琶声的急切向往与渴盼，一往情深，心魂惊动。"欲语迟"，再现琵琶女的神态，欲言又止，含羞带涩。

第二次："转轴拨弦三两声，未成曲调先有情。……东船西舫悄无言，唯见江心秋月白。"详细描写琵琶演奏的音乐之美、情意之美，是诗歌叙事之高潮，是全诗最精彩的音乐描写的经典片段。琵琶女的演奏有何效果呢？"东船西舫悄无言，唯见江心秋月白"，写周围环境，明月朗照，江面安静，众人无言，深深沉入琵琶演奏的意境之中而不能自拔，从侧面烘托出琵琶女的技艺精湛。要注意这个"明月"这个意境，冷风、冷水、冷月烘托出冷心。月白风清，秋水潺潺，烘染出人物冷清、寂寥、悲伤、哀怨的心情。"白"是冷色调，庄重，素雅，凝重，压抑，属于悲哀的颜色。与红色不一样，红色则是热烈、喜庆、热闹的颜色。"别有幽愁暗恨生，此时无声胜有声"，演奏间歇，余音袅袅，幽愁暗恨，油然而生，弥漫空中，萦绕心间。琵琶之声，含愁蕴恨，动人肺腑。注意"幽愁"，而不是"忧愁"，后者就只一般的担忧、忧虑、着急，前者侧重深藏内心，不轻易表露出来的内心情感，较之后者更细腻，更微妙，更复杂。如此情感，琵琶女演奏出来了，一则见得琵琶女内心世界的丰富与深沉，二则见出诗人内心感受的敏锐与细致。

第三次："感我此言良久立，却坐促弦弦转急。凄凄不似向前声，满座重闻皆掩泣。座中泣下谁最多？江州司马青衫湿。"第三次弹奏与前面两次不一样，琵琶女听闻诗人的起落人生，心有戚戚，感慨良久，之后又演奏一曲，融进了她的身世浮沉，融进了诗人的起落感慨，融进了两人的天涯共鸣，因而凄凄至极，胜过向前。演奏效果是"满座掩泣，泪湿青衫"，想想看，一个个大男人，竟然掩面而泣，潸然泪下，江州司马竟然湿透青衫，这里面有夸张，更有真情，有力地烘托出琵琶女的演奏技艺高妙。

三次演奏梳理完成之后，紧承第三次演奏效果的描写"座中泣下谁最多，江州司马青衫湿"，为什么诗人白居易听了演奏，最为动情，泪湿青衫？其间一定是有原因的，诗中有一句话描述了琵琶女与诗人产生共鸣的根本原因，你能找出来吗？学生很快发现句子"同是天涯沦落人，相逢何必曾相识"，这就是诗歌的主旨句，揭示了两人经由琵琶演奏产生心灵沟通、共鸣的原因。换句话说，"同是沦落天涯"，人生际遇相似，这是他们共鸣的关键原因。具体来说，诗歌三、四两节分别叙说琵琶女和诗人自己的人生坎坷，这是他们产生心灵共鸣的根本原因。我们先来读读第三节，思考琵琶女的人生遭际。学生朗读一遍之后，很快发现，琵琶女经历了大起大落的人生变故，少年时代大红大紫、风流富贵，晚年门前冷落，孤苦伶仃。少年风光的句子有："十三学得琵琶成，名属教坊第一部。曲罢曾教善才服，妆成每被秋娘妒。五陵年少争缠头，一曲红绡不知数。钿头银篦击节碎，血色罗裙翻酒污。"一个"碎"字写足了风流快意，人生疯狂，这种风花雪月、纸醉金迷的生活几乎达到了人生的巅峰状态。想想看，什么是钿头银篦？上端镶嵌着花钿的银质发篦，钿头就是用金银等制成的花形首饰。钿头也罢，银篦也罢，名贵而美观，精致而坚硬，歌舞欢乐到了高潮，竟然拔下来，权当物件，打起节拍，打到碎裂。何等投入？何等癫狂？又是何等快意？还有一个颜色词语"血色"，也很有张力，既见罗裙红艳，光芒四射，又见风华正茂，风流快意，还见承欢卖笑，灯红酒绿。老年衰颓的句子："弟走从军阿姨死，暮去朝来颜色故。门前冷落车马稀，老大嫁作商人妇。商人重利轻别离，前月浮梁买茶去。去来江口守空船，绕船月明江水寒。夜深忽梦少年事，梦啼妆泪红阑干。"亲人离去，戏班解散，年长色衰，人老珠黄，只好委身商人，草率成家，不曾想到商人重利轻情，常常留下琵琶女独守空房，艰难度日。人生跌至低谷。经历大起大落之后，才有琵琶演奏的跌宕起伏，动人肺腑。

同样，诗歌第四节主要描述了诗人白居易的人生起落：原本作为帝都官员，才华横溢，名动天下，正道直行，关怀民生，讽议时政，极具影响力，可谓大红也大紫，风光无比。教师补充：16岁的白居易拿着诗稿赴京拜谒大学士顾况，顾大学士看见诗稿封面"白居易"三个字，调侃"长安米贵，居大不易"，及至看了诗歌《赋得古原草送别》："离离原上草，一岁一枯荣。

野火烧不尽，春风吹又生。远芳侵古道，晴翠接荒城。又送王孙去，萋萋满别情。"顾况大为惊讶，拍案叫绝，戏曰"道得个语，居即易矣"，意思就是说，写得出这样的诗句，要在长安生活、发展也是很容易的事情啊。后来顾况又多次表扬、夸张白居易的诗才文章，使得白居易名动京城，家喻户晓。如今，白居易因为武元衡遇刺事件上书皇上，被权贵诬陷打压，被贬官降职，发配九江做司马，跌至人生低谷。诗中大量句子极言仕途失意之悲，穷愁潦倒之态。请学生朗读诗歌："我从去年辞帝京，谪居卧病浔阳城。浔阳地僻无音乐，终岁不闻丝竹声。住近湓江地低湿，黄芦苦竹绕宅生。其间旦暮闻何物？杜鹃啼血猿哀鸣。春江花朝秋月夜，往往取酒还独倾。岂无山歌与村笛？呕哑嘲哳难为听。今夜闻君琵琶语，如听仙乐耳暂明。莫辞更坐弹一曲，为君翻作《琵琶行》。"又是"谪居卧病"，又是"地僻低湿"，又是"黄芦苦竹"，又是"杜鹃啼血""猿猴哀鸣"，又是"山歌村笛""呕哑嘲哳"，环境之恶劣，精神之困顿，人生之潦倒，似乎到了最糟糕的状态。越是如此，越是渴望遇见心灵的知音，越是希望有人抚慰、关怀，琵琶女的及时出现，琵琶演奏的哀愁叹苦，恰恰给诗人久渴的心灵送来一场及时雨，让他轻松，让他释然，给他分忧解愁，给他多少抚慰。白居易正是经历了这种人生起落跌宕的过程，才会对琵琶女的身世经历，对融汇身世坎坷的琵琶演奏产生共鸣，才有这篇传唱千古的《琵琶行》诞生。

诗歌三、四两节各自介绍琵琶女和白居易的身世经历，人生坎坷，这就在音乐之外，增加了一段人生悲情，因为音乐，因为经历，因为相逢，因为那个晚上的月光、那个季节的风，一位诗人和一个歌女产生了心灵共鸣，演绎了一段千古绝唱。

咬文嚼字品词心

——苏轼《念奴娇·赤壁怀古》教学漫谈

教学苏轼的词作《念奴娇·赤壁怀古》开头三句"大江东去，浪淘尽，千古风流人物"，要引导学生理解两点：一是苏轼用如椽巨笔状写宏阔景象，气势磅礴，笔力千钧，意境恢宏，格调高昂，的确体现了苏轼词作豪放洒脱的风格；一是理解词中关键词句"浪淘尽"中这个"尽"字，是完了没了、穷尽之类意思。词句翻译过来，意为长江滚滚东去，浪花淘尽千古岁月，也淘尽风流人物，一个也不剩下，一个也不能幸免。尽管他们在世时曾叱咤风云，豪情万丈，尽管他们在世时曾经志存高远，功勋卓著，但是，在无限的空间和无限的时间面前，他们还是消失了，无影无踪，无声无息，就像并不存在的东西一样。这些风流人物如此，我苏轼又算得了什么呢？迟早也是会被岁月的河流冲刷殆尽的。如此想来，不管是渺小如我苏轼，还是辉煌如周瑜，都会走向湮灭无闻、灰飞烟灭的境地，这是人类的终极归宿，这是透骨的悲凉。这个"尽"字透露出巨大的无奈与苍凉。词作下片"人生如梦"，呼应了上片的"浪淘尽，千古风流人物"。全词除了豪迈雄浑之外，更有无限悲凉与怅惘。

"故国神游，多情应笑我，人生入梦"，谁笑我？为何笑我？"笑"又有何意味？别人笑话我，因为我神游故国，我错把黄冈赤壁当作三国赤壁，我沉湎历史风云而不能自拔，我沉湎个人坎坷境遇而不能超脱，我的思维与思想别人不能理解，他们认为我是自作多情，多愁善感，神经过敏，心理脆弱……一句话，我与众人不同，我与凡俗不一样，所以别人笑话我。同时也可以理解，我自己笑话自己，我是按照常人的思维和思想来审视、打量我的这一系列的行为与认知的，觉得好笑。又或者说，我笑话我，别人笑话我，我在自嘲自叹。笑话我什么呢？一是多愁善感，高度敏感，想得太多，不会生活；二是我早生白发，未老先衰。稍稍追问一下，为何早生白发？为何未老先衰？全是因为人生坎坷，心思愁苦，郁愤在心的缘故。我的郁愤是什么？遭人排挤、打压、贬谪，沦落黄冈，所有的抱负、所有的才华，全部烂死心中，怀才不遇，壮志未酬啊。所以这个未老先衰，早生白发，不是没有原因的。"人生如梦"，转瞬即逝，何必纠缠不休，何必耿耿于怀呢？何必在意人生的得失荣辱、坎坷沉浮呢？还是超脱出来，豁达一点吧。活在当下，听天由命，顺其自然吧。不去想它，就不会有那么多烦恼和幽愁。这一杯酒，还是洒向大江，让忧愁苦恨随江水流逝吧。这一杯酒还是敬向明月，让我们同饮共醉，陶醉自然吧。如此想来，忧愁抛开了，沉浮不见了，身心轻松，人生快乐，不也很好吗？注意这个"酹"字，祭奠的意思，致敬死去的人或神灵，我们要说，不能说江月死去了，他们永远活在我的心中、我的生命里。

　　"人生如梦，一尊还酹江月"，前半句，追问人生的什么内容如梦一样短暂易逝，虚无缥缈？就这首词作而言，大概就是"千古风流人物""一时多少豪杰"，还有"三国周郎赤壁"，这些人曾经叱咤风云，彪炳千秋，曾经能力超强，功勋卓著，但是，却抵挡不住时间的流逝、风雨的冲刷而灰飞烟灭，无影无踪；还有就是像苏轼一样，遭遇磨难、壮志不遂、人生坎坷的文人志士，也逃脱不了随时间流逝而消失的命运。换句话说，时光易逝，人生短暂，世俗所谓功名富贵，荣辱得失，最终都会灰飞烟灭，荡然无存。我苏轼又算什么呢？不过就是沧海之一粟，天地之蜉蝣而已，昙花一现，转瞬即逝。明白了这一点，我又何必去为那些世俗的东西斤斤计较，耿耿于怀呢？

一般来说，意识到人生苦短，时光易逝，人们多半有两种人生态度，一种是只争朝夕，及时行乐，醉生梦死，整个表现出一种低沉颓丧的精神状态；一种是活在当下，奋发努力，积极进取。苏轼与这两种态度都不一样，他是"一尊还酹江月"，一个"还"字暗示我们，不再祭奠意气飞扬、风流倜傥的周瑜，不再祭奠杰出有为、功勋卓异的豪杰，不再祭奠落魄潦倒、怀才不遇的自己，要告别这一切，要超越这一切，要摆脱这一切。端起酒杯，临江洒酒，让江水冲走万古忧愁，举酒对月，与明月同饮共醉，活在江天明月之间，获得大自在，大快乐，大境界。诚如苏轼在另外一篇文章《赤壁赋》里所言："惟江上之清风，与山间之明月，耳得之而为声，目遇之而成色，取之无禁，用之不竭，是造物者之无尽藏也，而吾与子之所共适。"还要注意一个字"酹"，祭奠的意思，现在一般用来指人们祭祀、缅怀逝去的亲人或神灵之类。但是，此处苏轼却要祭奠"江月"，颇有一种视"江月"为神灵、为亲人、为朋友、为生命的意味，而不是将"江月"当作生硬、僵化，毫无灵性的东西。另外，换个角度来看，去世的亲人、神灵活在一个我们看不见的世界，肉身不在却灵魂永存，他们也会在另外一个世界祭奠、思念活着的我们。应该说，这种"祭奠"是穿越阴阳，永恒相通的。据此理解苏轼的"一尊还酹江月"，是不是就是说，苏轼与江月，与自然灵犀相通，心心相印，自由往来，无碍交通，可谓"与天地共存在，与自然相往来"，彻底摆脱了人世羁绊，获得天地大自由。这才是苏东坡，这才是智慧人生。据此，我们要送给苏轼一个雅号，唤作"苏江月"，只有"江月"才是他最后的人生归宿，才是他独立与自由的精神家园。

关于词中对人物的称呼，也是很值得探究的一个有趣的问题。"故垒西边，人道是，三国周郎赤壁"，"遥想公瑾当年，小乔初嫁了，雄姿英发"，同样称呼一个人，"周瑜""周郎""周公瑾""周公"有何区别？词作中的"周郎"与"公瑾"是否可以调换？为什么？"周瑜"是称呼人物的名，对人不礼貌。"公瑾"是人物的字，称呼"周公瑾"带有尊敬礼貌的感情。"周公"相当于周先生，一般是对年长的品德好、口碑好的人的尊称。词中用来称呼年轻的周瑜显然不妥。称呼"周郎"，一则见得年轻帅气，二则见得亲切、喜爱。如此区分之后，自然不难理解文中的用词之妙。

凄凄惨惨更戚戚

——李清照《声声慢》教学漫谈

　　教学李清照的词作《声声慢》开头一组叠词句子，"寻寻觅觅，冷冷清清，凄凄惨惨戚戚"，我将词句改为"寻觅，冷清，凄惨，悲戚"，要求学生比较一下两种表达的效果。一位学生说，"寻寻觅觅"比"寻觅"好，描绘出找了又找，找不到还想找，似乎有些珍贵、美好的东西遗落了，不见了，没有找到，感到万分可惜，表现出惋惜、惆怅的心情。我听明白了他的意思，"寻觅"只是一般性动作，客观写实而已，并无找了又找、并不罢休的意思，也无从表现找而不得、怅然若失的情态。理解了这组叠词，同样可以理解后面两组叠词的意思与情韵。"冷冷清清"比"冷清"更"冷清"，"凄凄惨惨"比"凄惨"更"凄惨"，"惨惨戚戚"比"悲戚"更"悲戚"。同样道理，后文的"点点滴滴"比"点滴"更见"一点一滴"，什么意思呢？秋雨滴落在梧桐树叶之上，滴落在庭院地上，一点一滴，清清楚楚，绵绵不断，词人听见了，从早到晚，从晚到黑，从夜到明，整个晚上就没有睡觉，也根本无法入睡。雨滴落在地上，宛如落在词人的心头一样。这个"点点滴滴"写出了词人度日如年、度夜如年的感觉。

　　词作写愁，有直抒胸臆，也有间接抒情，后者居多，词作大部分文字均是通过写景（意象）抒情。研读这些意象，即可了解词人心中的复杂缭乱的愁绪。比如写大雁，"雁过也，正伤心，却是旧时相识"，词人为何看见大雁飞过就感到伤心？要理解大雁与词人的生活关联。一是睹物思人，大雁还在，夫君不再，物是人非事事休，无语泪先流，无限伤感，不胜唏嘘。二是大雁唤起词人对亲人、对家园、对过去美好生活的回忆，今昔变化，面目全非，不胜悲伤。三是大雁随天气冷暖而迁徙，自由自在，无拘无束，而词人却是国破家亡，夫君离去，文物丢失，无家可归，漂泊流离，大雁的自由反衬词人的困窘难堪。四是大雁或许是成群结队而飞，或许是一字形，或许是人字形飞过，反衬出词人的孤苦伶仃、楚楚可怜。此处不妨设问，词人所写大雁飞过眼前的天空，到底有几只大雁，为什么？说说你的理解。此题没有标准答案，只需言之成理，持之有据即可。可以是一只大雁，烘托出词人的孤单、寂寞、漂泊的境遇；可以是一群大雁，或是一对大雁，反衬出词人的孤单可怜。五是成语"鸿雁传书"的故事，源自《苏武传》，苏武当年被扣押在匈奴，长达十九年，后来汉匈关系和好，汉使出使匈奴，索要苏武，匈奴方面说，苏武已经去世了。苏武的一位随从私下找到汉使，告知苏武在匈奴的境况。汉使回国，禀报天子，商量对策。后来汉使者又出使匈奴，面呈匈奴王，称说汉天子一次在上林苑打猎，射到一只大雁，发现大雁足上绑着一封书信，原来是苏武捎来的，信上说了苏武还在匈奴北海某处。匈奴王无语，只好放还苏武。由此产生"鸿雁传书"，代指传情达意的信使。回到李清照词中，大雁飞过，不见书信，夫君已去，阴阳两隔，再也不能像以前一样彼此书来信往，寄托相思，词人无限痛苦。六是大雁飞过，让人想起一个雁丘的故事。这当然是发生在李清照所生活的南宋之后的元朝的故事。800多年前，十六岁的少年元好问来到并州应试，在汾河边上遇到一位携带着两只死雁的猎人。猎人给他讲述了一个奇闻：早上，当他用罗网捕住了这两只大雁时，雄雁拼命挣脱了出去，他就把网住的这只雌雁杀了。没承想，脱网的雄雁却怎么也不肯离去，在空中不停地盘旋，悲鸣。最后，竟一头从空中疾冲下来，投地而死。听完大雁的故事，元好问久久不能平静，他花钱买下这两只大雁，将它们埋葬在河水之滨，并用石头垒砌了一座坟墓，起名叫"雁丘"，并写了一首词，其中有一句妇孺皆知："问世间情为何物，只教生死相许？"大雁成了忠贞不移的爱情的象征。李清照词作特别描写大雁飞过，似乎是在暗示她对死去夫君的刻骨思念。

又比如，"满地黄花堆积，憔悴损，如今有谁堪摘"，词人如何写"黄花"？风吹雨打，飘零破碎，一地鸡毛，惨不忍睹，有谁还有心情摘来欣赏呢？以黄花的凋零破碎来烘托词人心情的凋零破碎。也可以有另外一种理解，黄花盛开，满地都是，花团锦簇，熠熠生辉，可是词人已是漂零憔悴，身心疲惫，谁还有心情来赏花呢？又有谁可以倾诉衷情呢？"憔悴"一词可以说黄花，亦可以说词人，不管说谁，均是突出词人的人生状态和内心境遇。李清照的"黄花"，或金光灿灿、生机勃勃，或飘零破碎、满地狼藉，均是烘托词人的凄怆沉重、愁苦难熬的心情。黄巢的"黄花"，"冲天香阵透长安，满城尽带黄金甲"（黄巢《不第后赋菊》），满城皆是，香气冲天，金黄灿烂，犹如万千金甲将士，熠熠生辉，威风凛凛，字里行间透露出一种震撼人心的精神，一种不寒而栗的杀伐之气。黄巢写黄花（菊花），其实是在写自己的军队，写自己的雄心壮志，写自己的雄霸天下的野心。孟浩然也写菊花："故人具鸡黍，邀我至田家。绿树村边合，青山郭外斜。开轩面场圃，把酒话桑麻。待到重阳日，还来就菊花。"（《过故人庄》）表达重阳赏菊，再与故人举酒话桑麻的期盼。孟浩然的菊花是美丽绽放，明媚亮眼的，多少温暖了诗人的心灵。还比如，"三杯两盏淡酒，怎敌他、晚来风急？"，写词人喝酒，"三杯两盏"是数量，多乎哉不多也，小饮两杯，一人独饮，自斟自饮，不是酒鬼，不是狂喝，不是烂醉，仅仅是想抵御寒凉秋风，暖暖颤抖身子，排解绵长愁思。"淡酒"非烈酒，非劲酒，浓度低，口感甜，适合李清照喝，高贵，典雅，矜持，清淡，自有贵族才女风范。要是李白喝酒，是"五花马，千金裘，呼儿将出换美酒，与尔同销万古愁"（《将进酒》）；要是李白高兴，"仰天大笑出门去"（李白《南陵别儿童入京》），"会须一饮三百杯"（李白《将进酒》）；要是李白请客，必定端出"金樽清酒斗十千，玉盘珍羞直万钱"（李白《行路难》）。杜甫喝酒，落魄潦倒，生活清贫，只能喝浊酒，也大气不起来，"艰难苦恨繁霜鬓，潦倒新停浊酒杯"（杜甫《登高》）。王维喝酒，饯别朋友，想着法子喝酒，"劝君更尽一杯酒，西出阳关无故人"（王维《送元二使安西》），一杯、一杯又一杯，酒逢知己千杯少，舍不得朋友离开，就靠喝酒来延缓离别的时间。李白、杜甫、王维是男子汉，李清照是女词人，各有各的个性与境遇，喝酒喝出了心绪，喝出了个性。

又比如，"梧桐更兼细雨，到黄昏、点点滴滴"，不可忽视"梧桐"，试将"梧桐"换作"翠竹"或"青松"什么的，好不好呢？个中缘由为何？后者属于四季常青植物，枝叶繁茂，生机勃勃，给人感觉是具有旺盛的生命力，具有生动蓬勃的精神风采。"梧桐"不一样，秋风瑟瑟，桐叶枯黄，飘零，衰败，破碎，满地都是，一片狼藉，惨不忍睹，伤怀伤神。词人李清照看到风雨吹打当中的梧桐，自然会联想到自己的境遇，国破家亡，夫君去世，只身飘零，满心破碎，岂不也和梧桐一样凄凄惨惨，悲悲戚戚？或者说，词人写梧桐，暗自关联词人的身世经历与生命境遇。关于梧桐，还有一种说法。梧是雄树，桐是雌树，梧桐同长同老，同生同死，且梧桐枝干挺拔，根深叶茂，在诗人笔下，成了忠贞爱情的象征。汉乐府长篇叙事诗《孔雀东南飞》写道："东西植松柏，左右种梧桐。"要在刘兰芝与焦仲卿合葬的坟墓周围种植梧桐，正是表达了人们对焦、刘二人生死相恋的爱情的钦敬与赞叹。回到李清照的词作，之所以要突出"梧桐"，还暗含词人对去世的丈夫的思念与怀想。

我把全宇宙来吞了

——郭沫若《立在地球边上放号》与《天狗》比较教学

比较教学郭沫若的《立在地球边上放号》与《天狗》，从标题到视角，从内容到感情，从不同到相同，让学生自由言说，挑出有感触、有兴趣的句子来说。说说，读读，评评，议议，思维活跃，发言积极，气氛热烈，课堂和谐。师生不时交流，不时闪现智慧而新颖、深刻而灵动的见解。

从两首抒情诗的视角看，《立在地球边上放号》主要采用第一人称视角，"我"站在地球边上，俯瞰地球，俯瞰世界，诗人重点描写看到的景象——怒涌的白云、壮丽的北冰洋、浩瀚的太平洋，从四面八方涌来的滚滚洪流，突出景象的恢宏壮观，气势磅礴，这属于第一人称视角。《天狗》标题曰"天狗"，属于第三人称，信马由缰，自由自在，没有一个固定的立足点，但是，诗歌展开主要采用第一人称视角，描述"我"（天狗）吞噬一切，聚集巨能，自我膨胀，自我爆炸，自我成就的内容。两首诗歌，两个视角，第一人称侧重主观，抒情更强烈，更炽热，更浓烈。第三人称侧重客观，抒情要节制一点。

从两首诗的内容上看，各有侧重，厚薄有别。《立在地球边上放号》全诗着重描写什么呢？不难看出一个"力"字出现了八次，显然诗人是在放肆地呼唤、歌赞自然神奇而伟大的力量。如何歌颂"力"呢？请看诗句"力的绘画，力的舞蹈，力的音乐，力的诗歌，力的律吕哟"，用比喻，描绘力的多姿多彩，美轮美奂。力量就像绘画一样五彩斑斓，绚丽缤纷；力量就像舞蹈一样自由奔放，无拘无束；力量就像音乐一样，包孕感情，起落跌宕；力量就像诗歌一样内蕴张力，慷慨激昂；力量就像律吕一样，节奏分明，旋律欢快。力量之美，力量之光，力量之色，力量之韵，力量之情，力量之声，全在诗中，荡漾生辉，触动心灵，震撼魂魄。用短句，节奏明快，语调高亢，语速短促，语势强烈。用排比，排山倒海，雷霆万钧，气势如虹，气壮山河。这个典型的诗句着重歌颂力之美。诗中还有一个句子写"力"，"不断的毁坏，不断的创造，不断的努力哟"，三个动词揭示了"力"的意义与作用，破坏、毁灭旧世界，创造、迎接新世界，积极进取，坚持不懈，勇敢担当，信心百倍。张扬"力"的价值，其实是烘托新生的青年一代狂飙突进，担当天下，创造未来的青春激情。所以，概括全诗的主要内容，主要就是呼唤、歌赞自然神奇伟力与威力。

《天狗》这首诗，依次展开，思路清晰，可以分为三个层次：第一、二节是第一层，第三节是第二层，最后一节是第三层。第一层着重写天狗吞噬一切，集聚能量，以致成为汇集全宇宙能量总和的"大力神""巨无霸"。该层主要是自我扩张。第二层写"我""飞奔""狂叫""燃烧""剥皮""食肉""吸血""啮心""飞跑"，侧重自我革新，自我否定。第三层写"我要爆了"，是全诗的最高潮，诗人总爆发，侧重自我完成，自我新生，犹如凤凰涅槃，浴火重生。综观三层诗意，不难看出，全诗主要就是突出"我"的能量，我的创造，我的新生，体现五四时代精神，以及个性解放的思想。

关于《天狗》，不少诗句蕴含深意，颇能触发学生的思考，不少同学表达了自己的个性理解。有人认为，"我把全宇宙来吞了/我便是我了！"我吞噬宇宙，我成了宇宙，我就是宇宙，或者说，我是宇宙之王，我主宰天下，我神力无穷。有人产生疑问，"我是全宇宙的Energy的总量！"此处为何要夹杂一个英文单词？有人解释，五四时期，新旧文化冲撞，中西文明冲突，新旧思潮碰撞，新旧制度博弈，诗人身处这样一个文化思潮大动荡、大撞击、大融合的时代，远渡重洋、求学异邦的郭沫若势必对西方文化、文明、思想报以极大的热情与兴趣，会以包容开放的心态来吸收、接纳、学习西方文明。英文是语言，更是西方文明的符号象征。此处夹杂英文，正好暗示了诗人的兼容并包，虚怀若谷，用心学习，吸纳西方文明的博大胸襟。诗人积极参与新文化运动，大声呼唤西方的民主、自由、科学，这种思想也在一个英文单词中折射出来。有人认为，"我如电气一样地飞跑！"暗示时代发展，日新月异，瞬息万变，已经到了电气时代，工业文明浪潮席卷全球，诗人置身其中，深受鼓舞，自然也会欢呼，狂跑，追赶，跟进，拥抱新时代。有人认为，从"我如烈火一样地燃烧""我如大海一样地狂叫""我如电气一样地飞跑"，似乎展现了一幅奇丽壮观、惊天动地的图景：火山爆发，烈焰冲天，大海激荡，山呼海啸，雷鸣电闪，天摇地动，何等宏大的场景，何等壮丽的奇观！有人认为，"我""剥皮""食肉""吸血""啮心肝"，寓意"我"要毁灭自己，吃掉自己，彻底否定旧我，创造新我。这些充满血腥味的动词的运用，充分表明"我"对"旧我"的刻骨仇恨，彻底告别。不禁令人联想起岳飞的词句"壮志饥餐胡虏肉，笑谈渴饮匈奴血"（岳飞《满江红·写怀》），要剥敌人的皮，喝敌人的血，吃敌人的肉，咬牙切齿，恨之入骨。还有《鲁提辖拳打镇关西》，三拳分别打在眼眶上、鼻梁上、太阳穴，打得镇关西乌珠迸裂，眼花缭乱，头晕耳鸣，最后一命呜呼，去见马克思去了。鲁提辖打得狠准快，拳拳要命，充分彰显出豪侠义士除恶务尽、疾恶如仇的性格。郭沫若诗句的这些词语，主要是表达自己对"旧我"的摒弃与否定，态度坚决，毫不手软。

有人发现，诗人由"皮""肉""血""心肝"到"神经""脊髓""脑筋"，由浅及深，由表及里，表明诗人探索思想，追寻真理，马不停蹄，刻不容缓。老师补充一个小练习：湖南经济电视频道有一句广告语"星空之下，做一位思想的奔跑者"，请找出郭沫若诗歌中的一句来对应这则广告语，你会找到哪一个句子？并说明理由。"我在我脑筋上飞跑"，"脑筋"就是用来思考、探索的，平常所言"动脑筋"就是要勤于思考。有人认为，"我便是我了！""我便是我呀！"前后呼应，突出"我"很重要，"我"是天地之间最具爆发力的"大力神"。有人认为"我的我要爆了"，这是全诗最响亮的句子，自我爆炸，新我诞生。也有同学想到宇宙大爆炸，回到地球的起源，洪荒时代，混沌初开，万象一新，预示着一个崭新的世界即将诞生。显然，这是非常吻合五四时代特征的。

学生自由言说，思维活跃，发言积极，课堂气氛热烈，师生互动频繁，学生争论、补充较多，联想充分拓展，新颖见解不断闪现，课堂给人以愉快、美妙的享受。我相信，这样的言说、讨论，对话诗歌，对于师生而言，都是想象力的训练、思维的训练，都是生命的成长、精神的丰盈。

创造光照你的因

——《红烛》与《奉献的青春》比较教学

教学闻一多先生的诗歌《红烛》，我将教学目标定位为：学会改编诗歌，对照朗读诗歌，对比赏析诗歌，完成改编诗歌练习，课堂朗诵小说中的"诗歌"（诗意），体会小说的"诗情画意"，以及人物身上体现出的青春之美。

先给学生呈现一段散文《奉献的青春》：

我的青春啊，可有足够的赤诚？可愿意奉献此生？生命，从何而来？为何而来？一定要在奉献中毁灭吗？我想不明白。在思想斗争中，我坚定了信念，活着，就要向着光明的理想前行。在思想斗争中，我坚定了信念，活着，就要向着光明的理想前行。活着，就是要奉献。活着，就是为了别人。活着，就是要拯救世人。活着，救赎他们的灵魂。全身心地为了别人，不要顾念自己的日子。生命的价值在于奉献，奉献中，不要伤心。世道艰难，理想遥远，我的心神片刻难安。我要把我的身躯，全部奉献给这世间。用我的生命，创造安慰，创造欢乐。苦难是生命的底色。奉献是生命的价值。光明是生命的追求。去拥抱奉献的生命吧！

让学生朗读，然后，请学生说说这段文字有什么特点。大多数同学朗读之后能够说出来，这段文字特点很明显：有节奏，有感情，有智慧，有哲理。老师充分肯定学生的朗读与思考，但是这还不够，这不是我设计教学的目标。我继续追问，是的，这是一段散文诗，但是，你想过没有，它情理交融，感染力强，你能说说如何将这篇《奉献的青春》改写为一首诗？这里面有哪些最直观的技巧？

学生朗读、思考、议论，多少能够说出一些感受。比如说，诗歌要分行排列，分节排列，要考虑组成一节或一大节，它们何以成为一个关联性整体，也就是要考虑诗歌组成的几个句子之间的逻辑关系与意义生成。教师可以指出文段中哪些句子组成一节，为什么？让学生去说，去探索，去研究，教师只管布置任务，指引思维即可。要将这篇议论性的散文改写成诗歌，注意两点即可，一是分行排列，二是以"意"构节，把相互关联的句子放在一节。大屏幕上呈现改写的诗歌：

奉献的青春

我的青春啊，

可有足够的赤诚？

可愿意奉献此生？

生命，

从何而来？

为何而来？

一定要在奉献中毁灭吗？

我想不明白。

在思想斗争中，

我坚定了信念，

活着，
就要向着光明的理想前行。

活着，就是要奉献。
活着，就是为了别人。
活着，就是要拯救世人。
活着，救赎他们的灵魂。

全身心地为了别人，
不要顾念自己的日子。

生命的价值在于奉献，
奉献中，不要伤心。
世道艰难，理想遥远，
我的心神片刻难安。

同时教师发放已经准备好的朗读材料，一张纸上并排两首诗歌，左边是闻一多的《红烛》，右边是老师这首《奉献的青春》，左右对应起来排列。学生很快发现，老师这首《奉献的青春》实际上就是闻一多《红烛》的改写版，两首诗的主题思想基本相同。安排学生朗读两首诗歌，要求是两人一组，交叉朗读，横向交叉，纵向推进，也就是，甲同学先读《红烛》第一节，乙同学接读《奉献的青春》第一节，然后甲同学读《红烛》第二节，乙同学接读《奉献的青春》第二节。依次朗读下去，直至读完全诗。一遍不够，还可以来第二遍。一定要给学生朗读的时间。实际上，同学们朗读得非常好，声音响亮，重音突出，感情投入。之所以这样排列诗歌，又这样交叉朗读，主要是想通过朗读和排列来强化学生对两首诗的异同的感知与理解。充分朗读、领略之后，教师再提问：你们说说，两首诗主题相同，什么不同？请结合具体诗句来分析。

有人说，《红烛》含蓄，巧用意象，《奉献》直抒胸臆，没用意象。《红烛》大量运用叹号、问号，感情强烈；《奉献的青春》多用句号，感情相对显得平淡、平实、冷静。教师此处追问，两首诗中的问号起什么作用？谁问谁？问什么？属于什么问？意义何在？此问跟进学生的发言，就势深入下去，意在引导学生了解这两首诗歌的情感不同与构思不同。《红烛》中是诗人问"红烛"，采用第二人称，将"红烛"推到诗人面前，直接对话，不断掀起感情的波澜。《奉献的青春》采用第一人称"我"来展开诗歌，自问自答，属于设问。有同学说，两个标题不同，"红烛"是具体形象，凝聚诗人的思想感情，"奉献的青春"是抽象表达，也是这首诗歌的主旨所在。有的同学说，《红烛》感情强烈，《奉献》则淡泊一些。有的同学说，"红烛"的象征意义丰富，《奉献的青春》的意义比较单一。"红烛"的象征意义如何丰富呢？如何理解呢？请学生找出相关文段，尝试朗读，然后，请学生说说朗读的句子到底是想表达怎样的内容与情意？诗歌当中，最能表现"红烛"的意义与价值的诗节是第三节。

> 烧破世人的梦
> 烧沸世人的血——
> 也揪出他们的灵魂，
> 也捣破他们的监狱！

诗人一气铺排，连用四个句式整齐的句子，表达波涛汹涌、排山倒海的声势。要注意，各个句子含义不一样。"烧破世人的梦"暗示红烛烧破黑暗，烧破庸碌，唤醒大众，唤醒美梦，给人们指出一条通向光明的道路。"烧沸世人的血"，暗示红烛发光发热，给人以温暖、光明和希望，也激励人们面对淋漓的鲜血，给大众直面悲惨现实的勇气与信心。热血沸腾，士气旺盛，精神昂扬。"也救出他们的灵魂"，暗示后红烛拯救灵魂，提升境界，成全人生的意义。"也捣破他们的监狱"，暗示红烛给人以启迪，给人以希望，给人以力量，他可以打破世俗对人们的禁锢，还原人生的自由与幸福。由此可见，全诗当中，"红烛"的象征意义比较丰富而深沉，《奉献的青春》则比较直白、单一，没有令人回味的余地。

有同学认为，《红烛》主要是借物抒情，托物言志，属于间接抒情，借助意象（形象）抒情，而且"红烛"贯穿全诗，既是核心意象，又是行文线索。《奉献》属于直抒胸臆。无意象，无线索。

两诗对读比较的目的在于引导学生理解诗歌的内容、思想与主题，掌握诗歌的艺术表现手法。更重要的是，将诗歌写作的知识，尤其是意象的运用，视角的选取，思路的展开，诗意的凸显，画面的设置等知识渗透在两首诗歌的比较教学当中，为后面练习改写诗歌打下基础。

教学的第三个环节是，安排学生做一个改写诗歌的练习。请从铁凝的小说《哦，香雪》中寻找一段最有诗情画意的文字，将它改编成一首诗歌，抄写在作文本上，并朗诵给大家听。互相点评所找文段的诗情画意与艺术特色。

铆钉一样楔入巨石的罅隙

——昌耀《峨日朵雪峰之侧》教学漫谈

  教学现代著名诗人昌耀的诗歌《峨日朵雪峰之侧》，安排学生朗读诗歌，谈谈自己的初始感受，课上得非常热烈，掌声、笑声、欢呼声不断，新见、智见、深见不断闪现。咀嚼词语，品味意象，对比关联，生发联想，咬文嚼字，师生互动，彼此幽默，畅快淋漓。课后不少同学涌向讲台，继续和老师讨论，实际上是想继续发言，让老师分享他们对诗歌的独特而新颖的理解。其实，在我看来，一节课，点燃了他们对诗歌的兴趣，唤起了他们心中的诗意与激情，刺激了他们敏感的思维，这就足够了。至于学生对诸多诗句和词语的理解，见仁见智，争论纷纭，那也是正常的现象，诗无达诂，一千个读者就有一千座"峨日朵雪峰"，每一座雪峰都巍然耸立，闪闪发光。

  学生朗读完了之后，我做适当点评。大家读得响亮、顺畅，也有气势，充满感情，不少地方突出重音，可能体现了同学们对诗歌的直观感受与初步理解。但是，还是觉得，学生的朗读少了一点什么东西，到底是什么东西呢？和毛泽东的词作《沁园春·长沙》的壮志凌云、豪情万丈不同，也和郭沫若的《立在地球边上放号》的吞天吐地、摧枯拉朽不一样，和郭沫若的《天狗》狂轰滥炸、火山爆发不一样，现代诗人昌耀的《峨日朵雪峰之侧》到底呈现了什么风格呢？还得要朗读，还得要直观感受诗歌意象和诗歌词句（请同学们自由言说）。有人说，读不懂，没感觉，不知道写什么。有人说读出自然的雄奇壮丽，读出诗人对大自然的敬畏与歌颂。有人说后面几句读出一种静谧，一种安宁。有人说诗歌中间写山体滑坡、石头滚落、太阳照耀的句子，读出大自然的雄奇壮观，气势磅礴。有人说读出登山者的孤独与危险、紧张与害怕。有人说读出蜘蛛的可怜与渺小。也有人说读出人类的壮烈与悲戚。不同感受来自不同的诗句内容，也来自各自不同的理解，这个很正常。教师正是要通过这样的环节，促使学生积极思维，主动发言，投入课堂，走进文本。可以说，这些发言，不管正确与错误，不论宽泛还是具体，也不管是局部理解还是整体感受，都是正常的，完全可以为老师实施下一步教学提供资源，创设情境，奠定起点。

有人关注开头一句"这是我此刻仅能征服的高度了"，传达出登山者达到一定高度的自豪与欢悦。有人补充：还表现出攀登者不畏艰险、勇敢攀登、战胜自然的意志与精神。还有同学留意词语"此刻"，暗示"我"所处的状态，是攀登到了一定的高度，暂且休息，喘口气，并没有要长久停留下来的意思，更没有不再攀登的意思，相反，过了一会儿之后，还要继续攀登，往更高的位置、更艰难的地方攀缘，大有不达顶峰誓不罢休的气魄。也有同学补充，"此刻"之前，"我"已经攀登了一段旅程，克服了不少艰难险阻，现在是暂时休息，相当于养精蓄锐，以备再登，以后将要登上更高的高度。有同学注意到"仅"，表明"我"目前只能如此，不能再上，累到极点，流露出几分无奈与困窘。一个诗句蕴含丰富而深沉的意蕴，体现出诗人的睿智与冷峻，这正是一个攀登者的力量与勇气所在。

有人关注描写手脚的两个句子。"我的指关节铆钉一样楔入巨石的罅隙"，手指头像铆钉一样，牢牢地嵌进石缝，完全有可能磨破皮肉，流血不止。目的是稳住自己，贴住悬崖。可见这手指，集中了全身的生命力量，拼命抓住，不是钢筋铁骨，却胜过钢筋铁骨！"血滴，从撕裂的千层掌鞋底渗出"，就连千层掌鞋底都磨破了，磨穿了，渗出血滴，可见历尽艰险，千磨万难，更可见意志如钢，力量如铁，气势如虹。攀登者手脚并用，拼命使劲，稳住双足，抓住悬崖，以至于手脚流血，勉强站立。此处描绘凸显强劲有力、悲壮感人的凝重氛围。这个人，这双手脚，牢牢地粘住悬崖，也牢牢地抓住读者的心。

有人关注雪域高原之上的"雄鹰"和"雪豹"，雄鹰展翅飞翔，搏击长空，矫健而上，凸显生命力的强悍与姿态的俊美，寄寓了诗人的热烈歌赞。"雪豹"则矫健勇猛，迅捷灵敏，常常在悬崖山巅追逐猎物，也是生命力雄强劲健的象征。"雪豹"和"雄鹰"或高飞云天，或奔跑高原，都是生命的写照，都是力量的象征。他们出现在"我"的渴望之中，暗示出"我"不畏艰险，勇敢攀登，生命旺盛，意志顽强。有人发现一个奇特的意象"蜘蛛"，很有感触，说蜘蛛虽然形体渺小、可怜，但是，它却能够征服悬崖，抵达一定高度，彰显顽强的生命力量。外形的渺小反衬出力量的强大与意志的顽强。

还有人说，诗歌之中出现的"雄鹰""雪豹"与"蜘蛛"形成巨大反差，对比十分强烈，更能突出"蜘蛛"的了不起。也有人说，他对蜘蛛有疑难不解之处，这蜘蛛哪来的？存在于半空悬崖之壁，可能吗？老师点拨，要理解蜘蛛哪来的，就得要弄个清楚诗人写蜘蛛到底是为了表现什么意图，这点不难理解，当然是为了突出形体渺小的生命身上却孕育着战胜自然、战胜自己的巨大力量，诗人通过蜘蛛来歌颂生命之力，向上之力。这种力量、意志、精神完全战胜了渺小的身体。老师临时生成一个问题：说说看，这首诗歌写了几只蜘蛛？学生马上意识到是两只，攀登者是一只大蜘蛛，半壁上活着一只小蜘蛛。也有同学恍然大悟，诗歌写了四只蜘蛛，从某种意义上说，"雪豹""雄鹰"都是蜘蛛，因为他们的精神状态是一致的，相通的。老师追问，这两只大蜘蛛出现了没有？是实写还是虚写？学生意识到，没有出现，这只是攀登者的"渴望"而已，属于想象，是虚写。虚写的目的当然是为了歌颂生命，当然是为了烘托"我"的勇力与伟力。教师继续追问，两只"蜘蛛"

有何异同？学生很感兴趣，思维活跃，自由言说。关于相同，大家认识比较到位，攀登勇士也好，小得可怜的蜘蛛也好，都超越自己的肉体的渺小微弱，表现出克服困难、挑战自我、挑战自然、努力向上的意志与精神。他们是普通生命力量、意志、精神的象征。不同较多。比如，两者所处的状态、境遇不同，蜘蛛是生来就生活在悬崖峭壁之上，于它而言，站位这样的高度，克服这样的困难，并不困难，甚至可以说，早就已经适应了，这是一种代代相传的生物本能。可是，人类就不是这样，需要攀登，需要克服千难万险，包括自身的阻力，才好不容易抵达这样一个高度。从外形上看，蜘蛛微弱渺小，勇士体型威武，力量强大。从趋势看，蜘蛛停留在此地，不降落，不升高；人则继续攀登，向往高处，很可能最后抵达最高峰。教师追问，你觉得作者刻意安排一只蜘蛛出现在攀登者的身边，用意何在？显然，是用蜘蛛的渺小微弱来叠加勇士的微不足道，反衬生命精神的强悍与坚韧。这是作者要歌颂、要礼赞的一种精神，也是诗歌的主旨所在。

有人关注到太阳跃入山海的场景，觉得此处视听结合，描绘了一幅雄奇壮观的图景，由此，可见诗人对大自然的敬畏与歌赞。太阳壮丽天地，坠落山海。山石滑坡，滚滚而下，声势如同千军万马厮杀，刀剑相搏轰鸣，此情此景，震撼人心。教师引导学生对此问题深思、探究。你发觉此处的"太阳"与我们所学诗词中描写的"太阳"有何不同？意蕴何在？学生一时间没有意识到诗人的用心。但是，他们脱口而出"太阳"一词，又让他们感觉到此处的"太阳"和一般诗词的"太阳"不一样。比如，"日出江花红胜火，春来江水绿如蓝"（白居易《忆江南》），写日出如火，熊熊燃烧，照亮江南的春天，绚丽壮观。"接天莲叶无穷碧，映日荷花别样红"（杨万里《晓出净慈寺送林子方》），写映日荷花、江天壮丽的宏阔图景。"白日依山尽，黄河入海流"（王之涣《登鹳雀楼》），写日落西山，霞光万道，天地灿烂的壮丽图景。"夕阳无限好，只是近黄昏"（李商隐《登乐游原》），写黄昏绚烂，美好景致即将消失的悲伤与哀叹。"夕阳西下，断肠人在天涯"（马致远《天净沙·秋思》），写出江南游子漂泊无依、孤独寂寞的感受。"千里黄云白日曛，北风吹雁雪纷纷"（高适《别董大》），写云遮雾绕，天光暗淡，大雪纷飞，天地肃杀，凸显一种庄严凝重的军中氛围。"料峭春风吹酒醒，微冷，山头斜照却相迎"（苏轼《定风波·莫听穿林打叶声》），写风吹酒醒，日照温暖的温馨与惊喜。"日暮乡关何处是，烟波江山上使人愁"（崔颢《黄鹤楼》），写日落西山，游子思乡的哀愁。诸如此类，写太阳，传达不同的内容与情感。回到昌耀的诗歌《峨日朵雪峰之侧》，写"太阳"，不只是突出太阳辉映天地的壮丽绚烂，更是强调它的沉沦、坠落和人的精神向上、积极进取形成强烈的对比，反衬出人的生命意志的强劲与坚韧，歌颂生命的伟大与顽强。

此处课堂稍微枝蔓开去。王之涣的诗歌《登鹳雀楼》写道："白日依山尽，黄河入海流。"请问，为何诗人要用"白日"，而不用"红日"？两者到底有何区别？学生思考，一时懵然。我提醒大家，依据你们的生活经验，一天之中，什么时候看到的太阳是"白"的？"白日"有何特点？学生说得出来，正午的太阳最白，看上去，白得发亮，很热，很圆，散发无穷热量。教师总结，也就是说，"白日"具有白、圆、热、亮的特点，象征着热烈四射，热烈奔放，热情似火，自信爆棚这类意思。放到王之涣的诗句中，通过"白日"一个词语，虽然是"依山尽"，虽然是很快就会坠落，但是，坠落的过程之中，却散发出无穷的热力，散发出耀眼的光芒，这是坠落之前的灿烂，这是消失之前的美丽。仅此一个词语，足见诗人积极进取、蓬勃向上的精神气度。放到大唐王朝来看，国力强大，社会安定，人民安康，文明昌盛，国家包容，百业兴旺，社会弥漫着自信自豪的气氛，置身其中的诗人，定会感受到大唐的雄风和气象，定会在诗歌当中流露出一个王朝的发达气象。

接下来一节课，继续教学研讨昌耀的这首诗歌《峨日朵雪峰之侧》，鉴于前面一个课时，尊重学生的朗读感受与思考理解，这节课改变一下教学方式，立足朗读，促进理解。告诉学生一个观点，"一千个读者有一千种读法"，对于同样一首诗歌，甚至一个诗句。朗读，投入声音，投入情感，投入生命，声情并茂，神完气足，这是我们走近诗歌、走进诗人生命天地的最好途径。好比，我们朗读诗歌的第一句，不同的读法就传达不同的理解，不同的情感。先请几个同学来朗读诗歌的第一个句子，"这是我此刻仅能征服的高度了"。学生读完以后，教师稍作点评。强调不同的重音，突出的情感和意蕴就大不相同。一般来说，重音在哪个词上，表意的重点也就在哪个词语之上。重音在"此刻"，强调"此刻"，暗示三层意思，"此刻"之前，"我"已经艰难攀登了一段山路，克服了不少危险与苦难。好不容易才抵达这个位置。"此刻"之时，已经到达了一定高度，小憩片刻，养精蓄锐，以备继续攀登，暗示不一会儿，"我"会抵达一个更高的高度。"此刻"之后，暗含希望，继续攀登，刷新现在的高度，抵达新的高度。这个意思应该是诗人的表达重点。"仅能"暗示攀登者已经尽了最大努力，劳累到了极点，不能继续攀登了，只能暂时停歇一会儿，流露出攀登者的无奈与困窘。小小一个词语，蕴含丰富意蕴与情感。"征服"强调无所畏惧，勇敢攀登，挑战自然，挑战自我，最终战胜困难，流露出勇敢、自豪的心态。"高度"是自豪，是自信，是骄傲。所以，重读不同的字音，强调的意味与情感就不一样。怎么朗读一个句子，取决于我们怎么理解诗句。教师为了方便学生理解，又举了一个例子，句子"这是我的书"，朗读三遍，重音分别放在"是""我""书"之上，表意的侧重点各不相同。讲完这一通之后，再请同学依据自己的理解来朗读诗歌开头这个句子，效果比较好。全班同学齐声朗读（效果还不错）。这表明大家细致而深入地理解了诗句的意思与感情。不过，客观而论，教师必须提醒学生注意，你的理解，你的朗读，怎样才是最好的？当你的朗读最吻合全诗的感情基调，最吻合作者的诗意时，才是最好的。学生在朗读的过程中不准确歪曲、误解诗人的主旨与情感。开头这个句子，要重读"此刻"与"征服的高度"，不能重读"仅能"，因为这里传达的哀叹、无奈不是全诗的主旋律、主基调。还有同学重读了"此刻"，可是忽略了"征服的高度"，显得没有气势，没有"高度"，也不好。

研究完了这个句子的读法之后，我继续深化教学，追问一个问题，这首诗歌，从全诗来看，你觉得哪个字，即处于关键位置的哪个字最应该重读，为什么？学生会说出不同的字眼，比如"楔入"，比如"嚣鸣"，比如"千层掌底"之类的词语，还有同学说到"雄鹰"和"雪豹"。教师抓住此契机提问，攀登者眼中是否出现了"雄鹰"或"雪豹"，这是什么写法，表明什么？学生说得出来：这是虚写，是作者的"渴望"，现实中并不存在。那么，现实中，攀登者身边存在的是什么？蜘蛛，可怜的蜘蛛！显然，一个是虚写，一个是实写，诗人的用意更多在于以虚衬实，凸显蜘蛛的可贵与坚韧。前面一个句子写雄鹰或雪豹，不存在，渴望而已，后面紧接着一个句子，说蜘蛛存在，与我默默享受大自然赐予的快慰，这是重点，前后构成转折关系，用一个"但"字来表示这种关系。所以，这个"但"字表示转折，要重读，要强调蜘蛛以及蜘蛛身上体现出来的强劲生命力。比之于闻一多的诗歌《红烛》结尾一句"莫问收获，但问耕耘"，这个"但"字，表示"只有""仅仅"的意思。

全班朗读诗歌。之后，补充一首诗歌，大屏幕显示诗歌，请学生给诗歌命制一个标题。诗歌如下。

人生困窘
如在一条不知首尾的长廊行进，
前后都是血迹。
仁者之叹

不独于这血的事实，

尤在无可畏避的血的义务。

　　学生议论、朗读，思考、评说，见仁见智，众说纷纭。这个思维扩散、自由言说的过程比结论更重要，最后教师选择学生的答案，比较昌耀《峨日朵雪峰之侧》的标题，结束上课，给学生留下一个意犹未尽、回味悠长的印象。

交给我一半，你的心

——雪莱《致云雀》教学漫谈

教学英国诗人雪莱的诗歌《致云雀》，如何导入课文，我颇费了点心思。乐坛有一句话，夸赞某人歌声美妙动听，惊艳天下，常常说"某某是歌坛的百灵鸟"，你知道为什么吗？学生当然能够说出来，百灵鸟顾名思义，有灵性，百变百灵，歌声婉转，嘹亮动听，引人遐思。你们知道百灵鸟还有一个名字叫什么吗？学生不知道，期盼老师公布答案，于是乎，老师说，这个神奇的名字就叫作"云雀"。学生嘘声四起，不以为然，大约显露出对"云雀"的不屑一顾，不屑一听。"云雀"也好，"百灵鸟"也好，均非凡俗之鸟，你知道她神奇在何处吗？或者说，读读诗歌，能否找出一些诗节或诗句来说明云雀的神奇特点？这个问题有一定难度，学生会说出一点，但不深入、不全面，或者说不清楚。老师趁势补充云雀的神奇生活习性与活动特点，大约有四点，一是飞翔垂直，张开翅膀，凌空而上，合上翅膀，垂空而下，直上直下，比较奇特；二是边飞边叫，叫声动听，属于飞禽之中少有的另类；三是类同直升机可以悬浮空中，飞鸣不断；四是飞翔较高，只闻其声，不见其影。这些特点均在诗歌相关诗节当中找到对应的诗句。也就是说，诗人雪莱描写云雀，不是天马行空，胡乱想象，而是有根有据，有迹可循的。

标题中还有一个字"致"也很耐人寻味。想想看，这个单元，我们学过的诗歌，哪一首诗歌的标题可以添加一个"致"字？为什么？学生脱口而出，闻一多的诗歌《红烛》，可以改为《致红烛》，郭沫若的诗歌《天狗》可以改名为《致天狗》，因为这两首诗都是将对象拉到诗人面前，以第二人称的形式与诗人交流，"我"和"你"交流，拉近了彼此的空间距离和心理距离，营造出一种熟悉、亲切、平等、信任的氛围。这个"致"字就是表达情意，倾吐心声的意思。老师进一步引导学生思考，"向英雄致敬"和"向祖国母亲致意"当中两个"致"字包含怎样的感情？要是改为"给"呢？学生容易体会出来，"致"字含有庄重、尊重之意，"给"字没有。所以，雪莱的诗歌《致云雀》暗含诗人对云雀的尊敬、赞美、歌颂之情。简简单单的一个标题，蕴含丰富的诗意，品味、鉴赏诗歌，的确不可以忽略。另外，大家可以思考，诗人难道只是纯自然、纯客观地描绘、歌赞云雀这种飞鸟吗？前面我们学了诗歌《红烛》《天狗》《立在地球边上放号》《沁园春·长沙》，均是托物言志，借景抒情，别有寓托，这首《致云雀》肯定不只是描绘云雀，而是借"云雀"来表达诗人的某种思想、感情、趣味、理想、意志吧，或许可以这样说，诗人就是一只云雀，他是借云雀来表达自己的诗情寓意。那么，全诗来看，诗人笔下的"云雀"到底具有哪些寓意呢？这是我们这个课时，品味诗歌，要重点理解、把握的问题。

为了帮助大家更好进入诗歌文本情境，教师急中生智，提出一个小问题，借以检查预习效果。猜猜看，这首诗歌写于诗人哪个年龄段？是青年、中年，还是老年？学生议论，惊讶，好奇，但是一下子又不好确切回答。一分钟后，有人发言，暮年。原因是，课文注解说雪莱生于1792年，去世于1822年，这首诗写于1820年夏天，距离生命谢幕之前两年，所以应该是暮年。全班大笑。算计一下，雪莱活了30岁，28岁写这首诗，应该是青年。要是以生命凋谢来看，说是暮年似乎也可以。但是，另外有同学反驳，读完全诗，明显感觉到感情基调比较欢快、明朗、积极、昂扬，没有一点沧桑悲凉，暮气沉沉，不像是暮年所写，更像是青年所写。所以，综合起来看，这是雪莱创作的一首"青春之歌"，是"青春"之雪莱创作的"青春之歌"，是歌颂"青春"的诗歌。

接下来，请大家朗读诗歌，或者听名家朗读诗歌，大家一边看书，一边跟读，一边用笔标记出你最喜欢、最有感触的诗节或诗句，提取一个词语，来概括云雀的象征意义，或描述云雀的思想意义。（此处有两种处理方案：一种是听名家朗读，一种是学生自由朗读）朗读或听读完成之后，请学生自由发言，教师相机引导，适当展开，引导学生品味诗意的深邃与丰富，把握云雀丰富的象征意义，也体会诗歌的表现手法与语言魅力。

有学生说第一段就一个词语"精灵"，精美灵动，高度赞扬云雀。教师追问，你具体说说，"精灵"（云雀）到底具有哪些特点？学生说出"欢乐""真挚""自然""酣畅"等词语，具有一定的概括能力，必须要点赞。但是，还不够，进一步追问，由"云雀"想到"乐音""艺术"，想到"倾吐衷心"这暗示了诗人的什么思想？艺术要自然、质朴、本色、真挚，不可以矫揉造作，不可以虚伪、雕琢，这是雪莱的艺术观。诗句"从天堂或天堂的邻近"暗示了什么？云雀远离世俗，品性高洁，几乎有点神圣、崇高、圣洁的意味。这就拉开了云雀与凡鸟的层次距离与品质境界。诗句"你似乎从不是飞禽"，可否去掉"似乎"？为什么？比如，老师仿造一个句子，我们骂一个坏人的时候，常常说，你不是人。明明站在你面前的是一个大活人，你偏偏说他（她）不是人，显然是通过如此极端、片面、武断的句子来表达你对他的憎恶与批判。加上"似乎"，"你似乎不是人"，句子又变得意味深长、耐人寻味了。如果这样说"你似乎不是人，而是神"，这个"似乎"含有赞赏、惊奇之意味。如果说"你似乎不是人，而是畜生"，这个"似乎"含有贬斥、厌恶之意味。回到这个句式"你似乎从来不是飞禽"，下一句是"你是来自天堂或天堂附近的神鸟"，"似乎"含有对云雀的礼赞与歌颂之意味。

有同学觉得诗歌第二节最美，写云雀高飞直上、且飞且鸣的姿态，轻盈、矫健、灵动、优美。他觉得"轻云"这个比喻很能描绘出云雀的轻巧灵动的优美姿态，而且"烈火"也给人以热烈、欢快、快乐的感觉。也有同学认为"歌唱"比较好，将云雀鸣叫拟人为"歌唱"，既体现出叫声的美妙动听，又传达满心欢悦。"永远歌唱着飞翔，飞翔着歌唱"，凸显云雀永远歌唱、永远快乐、永远热爱生活的美好情感。此时不妨让这位同学朗读这个句子，重音放在"歌唱"，而且结尾的"歌唱"要适当拖长音调，见出余音袅袅、悠悠不尽之意味。还有同学抓住"向上""向高"做文章，这两个词语解释云雀昂扬奋发、积极向上的精神风貌。教师补充，结合云雀的生活习性来看，这一段是将云雀拟人化，亦雀亦人，亦飞亦歌，欢快永远。不可以忽略"永远"一词。

有人点评诗歌第三节，找到一个"喜悦"来概括云雀的心情。教师追问，云雀为何"喜悦"？可以说，全节诗歌都是在写喜悦的原因。学生马上意识到，云雀之所以满心"喜悦"，是因为她飞翔在"明光"里，飞行在"光明"里。教师追问，哪些词句描写"光明"？学生找出来，"太阳""金色的电光""晴空""霞蔚云蒸""沐浴明光"，无一不"闪烁"，无一不"光明"。因此，我们可以说，云雀又是光明的象征。诗中有一个句子"似不具形体的喜悦开始迅疾的远征"，如何理解"似不具形体的喜悦"？主语是云雀，诗句将"云雀"比喻为"不具形体的喜悦"，这是用抽象的"喜悦"来描绘具象的"云雀"，与传统的用具象来比喻抽象刚好相反，给人感觉，比较新颖，别具意味。人家骑马我骑驴，我就是和别人不一样。或者说，这是诗人个性化的独特表达。教师补充钱锺书《围城》中的同类比喻，比如"鲍小姐穿着泳装，像局部真理，因为真理总是赤裸裸的"。又如，"她眼睛并不顶大，可是灵活温柔，反衬得许多女人的大眼睛只像政治家讲的大话，大而无当"。这两个句子都是反常规的比喻，用抽象来比喻具象，暗含微讽、调侃，兼具幽默效果，彰显作者的表达机锋与思维智慧。

继续学习雪莱的诗歌《致云雀》，继续探讨上一个课时未完成的任务：结合诗歌节段，谈谈云雀这一核心意象所蕴含的思想意义或象征意义。鉴于诗歌节段比较多，多达二十一节，短短一个课时，不可能全部品味、理解，教师特意挑选出几个典型节段，让学生诵读、评议，谈谈这些诗节体现出来的云雀的象征意义。

有同学喜欢诗歌第二节："向上/再向高处飞翔/从地面你一跃而上/像一片烈火的轻云/掠过蔚蓝的天心/永远歌唱着飞翔，飞翔着歌唱。""歌唱"揭示了云雀的生活态度，满心欢乐，热爱生活，而且"永远"歌唱，永远乐观。"像一片烈火的轻云"描绘出云雀热情、轻盈、优美的姿态，也给人以昂扬、欢悦之感。"向上""向高处"分明预示着云雀高飞，永无停歇，有目标，有信念，也暗示云雀追求自由，目光高远。综合起来，云雀象征着欢快、热烈，激情似火，追求理想，追求自由，或者说云雀象征着自由与理想，象征着快乐与热情，象征着美好与希望。

有同学喜欢诗歌第九节："像一位高贵的少女/居住在深宫的楼台/在寂寞难言的时刻/排遣为爱所苦的情怀/甜美有如爱情的歌曲，溢出闺阁之外/"写少女的高贵、冷艳、寂寞、孤独，也写少女的歌唱甜美如蜜，芬芳如花，引人遐思，令人神往。其实，是将云雀比作少女，赋予它诸多美妙、动人的品性与感情，诗中"云雀"象征着甜美的爱情与飘逸的芬芳。画面恬静幽美，风情典雅曼妙，用视觉画面来描绘听觉形象，视听沟通，通感迷人。有的同学也读出了少女的远离尘俗，高洁不凡，他的理由是开头两句诗歌，言之成理，有根有据。

教师沿着学生的思路追问：通观全诗，还有哪些诗节写到"爱"字，这些"爱"全是"爱情"吗？学生很快找出来，朗读相关诗句，第十三节"我从来还没有听到过/爱情或是醇酒的颂歌/能够迸涌出这样神圣的极乐音流/"，第十五节"什么田野、波涛、山峦？/什么空中陆上的形态？/是你对同类的爱，还是对痛苦的绝缘？/"，第十六节"你爱，却从不知晓过分充满爱的悲哀。/"，这些诗句中的"爱"早已超越了爱情，而扩展到云雀对同类、对自然、对生活、对世界的爱，可见，云雀又象征着美好的爱情，象征着诗人对自然、对人生、对生活的爱。

有的同学喜欢诗歌第八节："像一位诗人，隐身/在思想的明辉之中，/吟诵着即兴的诗韵，/直到普天下的同情/都被未曾留意过的希望和忧虑唤醒/"诗人是思想的化身，思想具有极大的感染力量，它可以唤醒普天之下的人们的同情心、共鸣心。也有同学发现"一直"这个词语，实际上暗示出诗人坚持吟诵、永不停歇的执着与坚韧。云雀象征着思想的巨大力量。云雀的鸣叫欢唱，犹如诗人的即兴吟诵，声情并茂，振聋发聩，自有撼人力量。

有同学喜欢诗歌第十四节："赞婚的合唱也罢，/凯旋的欢歌也罢，/和你的歌声相比，/不过是空洞的浮夸。/人们可以觉察，其中总有着贫乏。""赞婚"和"凯歌"均是合唱，万众欢腾，声势浩大，场面壮观，气氛热烈，但是，和云雀的高飞独唱相比，合唱显得空洞、浮夸，华而不实，内容贫乏，情感苍白，云雀的歌唱则情感深厚，内容丰富，思想深刻，诗人否定合唱，肯定独唱。何以如此呢？这就有必要了解"赞婚"与"凯歌"到底蕴含怎样特殊的含义？结合诗人生活的时代背景来看，世俗的婚宴多半是为了财富、荣誉、地位、权力而组建，充满着人压迫人、人歧视人的现象，诗人极力反对，向往一种人人平等、恋爱自由，幸福美好的生活。诗人所处的时代，战争和暴力是一切罪恶的根源，诗人万分诅咒，而向往和平、自由、幸福的生活。所以，诗歌中的"云雀"又是自由、平等、和平、幸福的象征。

有的同学喜欢诗歌第十七节："是醒来或是睡去，/你对死亡的理解一定比/我们凡人梦想到的/更加深刻真切，否则/你的乐曲音流怎能像液态的水晶涌泻？/"这节诗歌主要描述云雀（实际是诗人）对死亡的理解与态度，比一般人更加"深刻真切"，具体何在呢？诗歌最后一句相关词语流露出一些重要信息。"乐曲"流露出云雀欢快、明朗的心情。"音流"令人想到歌唱就像清泉一样，潺潺流淌，绵绵不绝，余韵悠悠。"液态的水晶"又见出诗人澄澈、透明、洁净的心灵，隐喻诗人面对死亡表现出来的坦荡、豁达、不惊不惧、无忧无虑的态度。还有一个词语"涌泻"表面上是写"液态的水晶"汹涌流泻，一泻千里，无比顺畅，毫无阻碍，实际上烘托出诗人激情飞扬、酣畅淋漓的精神状态。概括起来，这个诗句体现出云雀（诗人）直面死亡、无所畏惧、坚强乐观、豁达坦荡的生命态度。所以，云雀又承载着"向死而生"、无所畏惧的生命风采。

综合我们对以上诗节的朗读、评点与理解，不难看出，雪莱的《致云雀》其实是借"云雀"这个核心意象来抒发诗人自己的思想感情、精神意志与生命追求。诗歌表面写云雀，更多写诗人，亦雀亦人，亦实亦虚，多维联想，全面拓展，赋予了云雀丰富而深厚的思想意蕴，让读者品读、吟诵之余可以深入了解诗人的思想、性情。其实，诗人对云雀高度赞美，情感遍布全诗，浸润到每一个意象、每一个文字当中。诗情发展到最高潮应该是诗歌哪一节呢？学生很容易发现最后一节："交给我一半，你的心/必定熟知的欢欣，/和谐、炽热的激情/就会流出我的双唇，/全世界就会像此刻的我——侧耳倾听。/"全班齐读，教师稍作点拨，注意"侧耳倾听"，我在"侧耳倾听"什么？全世界又在"侧耳倾听"什么？我在倾听云雀歌唱，全世界在倾听"我"的歌唱，诗人和全世界都沉醉在云雀的歌唱之中，他们听到了什么？欢乐，光明，自由，美好，幸福，平等，理想，思想，爱情，艺术，等等一切美好的东西。谢谢云雀，谢谢雪莱，雪莱就是一只飞翔在十九世纪欧洲天空放声歌唱的云雀，他传播自由、光明、理想、幸福与欢乐，让我们送给这位英国伟大的浪漫主义诗人热烈的掌声。（教室里响起热烈掌声），同时，今天，我们学习了雪莱这首诗歌，我们走进了雪莱的精神世界，也变成了一只云雀，不，一个教室坐满了五十二只云雀（玩笑），枫树山上的云雀，雅礼中学的云雀，老师也希望你们高飞欢唱，传播雪莱的思想，传播雅礼的文化，让你们的欢唱响彻神州大地，天涯海角。谢谢，下课。又是开心的大笑，热烈的掌声。

我有一个观点，阅读经典之前的"我"和阅读经典之后的"我"是不一样的，我要求学生一定要走进经典，沉入文字，感受生命，体会精神，慢慢觉察、体会自己心灵的、思想的、精神的、感情的、生命的微妙变化。什么是经典？经典就是这样一种东西，阅读过它和没有阅读过它，带给你的感受是不一样的。

简单地说，读过雪莱的《致云雀》的"我"和没有读过雪莱的《致云雀》的"我"是两个不同的"我"，读过雪莱的《致云雀》的人和没有读过雪莱的《致云雀》的人是不一样的人。《致云雀》会改变一个人的内心和气质、精神和生命。两个人可以做一个实验，一个同学坚持阅读经典，全心全意，沉潜经典。一个同学一点不读经典，或者专读那些快餐文化、时尚读物。一个月后，比较一下，两个同学有什么变化，有什么不同。可以互相观察比较，也可以让第三方同学来观察比较，还可以自己谈谈各自的内心感受。可以推测，结果绝对不一样，一句话，阅读经典，可以改变一个人的精神气质。

我愿跟随你前往

——歌德《迷娘》教学漫谈

　　教学《迷娘》，第一课时让学生朗读，熟悉意象，熟悉诗歌感情基调，熟悉诗歌主要内容，并做初步的猜读。也就是裸读、素读，不凭借任何资料，就只依托诗歌文本，尝试走进诗歌的艺术世界，感知诗人的情感与思想。朗读几遍之后，学生对于诗歌的意象和内容以及情感基调大致有所感受与把握，于是我们的探讨开启了。我让同学们猜读一个问题，这首诗显然是在反复诉说一件事情，那就是两个抒情主人公——"我"和"你"——前往某个地方。这里需要明确人物的身份与关系、人物前往的目的地。关于第一个问题，学生能够很快地找出三个词语来说明"我"和"你"之间的关系，是"爱人"，处于相知相恋、相亲相爱的情感状态，才有第一节结尾"前往，前往/我愿跟随你，爱人啊，随你前往"的深情咏唱。"我"可能就是标题中的"迷娘"，一个美丽迷人的姑娘，"你"可能就是"迷娘"的恋人、男朋友，两个人肯定有一段非同寻常的经历与缘分，才有这种深情的表白。第二节诗歌写道："前往，前往/我愿跟随你，恩人啊，随你前往！"说明"我"和"你"的关系发生了改变，或是变得更加复杂，可以做出两种猜测，一种是我们做恋人不成，并没有反目，而是加深了感情，变成了亲人或兄妹，"我"视"你"为恩人，永远记得"你"对"我"的帮助、搭救之恩，甚至是救命之恩都有可能；另外一种是我们或许还是恋人，加上我们之间发生的特殊经历，你对于我恩重如山，使得我爱上了你，依靠着你，感情变得复杂而深沉。诗歌第三节写道："前往，前往/我愿跟随你，父亲啊，随你前往！"表明我们之间的关系除了爱人、恩人之外，又添加了"父亲"之情，或者我们是父女关系，当然，从生活逻辑上看，我们之间不可能既是恋人又是父女，岂不成了乱伦？这个"父亲"暗示我们之间的关系在前面的"爱人""恩人"基础之上，得到深化、强化，甚至类似父女关系，也就是说，"我"将"你"视作父亲一样的人物，信赖你，依靠你，对你充满了虔诚的尊敬与神圣的膜拜。三节诗行，三次改变倾诉对象的称呼，从"爱人"到"恩人"，最后到"父亲"，体现出我们之间真挚、深沉、复杂、美好、纯洁的关系。几乎可以用"知心人"来概括这种关系。值得注意的是，结合诗歌整体文本来看，"爱人""恩人"和"父亲"不太可能是三个人，而更多可能是一个人。全诗主要就是写"我"和"你"同心同德，情投意合，克服重重苦难，战胜千难万险，勇敢前往某个地方的意志、决心与感情。

那么，我们到底要到哪里去呢？答案就在诗句当中，我引导同学们抓住诗句核心意象，关联诗句内容，揣摩、分析"我们"理想中的目的地具有怎样的特点，我们朗读、想象的时候，又会想起哪个地方。回答这些问题之前，自然需要思考、讨论诗歌文本，尤其是关联意象。第一节写到几个意象：柠檬花开，绿叶茂密，橙子金黄，和煦微风，静谧桃金娘，月桂梢头，都是一些优美迷人、充满生机的景象，而且色泽绚丽，五彩缤纷。学生能够说出诗人描绘了一个理想的地方：宁静和平，幽美迷人，生机勃勃，诱人神往。但是，这个地方与"我"有什么关系呢？它到底是"我"的什么地方呢？学生猜到是果园，原因是这里长满了金黄的橙子；有人想到这里是花园，原因是鲜花盛开，绚丽多彩；有人想到这里是人间天堂，如花似梦的所在，人间快乐、自由、光明，幸福的地方。有的想到这里是伊甸园，适合幽会，充满了爱情的甜蜜与芬芳，无人打扰，属于两人世界。有人想到这里是桃花源。也有人想到这里可能是"我"的家园所在地,"我"的故乡。因为"我"现在是远离这个地方,又如此熟悉这个地方,还强烈希望带上爱人回到这个地方,显然,回到家乡是最好的解释。我们暂时将这个地方判定为自己的家乡故园。那么接下来,我们的推测可能就是,由于人生变故,世事沧桑,"我"离开了家乡,漂泊异地,饱经忧患与磨难,可能也品尝过幸福与快乐,现在想到要带上自己的"爱人"一起回家,想想,回家的心情是多么愉快,又是多么强烈啊。

诗歌第二节主要描写一所房子,圆柱成行,厅堂辉煌,居室宽敞,光线明亮,洁白的大理石塑像深情凝望着"我"。这一切描写突出这个屋子壮丽辉煌,富丽奢华,是一个温暖而幸福的"家"。似乎也暗示了"我"对家乡之"家"、那所房子的热爱与神往。尤其又要注意诗人对大理石像的描写:"大理石立像凝望着我:/人们把你怎么了,可怜的姑娘?"不说自己牵挂、眷恋着这尊大理石立像,而说大理石立像凝望注视着"我",嘘寒问暖,关怀备至,似乎给人一种感觉,回到这里,就会产生一种温暖、安全、幸福的感觉。其实,这正好代表了一个漂泊在外的游子对家园、对亲人的思念和牵挂。同时,我引导学生思考,从这一节来看,"我"和这所房子是什么关系呢?你能读出什么言外之意或是深沉意蕴吗?这似乎暗示我们,这是"我"在回忆小时候在这所房子生活的情境,我对这里的一切非常熟悉,充满深情。"我"可并不是出生在一个贫穷潦倒的家庭,而是出生在一个富贵奢华的贵族之家,可是千金小姐,养尊处优啊。对照今天,可能是落魄了,于是更加怀念小时候那种富足幸福的生活。还要思考的是,这一节和第一节联系起来,第一节我们猜到"我"和"你"要回到家乡,这一节自然就是要回到更亲爱、更喜欢的家了。

第三节所写内容不像是家园风景,也不像是哪个公园,或是什么公共场所。写到哪些景物呢?有"云径"和"山岗",有大雾茫茫,有古老的龙种,有幽深的岩洞，有危险的山崖，有悬空的瀑布，等等，既雄奇壮观，又神秘莫测，还阴森陡峭，给人的感觉好像一段旅程、一段山路，既显得高峻危险，又充满神秘色彩。这好像是"我"和"你"的这一趟旅程中要经历的一段山路。山路艰险，高峻，困难重重，但是，我们回去的决心不变，意志坚强。越是山路险峻、陡峭，越是烘托出我们无惧困难、克服险阻、勇敢回家的信心和精神。回家，战胜千难万险，或许这就是这首诗歌的主题所在吧。

综合以上猜测，诗歌大概就是写"我"和"你"（知心人）同心同德回家的决心与意志。这种猜读对不对呢？我们来看歌德写作这首诗的时代背景以及与之相关的资料。

资料一：

《迷娘》中的迷娘是马戏团里一个走钢丝的演员，后来被主人公威廉·迈斯特赎买，收留在身边，是小说中最动人的人物。她是一位性格内向、身体瘦弱的少女，却有着谜一样的性格魅力。她出生于意大利，是一个贵族与自己的妹妹私通生下的孩子。她很小的时候就被人诱拐到德国，过着饥寒交迫、颠沛流离的生活。她的父亲后来流落街头，以弹琴卖艺为生，后来也被威廉·迈斯特收留。迷娘自从遇到迈斯特，便过上了最美好、最幸福的日子，并且强烈地爱上了迈斯特。可是由于疾病，她不久就去世了。

《迷娘》就是在这样的背景下产生的一首委婉优美的诗歌。

资料二：

在西方文化中，桃金娘在人们心中有着重要的地位。古希腊人将桃金娘献给爱情和美丽的女神阿佛洛狄忒，桃金娘是爱情的象征，有"爱神木"的别称。所以在西方，很多新娘结婚都会头戴桃金娘花冠。

月桂是太阳神阿波罗的神树，象征着光明和美好。月桂的拉丁字源Laudis意为"赞美"，在奥林匹克竞赛中获胜的人，都会受赠一顶月桂编成的头环。

资料三：

意象：描写回乡的必经之路——阿尔卑斯山脉的一些意象——云径、山冈、觅路前行的驴儿、岩洞里古老龙种的行藏、欲坠的危崖、奔忙的瀑布，迷雾、岩洞、龙种、危崖、瀑布等意象。

特点：道路景象，神秘而险峻，这应是迷娘离开祖国的道路，被诱拐到德国时所走过的路，也是她回归故园的道路。

感情：诗人借这些景物写出了迷娘回乡路途的艰险，抒发其坚定的返乡之情。

比较我们裸读文本所感所悟，与参阅资料所知，不难发现，我们的猜测、揣摩、梳理、分析基本正确。这个过程启示我们，很多时候，理解、欣赏一首诗歌，没有人指点你，没有资料可以参考，也没有办法"知人论世"，怎么办？我们只能以意逆志，以诗解诗，调动我们的生活经验和阅读积累，依托我们的细致深入而又有机关联的分析，逐步抵达诗歌思想内核。需要说明的是，这里的"以诗解诗"中的"诗"是指我们正在赏读的诗歌，而不是超出这首诗歌之外的其他诗歌，也就是说，我们要善于揣摩诗歌意象、意境以及关联语境和语句，发掘它们潜在的逻辑联系，遵循诗歌意脉规律，构建我们对于诗意的正确理解。这与我们平常所说的用其他诗歌（相反或相同）来印证或对比所要赏读的诗歌是不一样的。

我是谁？

——惠特曼《自己之歌》教学漫谈

教学惠特曼的《自己之歌》，由古希腊神庙上面镌刻的名言"认识你自己"导入，追问三个问题：（1）我是谁？（2）我从哪里来？（3）要到哪里去？完全可以说，美国著名民主诗人惠特曼用自己的诗歌《自己之歌》对这三个问题做出了形象而生动的回答。请同学们朗读诗歌，找出你有感触的诗句，尝试回答这些问题。学生朗读三两分钟之后，自由言说对作品的感受，对诗歌抒情主人公"我"的认识。

有同学说，读出了万物平等、钟爱自然的感情。第一节诗句"我相信一片草叶所需费的工程不会少于星星"，对比"一片草叶"和"星星"，前者渺小平凡，后者神奇宏大，前者低微卑贱，后者高贵显赫，尊卑大小，反差巨大，但是作者对他们却是一视同仁，一见倾心，凸显诗人平等对待万物，高度关注普通、平凡事物的立场与态度。读完第一节，诗人写到一系列的意象：蚂蚁、沙粒、鹪鹩、雨蛙、黑莓、母牛、小鼠。这里面有植物，也有动物，还有生物，代表了世间万物，无不完美、精巧、神奇、美丽、生动，无不充满诗情画意，令人惊叹造物主的伟大与神奇，无不倾注诗人对自然、对万物的关注与热爱。有同学发现，诗歌第一节为了突出自然万物的神奇与精美，以及无可替代的美，无与伦比的价值，诗人大量运用对比的手法，将自然之物与人为之物进行对比，给人留下深刻的印象，使人产生强烈的感触，也很容易催生读者的广泛联想。"藤蔓四延的黑莓可以装饰天堂里的华屋"，天堂最美，非人间所见能比，但是，在诗人眼中，黑莓的藤蔓竟然可以装饰天堂华屋，让它变得美轮美奂，绚丽多彩。诗句洋溢着强烈的热爱与赞美之情。"我手掌上一个极小的关节可以使所有的机器都显得渺小可怜"，一个自然关节的作用远胜人工制造哪怕是精巧的机器，换言之，自然胜过机巧，自然之物超过人工之物。"母牛低头啮草的样子超越了任何的石像"，母牛啮草，自然而然，悠闲自在，一派天然。世间石像，人工雕琢，精美巧妙。两相比较，后者逊色于前者，自然美胜过人工美。"一个小鼠的神奇足够使千千万万的异教徒吃惊"，基督教徒相信上帝，相信上帝创造万物之说，异教徒一般无此信仰，诗人夸张地说"一只小鼠的神奇"让千千万万的异教徒感到惊讶，可见自然的神奇有多么了不起，又具有怎样强大的感染力。综观诗歌第一节的诸多意象，大多将自然与人工进行对比，突出自然的神奇与精致，突出自然的伟大与出色，折射出诗人对自然万物的热爱，对万物价值的深刻思考。所以，通过这些诗句，我们不难看出，"我"就是一个热爱自然、欣赏自然、礼赞自然、歌唱造物主（上帝）的诗人。

有同学谈到诗歌第二节，读出了强烈的自我意识，巨大的主观能量，似乎具有通天的本领。他的依据是诗句"虽然有很好的理由远离了过去的一切，/但需要的时候我又可以将任何东西召来"，自己可以自由出入时空，任意支配万物，召之即来，挥之即去，似乎无所不能，法力无边，很容易让人联想到宇宙被自然赋予了神奇而巨大的能量。亦可看出诗人自由自在，无拘无束，任何羁绊和苦难都不足以阻挡"我"。也有同学认为"虽然有很好的理由远离了过去的一切"很有含义，意思是说诸如食物、蔬菜、水果、煤炭、谷物等自然之物成为"为我之物"，改变了它们的形态，滋养了我的身心，强大了我的能量，它们远离了过去，而且这种远离是变化，朝着"为我"的方向。教师提醒学生联系上下文（诗句）来理解。有同学意识到主语不是"万物",而是抒情主人公"我",我们就要思考:"我"为什么离开了过去的一切?"我"发生了怎样的改变?"我"走到了如今怎样的主体状态?要理解这些问题,又得要联系前面一个句子"我看出我是和片麻石、煤、薛苔、水果、谷粒、可食的菜根混合在一起,/并且全身装饰着飞鸟和走兽","我"和普通万物一样,我来自自然,出身平凡,甚至低微和普通,"我"是自然之子,是自然滋养了我的身心,使"我"变得超出了(远离了)过去的状态,"我"虽然生活在土地之上,却被赋予了"飞鸟"的天空和"走兽"的大地,"我"获得了神奇的自由与广阔的世界。诗句流露出诗人对自由、对自然、对世间万物的热爱与赞美。所谓"我"有很好的理由远离了过去的一切,自然也就包括"我"的改变与发展,"我"所依仗的"过去"的东西,比如谷粒、水果、蔬菜等。教师特别提醒学生注意句子"但需要的时候我又可以将任何东西召来","任何"至关重要,突出了"我""笼天地于形内,挫万物于笔端"的神奇本领。我可以驱遣万物,而不被万物驱遣。这令人想到李白的诗句"天生我材必有用,千金散尽还复来。烹羊宰牛且为乐,会须一饮三百杯","五花马,千金裘,呼儿将出换美酒,与儿同销万古愁"(李白《将进酒》),肆意挥洒金钱,而决不做金钱的奴隶!诗人惠特曼是肆意支配自然,而不做自然的奴隶。当然,他心甘情愿做自然之子。

　　研读诗歌第三节,引导学生感受诗人的自由自在、神通广大、法力无边的超人形象。诗节首句和尾句最为重要。首句说"逃跑和畏怯是徒然的"暗示我们,万事万物的变化和发展都不能逃脱"我"的法眼,都不能摆脱我的控制与跟随。这是概括诗节的核心句子,下面八个句子则是具体列举意象,铺陈现象,凸显"我"的自由自在,无拘无束。该节尾句"我快速地跟随着,我升到了绝岩上的鳞隙中的巢穴",概括我对万事万物的态度与行为,那就是紧紧跟随,无惧风险,凸显诗人(也是人类)接近自然、探索自然、征服自然的姿态与决心。换句话说,自然万物尽管变化万千,扑朔迷离,也逃脱不了"我"的跟踪与探索。诗节主要是歌颂与盛赞"我"的力量与作为。全节诗歌共有九个"突然的",一个比一个强烈,一个比一个声量响亮,我们自然也能感受到诗人投奔自由、无所不能的伟大愿景与高昂信心。老师要求学生结合具体诗句解释一下八个"徒然"的意思,促进他们对文本的关注与思考。第一个句子"逃跑或畏怯是徒然的",这是总说,意思就是说自然天地,宇宙万物,不管怎样变化,怎样躲闪,怎样逃避,都不可能逃过"我的法眼","我的神力",我始终跟随、咬紧万事万物的走势与变化。诗节之中八个"徒然的",可以要求学生自由言说。比如,诗句"火成岩喷出了千年的烈火来反对我接近是徒然的",这个诗句就很有意蕴,火山喷发,热力十足,人类不可接近,可是诗人却说,即便是千年火山,也不能阻挡"我"的前进,意思就是说,刀山火海,千难万险,也不能阻挡"我"的接近、"我"的探索、"我"的前进。我就是这样无畏无惧,勇往直前,"我"身上就是具有一种强大的力量与精神。诗节后面几个"徒然"其实意义差不多,均是说自然万物穷极变化,或躲藏,或远离,或掩饰,或逃跑,或消失,均不能逃脱我的"跟随",我的追踪。我对于自然永远保持一种接近、探索、理解与好奇的兴趣。换句话说,自然的千变万化,神秘莫测,均不能阻挡我的前进与探索。"我"离不开自然,自然不能阻挡"我"的接近,我无拘无束、无所不能,我是自由的,我是无所不能的。又比如,"鹰雕背负着青天翱翔是徒劳的",尽管雄鹰展翅高飞,但是也不能飞出"我"的眼界,换言之,"我"时刻保持一种追踪跟随的状态,以自由去追随自由,以辽阔去对接辽阔。不需更多举例,举凡世间万物,自然万象,芸芸众生,千变万化,但是,均在"我"的掌控之下,"我"具有无限神力,我主宰自然,支配自然,又热爱自然。"我"和自然一样形影相随,不可分离。综观九个"突然",九个自然之象,排比铺陈,一气呵成,造成排山倒海,气势磅礴的效果,给人一种感觉,诗人心思所想维系万物,情关宇宙,他的眼界与心胸无比阔大与恢宏，令人想到雨果的名言：大地是辽阔的，比大地辽阔的是海洋，比海洋辽阔的是天空，比天空辽阔的是心灵。诗人惠特曼的心胸装得下万事万物，装得下天地自然，装得下阔大宇宙。诗歌抒情主人公"我"既是个体生命形象的写照，又是美国民族精神的化身，更是人类意志的体现。几乎可以说，全诗通过塑造"我"的形象，来表达对自然的热爱与赞颂，对万物的好奇与探索，对自我力量与生命的歌唱与礼赞。标题"自己之歌"其实道出了这首诗歌的主题思想：歌唱自己——歌唱追求自由、平等、博爱与创造的自己。

这种不假外物、专注文本的理解是否吻合诗人创作的社会时代背景与创作意图，是否吻合作者的人生经历与精神追求呢？我们不妨展示一下相关资料，让学生获得清楚的认知与理解。

教学惠特曼《自己之歌》第二课时，主要是在第一课时学生朗读诗歌、畅谈感触的基础之上，引导学生抓住诗句意象、关键词句，深度感受、理解惠特曼的思想。

学习第一节，指出一系列意象，让学生思考：这些意象有什么共同特点？折射出诗人怎样的思想和感情？主要意象有草叶、蚂蚁、沙粒、鹪鹩的卵、雨蛙、黑莓、小关节、母牛、小鼠，都是微不足道、不太引人注目的自然事物，都是来自生活、乏"诗"可陈的普通事物，但是，在诗人笔下，却是多么的"完美""精工""华丽""神奇""灵巧""出色"，富于浓郁的诗情画意，传递出诗人对自然的热爱与赞美。不少诗句蕴含的感情色彩十分强烈。有同学说，在诗人心中，一只蚂蚁、一粒沙和一个鹪鹩的卵同样"完美"，十全十美，美轮美奂，美到极点，令人喜出望外，心花怒放！一般人不会注意到这些至微至陋、至卑至贱的事物，一般人甚至对这些事物不屑一顾，毫无感觉，但是诗人却是热情赞美，毫无保留。有同学说，雨蛙是造物主的精工的制作，赞扬雨蛙的精巧微妙，赞扬造物主（大自然或者上帝）精工制造，大大颠覆一般人的思维与认知。雨蛙属于蛙类昆虫，在我们中国人看来，形象是比较丑陋的，令人恶心的，但是，诗人却不是这样的感觉。说她集大自然的宠爱于一身，精工完美，赞叹不已。有同学说黑莓具有神奇的装饰功效。俗话说："上有天堂，下有苏杭。""天堂"本来就是仙宫一样的存在，桃花源一样的地方，是光明、幸福、自由的象征，已经美到极点了，诗人却说藤蔓四延的黑莓可以装饰天堂里的华屋，美轮美奂，登峰造极。可见"黑莓"多么璀璨，多么绚丽。生活中，我们似乎不知道黑莓是什么，又是如何美丽，但是惠特曼却和我们的认知完全不一样。有同学说吃草的母牛样子很美，很诱人，甚至远远超过了世间任何石像，因为她有生命，石像没有生命。教师提醒思考：母牛和石像有什么区别呢？前者是自然生命，后者是人工雕琢的作品，在诗人看来，自然之物胜过人工所为，自然美胜过人工美。请特别注意一个词语"任何"，有力地体现出诗人对自然的赞美与歌颂。有的同学说诗人将人的一个小关节和所有的机器对比，说明小关节的机巧灵活，远胜机器。教师提醒大家思考，机器是人类智慧与技术的结晶，是人类工业文明的象征，诗人说"我手掌上一个极小的关节可以使所有的机器都显得渺小可怜"，夸赞自然胜过机巧，自然超越文明，自然的神奇与伟大。有同学说到最后一个句子"一只小鼠的神奇足够使千千万万的异教徒吃惊"，也是夸赞自然的神奇，完全超出人们的意料。教师提醒注意"异教徒"——就是不信上帝、不信基督、不信上帝创造万物的信仰的教徒。就连千千万万的异教徒都感到惊讶，可见这一只小鼠多么神奇，多么了不起！老鼠是什么东西？俗话说："过街老鼠，人人喊打。"人们可是恨而远之，见之恶心啊，也没看见哪位中国诗人歌颂过老鼠，但是惠特曼却夸赞小鼠的神奇，倾注深情，认为这只小鼠是上帝的宠爱，是生命的颂歌，是自然的杰作。从以上诸多意象的感受与分析，我们不难体会诗人对自然的神奇、伟大、出色、完美的赞颂，对万事万物的热爱，对蓬勃生命的歌唱。可以说，惠特曼就是一个敬畏自然，博爱众生，追求平等，崇尚自由，具有强烈自我意识和丰富想象力的伟大诗人。

学习诗歌第二节，侧重思想的开掘与体会，侧重激情之下的理性演绎。先让学生朗读，然后回到第一课时提出的问题：请用诗句回答"我"从哪里来、"我"是谁、"我"要到哪里去。学生朗读第一、二个问题的答案："我看出我是和片麻石、煤、藓苔、水果、谷粒、可食的菜根混合在一起，/并且全身装饰着飞鸟和走兽"，"我"从自然中来，"我"是自然之子，"我"吃五谷杂粮长大，自然滋养了我的身体，强健了我的精神，壮大了我的生命，我对自然充满了感恩与崇敬。诗人说"我"和自然的水果、谷粒、蔬菜混合一起，无疑是暗示自然给予人类的巨大恩赐与养育。教师提醒学生注意"煤"这个意象，象征着人类对自然资源的开采与应用，煤的开掘与应用，促进了人类文明的发展，也极大改善了人类生活的品质，提升了人类生活的幸福感，但是，煤源自自然，属于自然，储藏自然，说到底，这个意象还是暗示自然给予人类的巨大作用。这个诗句后半句"全身装饰着飞鸟和走兽"，什么意思呢？"我"是人，与"飞鸟""走兽"不可同日而语，但是，诗人却强调"我"身上活跃着飞鸟走兽，我们不禁要深思：飞鸟走兽有什么特点？"飞鸟"的家园是天空，自由自在，无拘无束。"走兽"的舞台是大地，纵横驰骋，任意东西。他们都是生命活力的象征，都是自由精神的体现。说我身上装饰着飞鸟走兽，其实就是表现"我"对自由的向往与追求啊。"装饰"说明自由让"我"更加成为"我"，更加优秀，更加美丽。"全身"则是对自由毫无保留的，全身全力、全心全意的追求。回答第三个问题"我要到哪里去"去，其实可以用"全身装饰飞鸟和走兽"来回答，不过，更充分、更鲜明、更有力的回答还是诗歌的后面两句，"虽然有很好的理由远离了过去的一切，/但需要的时候我又可以将任何东西召来"，"我"虽然是自然之子，但是具有神奇的本领，对于自然万物，可以挥之即去，召之即来，自由驱遣，任意支配。来来去去完全取决于"我"的需要。"我"需要什么呢？自然是实现自我意志，高扬自我精神，实现自我价值，一句话，我需要自由。诗句的意思就是说，为了自由，我可以驱遣万物，不顾一切。这令人想起了刘勰《文心雕龙》里的句子，"笼天地于形内，挫万物于笔端"，写文章的人，思路开阔，思维活跃，可以将广大天地纳入形象之中，可以将万事万物描绘在笔下，一支笔可以挥洒万千事物，正如一位元帅可以指挥千军万马一样；又让人想起李白《将进酒》诗句"天生我材必有用，千金散尽还复来"，"主人何为言少钱，径须沽取对君酌，五花马，千金裘，呼儿将出换美酒，与尔同销万古愁"，面对金钱，不为所动，挥金如土，自由驱遣，做金钱的主人，而不是奴隶，李白坚信自己的天才之用，自由，潇洒，自信，豪放！

研读诗歌第三节，既要抓住首位两个关键诗句，从整体把握诗节的思想精神，又要从局部入手，体会每一个诗句，每一个意象，每一个"徒然"的意义。首句"逃跑或畏怯是徒然的"，主语应该是自然万物，这个"徒然"是针对诗歌的抒情主人公"我"而言的，也就是说自然万物的变化与运动都不能逃脱我的天目、我的心眼、我的掌控、我的追踪。这个诗句是对后面八个"徒然"句的诗意的概括与提炼。尾句"我快速地跟随，我升到了绝岩上的罅隙中的巢穴"，是对诗节内容与意义的形象演绎与精辟暗示。"我"就像一只飞鸟，不惧悬崖险阻，不惧天难地难，快速跟进，一刻不离，将自然万物纳入心眼，了如指掌，烂熟于心。我具有神奇伟力，无穷魔法，是能量巨大、能力超凡的神人！诗节当中的八个"徒然"值得细细咀嚼。可以让学生自由言说，教师不断补充、挖掘、深化，师生探究，将诗意理解推向深处。"火成岩喷出了千年的烈火来反对我接近是徒然的"，说"火成岩"，地火汹涌，喷薄而出，烈焰熊熊，炙手可热，瞬间可将万物化为尘埃，可是我要接近，我要赴汤蹈火，勇往直前。烈火烧得了我的肉身，却烧不掉我的精神！"爬虫退缩到它的灰质的硬壳下面去是徒然的"，微小爬虫，躲闪壳下，悄无声息，难以察觉，可是此番躲避无济于事，还是被我捕捉，追踪，发现。"事物远离开我并显出各种不同的形状是徒然的"，万事万物变幻莫测，形状各异，似乎要迷惑我，隐藏起来，可也是枉费心机，还是被我识别、追随、掌控。"海洋停留在岩洞中，大的怪物偃卧在低处是徒然的"，海洋深邃，怪物深潜，难觅踪影，不闻声息，可是还是被我追踪、发现。"鹰雕背负着青天翱翔是徒然的"，鹰雕展翅，翱翔蓝天，远走高飞，也不能逃脱我的法眼掌控。"蝮蛇在藤蔓和木材中间溜过是徒然的"，蝮蛇斑纹繁杂，爬行利索，活动隐蔽，不易识别，还是不能逃过我的耳目所向。"麋鹿居住在树林的深处是徒然的"，麋鹿怕人，天性胆怯，隐藏深处，也不能躲过我的双眸。"尖嘴的海燕向北飘浮到拉布多是徒然的"，海燕北飞，海阔天空，也被我死死地盯住。综合诗句意象来看，不管是天上飞的，如海燕、鹰雕翱翔天空，遥不可及；还是水里游的，如海洋、怪物躲藏深处，杳无音信；还是地上跑的，如蝮蛇、麋鹿、爬虫的躲躲闪闪，悄无声息，还是天地之间活动的，如火山喷发，烈焰腾空，灼灼逼人，都不能让我畏惧或逃离，相反，我是无畏无惧，及时跟踪，穷追不止，全程掌控，我就具有这样超凡脱俗的力量，可以接近自然，探索自然，掌握自然，甚至主宰自然，我简直就是神力和魔力的化身，我身上彰显着人类开发自然、利用自然、探索自然的伟大精神。所以，实在需要为自然、为自己、为人类放歌一曲。

学习惠特曼《自己之歌》第二节的时候，我叫学习不是很上心、作风有点散漫的龚同学起来回答问题：你读了第二节有什么感触？他慢慢腾腾站起来，懒洋洋地说："老师，我不知道，没有什么感受。"我平静地回答他："那就说明你没有读过诗歌，或者是没有读进去，这样吧，既然没有感受，那就来朗读一遍，读完之后，再来回答刚才的问题。"他朗读第二节，说了一句，感觉到诗歌中的"我"好像可以通天一样。我追问："你怎么判定他能通天。"他说："我'显得很通灵，联系着自然万物。"我追问："你道出了一个美妙的词语'通灵'，又有进一步的解释，很好嘛。你再来说说看，这个'通灵'

是什么意思？"他解释："通"就是联系、连接、贯通的意思，说明"我"和自然万物紧密联系，不可分开。"灵"就是有灵性，万物有灵，和我、和我们人类一样，在诗人看来，所有自然之物，都是有生命、有灵性的。他解释得很有个性，很有创意，同时又紧密结合诗句内容。我继续和他对话："你刚才说了另外一个词语，"我"可以通天，请问，如何"通天"，表现在哪些句子？"他读出了这节诗歌后面两句，"虽然有很好的理由远离过去的一切，/但需要的时候我又可以将任何东西召来"，这句话显示出我有强大的力量，可以肆意支配自然万物，召之即，来挥之即去。这不就是"通天"吗？教师赞赏他的理解："呵呵，你说得太好了，通天就是可以上天入地，任意东西，可以像孙悟空一样十万八千里，翻江倒海，大闹天宫，可以高扬自由意志，反抗专制统治，反抗强权势力，这是不是显示出一点追求自由、反抗强权的意思啊？所以，没有读诗歌之前，千万不要说自己没有感触，要相信、阅读，唯有阅读，也因为阅读，你一定会产生感触的；同时要相信自己，要鞭策自己，就像这次一样，你用心读了，就感受到了思维和思想的快乐。也增强了对自己的信心。"

学习第二节诗歌的时候，我问学生，请用诗句回答问题"我从哪里来"，学生能够读出第一个句子"我看出我是和片麻石、煤、藓苔、水果、谷粒、可食的菜根混合在一起，/并且全身装饰着飞鸟和走兽"。我追问："你能用自己的话来解释这个诗句的意思吗？"还是回答那个问题"我从哪里来"，她支吾半天，我启发："你是怎样长大的？"她说："我是父母养大的。"全班哄堂大笑，她说得没错，但是，与诗句内容相距甚远。她又说："我是父母生下来的。"全班又是哄笑。老师再次提醒，请紧密结合诗句来说。她终于觉悟，我是吃着粮食、蔬菜、水果这些东西长大的，我是吃着自然赐予的食物长大的，从自然中来。全班鼓掌。老师补充道："用歌德的话来说，人是自然之子，自然就是人类的母亲，自然不仅孕育了生命，而且用他的一切来滋养生命，才成就了今天坐在教室里学习的万千你我。"

等待雪花绽放时

——特朗斯特罗姆《树与天空》教学漫谈

  教学瑞典诗人特朗斯特罗姆的《树与天空》，运用联想比较方法引导学生走进意境、走进诗歌的生命世界。教师设计的问题是：朗读诗歌，找出几个重要意象，并以此为原点展开联想，你会想到哪些古典诗句，请比较它们的异同。设计这个问题，主要是想经由比较，教授学生一种鉴赏诗歌的方法，也想促进学生深刻理解诗歌。

  整个上课程序环节是这样的，先请同学们朗读诗歌两遍，找出主要意象，并感受意象的特点。这个问题比较简单，但是，却能为后面的教学展开做铺垫。主要意象有这样几个：树、雨、夜晚、黑鹂、雪花。教师提醒学生，诗歌还有一个非常重要的意象，出现在诗歌最为醒目的位置，大家可能忽略了，这个意象是什么？学生立马意识到是标题当中的"天空"。教师顺势解释，并引导学生思考。所谓"天空"，就是指包罗万象、涵盖一切的时空环境。诗歌标题既然是"树和天空"，那就表明"树"是主体，比较重要，"天空"是背景，是客观，位居次位。另外，"树"和"天空"所暗示的意蕴空间也颇为耐人寻味。"树"是渺小的，孤独的，微不足道的；"天空"则是恢宏阔大，笼罩一切的，大小对比，凸显张力。学生由诗歌中的意象引发联想，并比较差异，增进对诗歌意蕴和主旨的理解。比如"雨"，有人想到杜甫的诗句"随风潜入夜，润物细无声"，写小雨，细雨，静雨，尤其是还写到了"潜"雨，润物无声，偷偷摸摸，似乎又像一个精灵，神不知鬼不觉来到人间，滋润万物，而且似乎和人捉迷藏，显得异常调皮、淘气、机灵、活泼。实际上作者赋予了"春雨"以人的性格和精神，极尽歌颂、赞美之能事。相对而言，这首外国诗歌写雨，是"倾洒"，是灰色天地，是包含生命能量，是滋润树木生长。所谓"倾洒"意谓狂风暴雨或是倾盆暴雨，犹如天河决堤，暴雨倒灌，气势磅礴，迷茫天地。这个"倾"就是倾倒、倾盆之类的意思，犹言暴雨如注，从天而降。这个"洒"犹言水花四溅，迷迷茫茫，到处都是。整体来体会"倾洒"自然就是暴雨扯天扯地，迷蒙天地，望去就是灰蒙蒙、水淋淋的一片。世界都是雨的世界，树自然显得更加微不足道。杜甫的春雨是给万物带来生机，偏向柔美静谧，特朗斯特罗姆的暴雨则是倾洒天地，令人感到雄浑壮阔，气势磅礴，偏向阳刚粗犷。有人想到李清照的雨"梧桐更兼细雨，到黄昏，点点滴滴"（李清照《声声慢》），天色暗淡，冷雨滴落，梧桐凋零，这雨啊，仿佛滴落在诗人心头，一滴一滴都是泪，一声一声都是愁。李清照的雨显得凄清、寒凉、孤寂、落寞，带上诗人浓重的情感色彩。也显得柔弱无力。

比如"树"，有人联想到刘禹锡的诗句"沉舟侧畔千帆过，病树前头万木春"（刘禹锡《酬乐天扬州初逢席上见赠》），沉舟之畔，千帆经过，奋勇向前，你追我赶，毫不相让；枯树前头，万木逢春，抽枝吐叶，生机勃勃。刘禹锡的"树"给人以希望，给人以力量，积极进取，乐观向上。相比而言，《树和天空》中的"树"，"在雨中走过"，"在倾洒的灰色中匆匆走过我们身边"，"它有急事"，冒着狂风暴雨，无惧摧残拷打，匆匆前行，奔赴目的，自有一派精神风姿。"它汲取雨中的生命，就像果园里的黑鹂"，这棵树拼命地汲取生命的能量，贪婪地汲取雨中的生命，丰富自己，壮大自己，强健自己。"它在晴朗的夜晚挺拔地静闪/和我们一样它在等待那瞬息/当雪花在空中绽开"，它积攒能量，酝酿，发酵，升华，等待属于它的高光时刻——生命如花绽放。这棵树和刘禹锡诗歌中的树精神本质相通，均是生生不息，生命旺盛！均是挺拔向上，积极进取。它就是一个隐喻，或象征符号，令人联想到人生，其实人生成长也就是一个不断汲取能量、滋养精神、积攒力量、茁壮成长的过程，经过艰苦的努力和持久的等待，终究会迎来属于自己的高光时刻，或是理想之花。它们可以是"友情之花""爱情之花""青春之花""事业之花"，等等，举凡人生美好的东西都可以涵盖在内。读一棵树，其实是在阅读一个生命的成长与蜕变。

又比如"雪花"，有人想到边塞诗人岑参的诗句"忽如一夜春风来，千树万树梨花开"（岑参《白雪歌送武判官归京》）。教师引导他比较教材这首诗歌所写的"雪花"与岑参笔下的"雪花"的异同。岑参置身塞外苦寒之地，目睹朔风凛冽，雪花飘飞，想到内地春风浩荡，梨花怒放，千树万树，一派壮观的景象，心中充满惊奇与激动，以春天写严寒，以梨花绘雪花，以温暖绚烂写冰雪肃杀，折射出诗人对祖国山河的热烈赞美与戍边为国的豪迈情怀。《树与天空》中的"雪花"，诗人将"雪花"与"树"作为互相关联的意象来描写，"它在晴朗的夜晚挺拔地静闪/和我们一样它在等待那瞬息/当雪花在空中绽开"，诗意显然是在突出一棵树的静默挺拔的等待，突出一棵树的积蓄与酝酿，突出一棵树经过长久等待之后的生命绽放。这种"绽放"犹如"雪花"一般，绽放，绽放，壮丽多彩，惊艳世界。这是一棵树的高光时刻，这是一个生命的提升与飞跃。自然，"雪花绽放"成为一种美好的想象，更是象征生活中的所有美好的理想与热情。是希望，是动力，是热情，是梦想，是一个人可以抵达的远方，是一首诗蕴藏的所有美好。再比如说，李白也写雪花"燕山雪花大如席，片片吹落轩辕台"（李白《北风行》），以雪花如席状其大，以纷纷吹落状其猛，以燕山朔风状其境，一天雪花一天寒凉，侧面烘托出燕山思妇失去夫君的悲哀与绝望。在她心中，整个天地都飘满了雪花。而《树和天空》所写雪花非现实景象，非阴冷凄惨，而是诗意想象，蕴含理性思考，寄托诗人的美好期待与深情赞美。

　　有同学说到"黑鹂"这个意象，这当然是一个典型意象，但是放到诗句当中去，"它汲取雨中的生命/就像果园里的黑鹂"，这个意象是用来描绘"树"的，应该从属于、服务于展现树的精神。一棵树在雨中汲取生命的能量，悄然生长，就像一只黑鹂在贪婪地汲取甜蜜的果汁一样。树给自己赋能，而不惧风雨摧残。还有同学指出"晴朗的夜晚"，这里描绘雨后静谧平和的景象，为树的生长提供另外一个典型环境，烘托"树"的静默生长。要注意诗人对于"树"的描写——挺拔地静闪，一方面经受一场风雨的洗礼，变得正直挺拔，坚强向上，展示出一种精神姿态；另一方面，雨水滋润之后的树，外表润泽洁净，闪烁光泽，一副清新美丽的形象，更重要的是诗人透过外在的形态光影暗示出一棵树内在的积蓄、酝酿、潜滋暗长、不断生长的生命力量。"静闪"的是影像之光，更是生命之光。甚至可以说，"静闪"写出了一棵树的精神气质。

　　关于"天空"这个意象，似乎不太好理解，或者说难以深入挖掘，一般认为它就是一个阔大深远的世界，笼罩万物，包容一切，构成了一棵树、一场风雨、一天雪花的时空场景。其实，结合一棵树的生存、勃发、向上来观察，这棵树实际上还被赋予另外一层深刻的含义：一场雨有自己的雄浑壮观，气势磅礴；一场雪有自己的当空飞舞，盛情绽放；一棵树也有自己的拔节生长，直指天空。树的家园是大地，是泥土；树的营养是雨水，是狂风；树的远方是流云，是天空，自然万象，五彩缤纷，各自拥有自己的一片天空。一棵树长在天空之下，天空就是它的梦想。是不是可以联想到"我们"，不就是一棵棵茁壮成长的树木吗？我们也追求自己理想的天空，我们在追求理想的过程当中也会经历风雨坎坷，跌宕起伏，我们也会在风雨停歇之后，沐浴月华，闪烁光泽，悄然生长，汇聚能量，我们也会假以时日完成蜕变，迎来人生的高光时刻啊。诗人是在写一棵树和一片天空吗？不只是，更像是在说一个人和一片天空，一个人和一片未来的故事。

理解这一点，实际上就是把握了诗歌的主旨。我让学生找出诗歌当中一个关联人类的重要词语，学生很快找到"我们"，出现两次，第一次写道，"一棵树在雨中走动/在倾洒的灰色中匆匆走过我们身边/它有急事"，"我们"是见证者、经历者，感受者，和这棵树一样，"我们"也经历了一场风雨，也匆匆走过空蒙的大地，也心怀急事奔赴远方。"我们"就是匆匆忙忙奔波在人生风雨之中的树。第二次写道，"树停下了脚步/它在晴朗的夜晚挺拔地静闪/和我们一样它在等待那瞬息/当雪花在空中绽开"，第一次是一棵树从我们身边匆匆走过，这一次是它像我们一样静静地等待，注意是"它像我们"，而不是"我们像它"。我们是主动，它是从属；我们是主体，它是客体。原来诗人写一棵树，意图在于暗示、烘托"我们"，我们才是这片天空之下的主体啊。如果说要找到一个句子来概括这首诗歌的主旨，恐怕就是这个将一棵树和人类联系起来思考的句子了。

2

第二辑
古风苍茫文

选点施教探中心

——荀子《劝学》教学漫谈

第二课时，学习文章的比喻论证。文章第二、三两个自然段均是通过大量生活现象的列举和比喻来阐明学习的意义和作用的。可以从整体和局部两个层面来理解作者的思想内容。

从整体着眼，思考文章第二、三两段都是阐明学习的意义，内容和角度是否相同？内容不相同，各有侧重，相互补充。第二段中心句是"君子博学而日参省乎己，则知明而行无过矣"，侧重阐述学习可以让人变得智慧、聪明，学问广博，可以让人变得品德高尚，行为正确。换句话说，学习可以改变人，提升人。第三段中心句是"君子生非异也，善假于物也"，侧重阐明君子天资禀赋并没有比普通人强多少，只是他们善于凭借外界条件来达成自己的目的，人们也要向君子学习，善于学习来弥补不足，达成目的。换句话说，学习可以弥补人的不足，使人达到目的。两段综合起来，都是阐述学习的意义。角度不同，第二段从生活现象入手，以物设喻议论说理，启迪人心。第三段从生活经验入手，以人设喻议论说理，促人深思。

从局部来看，两段文字中的一些关键句子，需要拓展、引申，促进学生理解的深化与提升。比如"青，取之于蓝而青于蓝"，很容易让人联想到成语"青出于蓝而胜于蓝"，比喻学生经过老师的培养，自己的努力学习，完全可以超越老师。陶行知有言："教师的成功是创造出值得自己崇拜的人，先生之最大的快乐，是创造出值得自己崇拜的学生。"人们平常所说"师高弟子强""教学相长"，诗句"长江后浪推前浪，一浪更比一浪强"，这些话语均是说明学习可以改变、提高自己，甚至超越别人和自己。关于"木直中规，𫐓以为轮"这个比喻，要清楚两点，一是直木经过火烤变得弯曲如轮，形态改变了，暗喻人经过学习可以改变自己；二是"虽有槁暴，不复挺者，𫐓使之然也"，直木变轮，不可逆转，暗喻人们通过学习，增长见闻，开阔眼界，提高能力，提升品德，不会回到原初愚昧无知的状态。关于"金就砺则利"，可以与"宝剑锋从磨砺出，梅花香自苦寒来"比较，前者说明刀剑磨砺就会变得锋利无比，人经过学习就会变得思维敏捷，智慧通达；后者说明宝剑锋利来自不断磨砺，暗喻人要成功必须经受艰难困苦的考验与锻炼。都是比喻说理，都是以刀剑设喻，但是内容不一样。关于"木直中绳，𫐓以为轮，其曲中规"，"木受绳则直"，两句中的"绳""规"都是木工使用的器具，墨线取直，圆规取圆，符合规矩，方成方圆。应了一句俗语"无规矩不成方圆"，告诉人们凡事要讲规矩，要守准则。做人也一样，得要遵守道德准则、法律法规。

第三自然段也有几个句子需要加深理解。"吾尝终日而思矣，不如须臾之所学也"，以"终日思考"与"须臾学习"对比，反衬学习的重要；当然，句中并没有否定思考的作用，实际上也暗含将思考与学习结合起来的意思。孔子论述学习与思考的关系，有名句"学而不思则罔，思而不学则殆"，告诉人们要将思考与学习紧密联系起来。"吾尝跂而望矣，不如登高之博见也"，此句比较两种情况，"跂而望"高度有限，所见有限；"登高望"，提升高度，所见拓宽。高度决定视野，视野决定胸怀。唐代诗人王之涣《登鹳雀楼》云："白日依山尽，黄河入海流。欲穷千里目，更上一层楼。"诗歌启示人们，只有站得高，才能看得远；想要站得高，看得远，就要勇敢攀登，积极进取。唐代诗人杜甫诗歌《望岳》云"会当凌绝顶，一览众山小"，喊出了青年杜甫的人生的最强音，一定要登临绝顶，俯瞰众山，雄视天下。自信十足，豪情万丈，格局高远，气象恢宏。诗句亦可另作理解，奋勇攀登，无所畏惧，克服重重困难，将巍巍泰山踩在脚下，将雄心壮志挥洒云天。林则徐有联"海到无边天作岸，山登绝顶我为峰"，当代诗人汪国真有诗"没有比脚更远的路，没有比人更高的山"，又云"既然选择了远方，便只顾风雨兼程"，孔子亦云"登东山而小鲁，登泰山而小天下"，这些话语鼓励人们树雄心，立壮志，无畏困难，勇往直前。"顺风而呼，声非加疾也，而闻者彰"，此句说明顺风而呼，声音传播得快而远，让人听得清楚。曹雪芹《红楼梦》有诗云"好风凭借力，送我上青云"，风筝飞得高而远，主要是凭借风力。文章第三段主要意思就是说人们要善假于物，善于学习，这样可以弥补自身的局限与不足，达到目的。宋代理学家朱熹写过一首《观书有感》："昨夜江边春水生，艨艟巨舰一毛轻。向来枉费推移力，此日中流自在行。"它以泛舟为例，让读者去体会与学习有关的道理。因为"昨夜"下了大雨，"江边春水"，万溪千流，汩汩滔滔，汇入大江，所以本来搁浅的"艨艟巨舰"，就如羽毛般浮了起来。往日舟大水浅，众人使劲推船，也是白费力气，而此时春水猛涨，巨舰却自由自在地漂行在水流中。诗中突出春水的重要，所蕴含的客观意义是强调艺术灵感的勃发，足以使得艺术创作流畅自如；也可以理解为创作艺术要基本功夫到家，则熟能生巧，驾驭自如。当然还可以如此理解：没有漾漾春水的时候，"艨艟巨舰"只能搁浅沙滩；一旦春水暴涨，溪流激荡，"艨艟巨舰"就可以自由飘行。换句话说，"艨艟巨舰"完全凭借水力才能自由浮游、飘行。

教学第四自然段，该段主要谈学习的态度和方法，也就是回答"怎样学习"的问题，呼应中心论点"学不可以已"。我想训练学生的逻辑思维，特别设计了一项练习。先将文段完全打乱顺序，然后，请学生讨论如何排序，并说说这样排序的理由。既是教会学生做语言表达与应用板块的语句排序题的方法，又是想告诉学生写作议论文所应遵循的逻辑认知规律。同时，重组文段，改造文段，给学生新奇之感，可以激发他们探索的兴趣与热情。改作如下。

积土成山，风雨兴焉；锲而舍之，朽木不折；积水成渊，蛟龙生焉。蚓无爪牙之利，筋骨之强，上食埃土，下饮黄泉，用心一也。故不积跬步，无以至千里；不积小流，无以成江海。骐骥一跃，不能十步；锲而不舍，金石可镂。驽马十驾，功在不舍。蟹六跪而二螯，非蛇鳝之穴无可寄托者，用心躁也。故积善成德，而神明自得，圣心备焉。

第一步，通读全段，把握主要意思。全段主要是说学习的三种态度和方法：积累、坚持和专心。第二步，合并同类项，按照三种学习的方法将句子归类。说"积累"的归为一类，说"坚持"的归为一类，说"专心"的归为一类。学生稍加思考不难发现，"积土成山，风雨兴焉""积水成渊，蛟龙生焉""故不积跬步，无以至千里；不积小流，无以成江海""故积善成德，而神明自得，圣心备焉"四组句子都是说"积累"；"锲而舍之，朽木不折""骐骥一跃，不能十步；锲而不舍，金石可镂。驽马十驾，功在不舍"都是说"坚持"；"蚓无爪牙之利，筋骨之强，上食埃土，下饮黄泉，用心一也""蟹六跪而二螯，非蛇鳝之穴无可寄托者，用心躁也"两组句子都是说专心。第三步，研究每一类句子里面的句间关系，注意从形式与内容两个方面考虑。第一类句子从正面和反面两个角度说"积累"，构成正反对比论证。其中两个"故"字分别总结正反两层意思。同时，前面"积土""积水"两句比喻主要是引出"积善"句的结论。第二类句子说"坚持"，也是正反对比论证。其中"骐骥"句与"驽马"句对比，应放在一起；两组"锲"字句也是对比，应放在一起。第三类句子说"专心"，"蚓"字句与"蟹"字句对比，放在一起。此外，还要注意这段文字四字句、对偶句比较多的特点。第四步，句子归位之后，仔细检查，看看句间逻辑联系是否严谨。读文段，识文意，理思路，调语序，反过来，写文段（章），也要先确立文意，理顺思路，依序展开行文。读写文章都要具有这种逻辑思维能力。

传道授业说从师

——韩愈《师说》教学漫谈

教学韩愈的《师说》，按照老传统，扎扎实实走进文本，解决字词问题。开门见山，导入课文。标题"师说"是什么意思呢？看起来简单，其实并不简单，"说"是一种文体，表明此文是韩愈对某种社会现象或社会问题的看法与主张，点明了该文就是一篇典型的议论文。"师说"就是"说师"的意思，"师"是老师吗？且慢，要读文本才知道韩愈到底是想说什么。其实，不是老师，更不是普通的老师，而是重点阐述从师求学的社会风气的问题。这就具有很强的针对性与现实意义了。那么，我们接下来看看作者，要理解文本的思想内容，必须要理解作者韩愈。教师简单介绍韩愈其人及其古文运动。经过这一环节之后，再进入文本研读。

第一个问题是，韩愈为什么要写这篇文章？为谁写这篇文章？这个内容出现在文章的哪一个文段？学生很快找到结尾最后一段。齐读一遍，"李氏子蟠，年十七，好古文，六艺经传皆通习之，不拘于时，学于余，余嘉其能行古道，作《师说》以贻之"。韩愈为何要为李蟠写这篇文章呢？原因在于李子蟠的能耐，有何能耐呢？学生意识到"李子蟠"错了，不是人名，人名是姓李的人，名字叫作李蟠，"子"是孩子的意思。他的能耐一是"好古人"，与老师志趣相投，深得老师的认同与喜爱。"六艺经传皆通习之"，学习"六艺"，《诗》《书》《礼》《易》《乐》《春秋》，儒家六部经典，"经"是经书，属于传世经典，世所公认的典籍，经过时间的淘洗，阅读的检验，流传下来的典籍、典范。比如《诗经》原来名字不叫"诗经"，而叫"诗三百"，收集了三百零五首诗歌，到了汉朝的时候，才被尊为经典，人称"诗经"。所谓"传"是对经书作注解的书。李蟠对于这些儒家经典不是一般的学习，是"皆通习"，"皆"说明无一例外，全部学习。"通"说明深入钻研，理解深刻，通晓，精通，通达，就像《汉书》说张衡一样，"通五经，贯六艺"。"习"是温习、练习的意思，本义是鸟反复练习飞行，起起落落，用之于学习，强调学习要反复温习，注重实践。孔子曰："学而时习之，不亦说乎？""学"和"习"是两个含义不同、各有侧重的词语。"学习"本身就有反复演练、反复温习的意思。也就是我们学完新内容之后，要巩固理解，需要反复练习。李蟠对于儒家经典是不但通晓，而且熟悉，反复温习，这是韩愈非常欣赏的。李蟠的能耐之二是"不拘于时，学于余"，拜我为师，向我学习古文，与社会时俗相对抗，相违背，表现出不顾流俗、勇于抗争的精神，这是韩愈更为欣赏他的原因。那么，当时的社会风气是怎样的呢？

文章第二自然段谈到了这个问题。请同学说说看，哪些句子点出了当时的社会风气？学生不难发现，"士大夫之族，曰师曰弟子云者，则群聚而笑之。问之，则曰：彼与彼年相若也，道相似也，位卑则足羞，官盛则近谀。呜呼！师道之不复，可知矣。"这个句子揭示了当时存在于士大夫之中的社会风气，谁要是对谁称呼老师，称呼学生，大家就会觉得很奇怪，聚集起来，嘲笑那个喊老师称学生的人。为啥呢？他们的原则是，要是老师地位高，学生就感到高兴，要是老师地位低，学生就感到羞耻。学生不是因为老师的学问和思想而感到荣幸与自豪，而是为老师的地位高低、官位高低而高兴或羞愧。这就说明，当时的社会上不是尊重教师、尊重文化、尊重知识，而是看重官位与权力。韩愈对于这种社会风气是非常反感、厌恶的。

接下来，我们来研读文章第二自然段，这个段落主要阐述了什么观点呢？又运用了怎样的论证方法，请梳理出来。文章开头两句话实际上概括了该段的主要观点，"师道之不传也可知矣，欲人之无惑也难矣"，从师学习的风尚很久没有传承下来已经知道了，想要让人没有疑难困惑的确困难啊，换句话说，这两句话实际上是从反面暗示师道不传的原因，暗示从师学习的重要性。那么，文段是如何论证这个观点的呢？整体来看采用了对比论证，该段可以分为三个层次，先是将"古之圣人"与"今之众人"对比，前者"从师而问"，后者"耻于从师"，前者"圣益圣"，后者"愚益愚"。此为纵向比较。接着自我两种情况比较，"于其子"，是"择师而教"，"于其身"，则是"耻师焉"。作者特别指出"童子之师"与"童子"的错误，童子之师，"授之书""习句读"，不是韩愈所标榜的"传道授业解惑"之师。童子"句读之不知，或师焉""惑之不解，或不焉"，可谓"小学而大遗"，"吾未见其明也"。这一层对比，意在批评当时在从师问题上存在的错误观念。最后将"巫医乐师百工之人"与"士大夫之族"对比，前者"不耻相师"，后者"群聚笑之""耻于从师"，"位卑则足羞，官盛则近谀"，结果是后者远远不及前者。三组对比，充分论证了从师学习的重要性与必要性。同时，这一部分具有强烈的现实针对性，表现出韩愈对社会风气的批判与反抗，增强了文章的战斗性。因为士大夫当中弥漫着这种歪风邪气，这种风气还严重到毒害社会，所以，韩愈的学生李蟠"好古文"，"通习六艺经传"，"不拘于时，学于余"，尤其勇敢，值得特别点赞。

文章第三自然段是正面举例论证。孔子虚心请教，"转移多师"，才成其为"万世师表"。这个例子极具说服力。要思考，孔子分别跟四位老师学些什么，这些内容都属于什么范畴的思想。孔子向四位老师学习弹琴、音乐、官职、礼仪，这些内容均属于儒家思想，所以实际上，孔子是在学"道"。作者由这个例子推导出一个怎样的结论呢？"是故弟子不必不如师，师不必贤于弟子，闻道有先后，术业有专攻，如是而已"，师生在求道做学问的问题上是平等的，谁懂得"道"，谁就可以做老师。由此不难得出启迪，正如西方哲人所言，吾爱吾师，吾更爱真理。老师不一定强过弟子，弟子不一定不如老师，在认识"道"、探索真理的问题上，老师和学生是平等的，不存在哪个天生厉害的问题。一千多年前的韩愈能有如此观点，这是颇具挑战性和冲击力的认识，韩愈颠覆传统、勇于挑战的思想个性可见一斑。

学到这里，我们大致可以推测或概括出这篇文章的中心论点，从事学习很重要，换句话说，老师很重要，对应这个意思，应该是文章第一自然段的哪些句子呢？有人找出第一句"古之学者必有师"，一个"必"字道出了老师的必要性与重要性。不过，要去掉"古"这个限定语，因为今之学者同样"必有师"。也有同学找到本段最后一句话，"是故无贵无贱，无长无少，道之所存，师之所存也"，这句话主要是说，"道"存在的地方，也就是老师存在的地方，换句话说，就是谁懂得"道"，谁就是老师，老师简直就是"道"的化身。再换句话说就是，老师的重要作用就是传授并普及"道"，还是暗示老师很重要。不过，这里特别要注意前面"无贵无贱，无长无少"八个字的意思，在求"道"面前，没有地位的高低、身份的贵贱，也没有年纪的长幼，谁懂得"道"，谁就可以做老师。韩愈打破了传统的长幼尊卑、高低贵贱、论资排辈等世俗传统，表现出唯"道"是求、唯"师"是学的超前认知与卓越胆识，这是令人钦佩的。这种思想即便放在今天还有强烈的现实意义。在文章第一自然段当中，韩愈还对老师的职责做了明确的限定，"师者，所以传道授业解惑也"，老师就是依靠他们来传授"道"，讲解学业，解答疑难的人。韩愈将"传道"放在第一位，说明他第一看重的是"道"。"业"是什么呢？承载"道"的思想的经典，比如后面提到的"六艺经传"之类的儒家典籍。"惑"又是什么呢？当然不是"彼童子之师，授之书而习其句读"的疑难困惑，而是学习、探求"道"的过程之中存在的疑难困惑。也就是说，韩愈心目中的"道"不是我们今天所理解的道理、规律、原则、方法，也不是宇宙、自然意义上的天道、大道、自然之道，而是专有所指，意义固定。结合韩愈写这篇文章的时代背景以及韩愈个人的思想主张来看，这个"道"应该具有狭义和广义的双重意义，前者是指儒家思想、孔孟之道，简单说就是上仁下顺，即君主仁爱百姓，百姓安时处顺，上下协调，维护等级社会的稳定秩序。后者是指儒家的经典以及后来继承和弘扬儒家思想的《孟子》《荀子》等典籍。这与我们平常所说的"道"不一样。其实这篇文章中出现得比较多的一个词语就是"道"字，大多是指孔孟之道、儒家之道。韩愈是封建正统思想的捍卫者，道德文章和行为处处捍卫封建道统思想。文中有些地方的"道"当然不是这个意思，要结合语境具体分析。不过，要注意的是，我们今天说起"道"，说起这篇课文中的一些名句的时候，这个"道"字的含义已经发生了演变，不再局限于韩愈的意思了。一句话，如何理解这个"道"字，要看时代背景与社会环境，要了解韩愈和柳宗元发动的古文运动。

"古文运动"是唐代文学史上的一次文学革新运动。它是针对六朝以来泛滥的浮靡文风而发起的。韩愈和柳宗元是这场运动的主将。他们主张文章要像先秦两汉散文那样言之有物，要阐发孔孟之道；反对六朝以来单纯追求形式美而内容贫乏的骈俪文章；主张语言要新颖，对那些"言之有物"的古文也要"师其意，不师其辞""言贵创新，辞必己出"。经过这次古文运动，终于把文体从六朝以来的浮艳的骈文中解放出来，奠定了唐代实用散文的基础。

一樽美酒酹江月

——苏轼《赤壁赋》教学漫谈

　　教学苏轼《赤壁赋》，主要任务是研读、品味文章第一自然段，理解苏子与客的心情（"乐"字）。先安排同学们齐声朗读第一自然段，注意思考、体会阅读的感受，并能举出具体描写来说说人物的心情。读完之后，大家感觉到文段表现了苏子与客荡舟赤壁的轻快、自由、惬意的心情。用一个字来概括，有同学找到第二段的"于是饮酒乐甚，扣舷而歌"的"乐"字。老师趁势追问，这句话置于段首，从结构上和内容上来看，起到什么作用。答：过渡句，承上启下。"于是"不同于现代汉语的一个词"于是"，这里是两个词，相当于"在这时"。"于是"可以理解为"在这里""在这时""在这种情况下"，依据语境，这句话中的"于是"理解为"在这时"比较好。到底是什么时候呢？当然是上文第一自然段所写苏子与客月夜泛舟、畅游赤壁的时候。"饮酒乐甚"，"乐"到什么程度呢？"扣舷而歌"，敲击着船舷，当作打节拍，放声欢唱，其间"而"字表修饰关系。也有同学用"爽"字来概括第一段的人物心情。"爽"是爽快，酣畅淋漓，尽情尽兴，玩得很嗨，到了一种极致状态的意思。程度比"乐"要高，或许可以叫作"乐甚"吧。不管是"乐"，还是"爽"，均反映出苏子与客畅游赤壁的美妙心情。

　　回到文章第一自然段，主要描写"苏子与客月夜泛舟游于赤壁"的场景，大致由三部分内容组成，一是景物描写（画面），一是人物活动，一是心理感受。请同学们浏览文本，听从老师的提示，按照要求朗读相关文字。老师说"景物描写"，学生就朗读该部分内容；老师说"人物活动"，学生就朗读人物活动文字；老师说"心理感受"，学生就朗读"心理感受"文字。此一任务旨在通过识别、朗读加深印象，增进了解。然后，让大家自由言说：你读了这些文字，你对哪些词句有感触？哪些词句最能表现出苏子与客自由、欢快的心情？找出来和大家分享。学生发言，老师补充。

有同学说喜欢最后两句，"浩浩乎如凭虚御风，而不知其所止；飘飘乎遗世独立，羽化而登仙"，这个句子写得有仙气，飘飘欲仙，轻盈飞举，远离尘世，自由自在，很是享受，很是畅快。老师补充，"浩浩乎"突出心胸开阔，心情振奋。"凭虚御风"则是御风而行，飘飘飞举，轻盈、飘逸、自由、畅快。"遗世独立"则是超脱现实，挣脱束缚，忘却功名富贵、人事纷争、荣辱得失，达到一种无我无物、无功无名的绝对自由的境地。类似庄子的"逍遥游"的状态。"羽化而登仙"当中的"羽化"是一个多么美妙的词语，用之于生物学上，专指蛹破茧成蝶，突破限制，生长翅膀，飞升飘举，获得自由。用之于庄子，不难想到"庄周梦蝶"：庄子做了一个梦，梦中他变成了一只蝴蝶，翩翩起舞，自由飞翔，梦醒之后，发现自己还是直挺挺躺在硬板床上，神志不清，意态恍惚，不知道是自己变成了蝴蝶，还是蝴蝶变成了庄周。这一梦，梦出了"逍遥游"的思想。苏轼用"羽化而登仙"，表达自己轻舞飞扬，飘飘成仙的自由与惬意，几乎到了极乐世界一样。

有同学说喜欢"纵一苇之所如，凌万顷之茫然"，表达了荡舟江面的自由快意，特别是"纵"和"凌"两个词，前者是放纵、任凭的意思，任凭小船漂流，不加约束，自由自在；后者是凌空越过，万里空阔，很有气势，很是惬意。老师补充，这个"纵"字类同初中学过的一篇课文《与朱元思书》的句子"从流飘荡，任意东西"，无拘无束，自由自在。"凌"字也很有意味，令人联想到一些美妙的词语，比如"凌波仙子"，极言一个貌若天仙的女子踏波而来、飘然而过的情境，何等轻盈？何等飘逸？又如"凌波微步，罗袜生尘"（曹植《洛神赋》），描写洛神从水面经过，身轻如燕，微步如飞，水花飞溅，罗袜沾湿，何等空灵？何等飘逸？还令人联想到金庸笔下的武侠小说《天龙八部》中的水上轻功："体迅飞凫，飘忽若神，凌波微步，罗袜生尘。动无常则，若危若安。进止难期，若往若还。"以柔克刚，以快制动，以轻制重，以奇制正，以变制常，"凌波微步"成了一种轻功，一种软功夫，一种软实力。回到苏轼的"凌万顷之茫然"，用一个"凌"字，自然突出轻盈飘举、御风飞翔的快意与自由。

有同学说喜欢"诵明月之诗，歌窈窕之章"句，举酒临风，对月吟诗，风雅惬意，神思飞扬。教师补充，此处暗用《诗经》中的《月出》诗意，表达美妙的联想与幽微的惆怅。《月出》第一章是这样写的："月出皎兮，佼人僚兮。舒窈纠兮，劳心悄兮。"翻译过来，意思就是：月亮出来多明亮，美人仪容真漂亮。你娴雅苗条的倩影，牵动我深情的愁肠！苏轼化用《月出》诗意，当然不是表达对美人的思念。古代诗歌当中的"美人"有多种意义，这里不是指一般的美丽迷人的女子，而是指词人心目中的理想人物，或是美好的政治理想。结合苏轼贬官黄州来看，这种月下美人幽思图更多是表现作者的政治失意或理想不遂的郁闷与愁苦。文章第二自然段也写了"美人"这个意象，"渺渺兮予怀，望美人兮天一方"，隔天隔地，可望而不可即，可遇不可求，徒生思念。这个"美人"也不是生活中的美女，而是喻指诗人的政治理想或是诗人所向往的贤明君王。古时候，常常将君臣遇合比作夫妻关系，国君对臣子的欣赏、信任、器重犹如夫妻关系一样，所以，许多诗词当中，失意文人常常借美人来喻指国君。

有同学说喜欢写景的句子，"少焉，月出于东山之上，徘徊于斗牛之间"，感觉这个月亮很有意思，徘徊不定，流连不去，似乎有所眷恋。"徘徊"这个词语，用之于人，指心怀犹豫，走来走去，不忍离开。现在用来描写月亮，自然是拟人，传达月亮有情有义，注目人间，深情款款的神态。结合前面的"颂明月之诗，歌窈窕之章"来看，真还有点说曹操、曹操就到的意味，人和月，心有灵犀，天遂人愿啊。这种遇合真是奇妙。

有同学说，"白露横江，水光接天"，意境很美，朦胧，空灵，唯美，令人陶醉。宽阔的江面上弥漫着白茫茫的水汽，波光粼粼，秋空明净，水天相接，上下一色，整个意境格外迷茫轻柔，令人赏心悦目，心旷神怡。教师提醒：写景，是诗人眼中之景，也是诗人心中之景，折射出诗人的情意。

综合以上品读可知，文章第一自然段，描写苏子与客泛舟赤壁的场景，无论是如诗如画的景物描写，还是风行水上的心理感觉，还是潇洒自在的活动描写，无不传达出一种自由快意、潇洒飞扬的感觉，用一个字来概括就是"乐"，用两个字来概括就是"乐甚"，换一个词语来概括就是"爽"，用三个字概括就是"爽歪歪"。

学习苏轼《赤壁赋》第二自然段，抓住一歌一箫，把握人物感情由乐转悲的变化，重点体会"悲"在何处，"悲"得如何。关键词句要用心品味。"饮酒乐甚，扣舷而歌"，可见欢乐到了忘乎所以、心花怒放的程度。所歌内容"桂棹兮兰桨，击空明兮溯流光"，小船是桂木、兰木制作的，名贵精美，清新脱俗，吻合文人清高自许、雅洁自好的审美情趣。说"流水"是"空明"，波光粼粼，空旷明亮；说"月光"是"流光"，月照水波，灵动生辉。船在水中流，月在空中照，水天相接，人月相亲，如诗如画，如梦如幻，几乎把人带入一个童话世界。诗歌后面两句"渺渺兮予怀，望美人兮天一方"，此"美人"非寻常意义的美丽女子，而是象征美好的政治理想。结合苏轼遭遇"乌台诗案"的情况来看，这两句诗应该是传达了苏轼理想破灭、人生坎坷的落寞与惆怅的情绪。美人在天，文人在地，天遥地远，望而难及，一腔相思，一生惆怅，弥漫天地，冷清皓月。注意这个句子，两次倒装，"望美人兮天一方"在前，"渺渺兮予怀"在后，前因后果；"渺渺兮予怀"也是主谓倒装，常规表述应该是"予怀渺渺兮"。倒装的作用在于突出、强调，加上一个"兮"字，极大地增强了诗句的抒情色彩与感叹意味。这首诗歌流露出了政治理想不能实现的悲哀与忧愁，可谓"喜忧参半，乐愁相生"。文章接着写客人吹奏洞箫，"其声呜呜然"犹如一个人呜呜哭泣。"如怨如慕，如泣如诉"，哭声饱含丰富的感情，像在哀怨，又像在思慕，像是哭泣，又像是倾诉，抽抽搭搭，呜呜咽咽，声情悲凄，打动人心。"余音袅袅，不绝如缕"，尾音细弱，婉转悠长，如同细丝，丝丝缕缕，绵绵不绝。尤其是文段结尾两句"舞幽壑之潜蛟，泣孤舟之嫠妇"，极尽想象，大胆夸张，侧面设想，烘托洞箫之声的凄恻与悲凉。乐声悲凄到何种程度呢？让幽深山谷中的蛟龙起舞，使漂泊孤舟上的寡妇落泪。蛟龙深潜不露，而且藏身幽谷深潭，不见天光，难闻动静，即便如此还是浮水舞蹈，足见乐声之穿透力与感染力。寡妇一人，无依无靠，孤舟为家，漂泊江面，又闻洞箫，潸然泪下，足见音乐何等感人，何等凄怆。晚唐诗人李贺诗歌《李凭箜篌引》诗云："梦入深山教神妪，老鱼跳波瘦蛟舞"，李凭弹奏箜篌的声音，竟然让老鱼跳波，让瘦蛟起舞，老鱼衰迈，瘦蛟瘦弱，老迈无力，衰弱不堪，竟然可以活动筋骨，跳波起舞，足见音乐具有何等感染力与冲击力。也是从侧面描写来凸显音乐的力量。"泣孤舟之嫠妇"，让人联想到白居易《琵琶行》中的句子："去来江口守空船，绕船月明江水寒。夜深忽梦少年事，梦啼妆泪红阑干。"

教学《赤壁赋》第三段。文章从苏子的疑问开篇，"何为其然也"，朋友吹奏的洞箫之声为何如此悲悲切切呢？客人的长段回答大致包含两层内容，先说"英雄之悲"，后说"凡人之悲"，两层之间以"况"字连接、转换，前后是递进关系。

先看曹操之悲，"悲"在何处呢？文中三次反问其实暗含英雄之三悲。其一："月明星稀，乌鹊南飞"，此非曹孟德之诗乎？客人明知故问，突出、强调孟德之诗，孟德之诗到底蕴含什么情意呢？这就需要理解曹操《短歌行》其中的两个诗句"月明星稀，乌鹊南飞"，乌鹊惊魂不定，无枝可依，象征着人才东奔西跑，无疑归宿，折射出曹操对人才的思慕、焦急与担忧。他要笼络天下英才，为我所用，共谋大业啊。一悲人才难得，大业难成。其二："西望夏口，东望武昌，山川相缪，郁乎苍苍，此非孟德之困于周郎者乎？"前面四个四字句，纵目远眺，一气铺排，极言山川壮美，天地辽阔，给人以特别的联想，"江山如此多娇，引无数英雄竞折腰"，"江山如画，一时多少豪杰"，江山就是最壮丽的舞台，呼唤一世英雄横空出世！可是，"此非孟德之困于周郎者乎"，这里难道不是当年周郎围困曹操的地方吗？孙刘联合，火烧曹军，赤壁一战，奠定了三国鼎立的格局。这里成了曹操一辈子的伤心之地、耻辱之地，更是曹操几十万水军的坟场！所以，二悲在于英雄受困，兵败如山。其三："方其破荆州，下江陵，顺流而东也，舳舻千里，旌旗蔽空，酾酒临江，横槊赋诗，固一世之雄也，而今安在哉？"前面七个短句妙用动词，鱼贯而下，排山倒海，极言曹军势如破竹，所向无敌。"酾酒临江，横槊赋诗"，极言雄姿飒爽，文采飞扬，呈现一代文豪风采。一武一文，武能征南战北，攻城略地，文能举酒论诗，文采超凡，这一组句子可谓将曹操推向了人生的巅峰状态。可是，"而今安在哉"，消弭于无形，消失于岁月，时光易逝，人生短促，世事无常，不胜唏嘘。所以，三悲在于时光易逝，人生短暂。

再看凡人之悲。和曹操相比，"吾与子"至卑至微，平平凡凡，渔樵江煮，与鱼虾为侣，与麋鹿为伴，短暂如蜉蝣，渺小如粟米，哀叹人生短暂，羡慕长江无穷，想要携手神仙遨游太空，自由自在，无拘无束；想要怀抱明月，遗世独立，长长久久，万世永恒，但是，又知道这是不可能实现的理想，所以，只能借助洞箫之声来表达人生的悲凉。凡人之悲，"悲"在理想失落，现实凄凉。"英雄之悲"和"凡人之悲"之间用"况"来连接、转换，表示意思的递进深入，实际上作者是将两种人进行对比，大文学家、大军事家、大政治家，一世英雄曹操尚且不能逃脱时间的冲刷，更何况你我这样的普通人呢？全段写"悲"，悲情弥漫，悲声大作，的确令人感触万千。

客人之悲，超凡脱俗，进入新境。一般人也"悲"，不如意事十之八九，多半为物质、利益、功名权位、荣辱得失，个人命运，圈子限于自我，格局比较狭隘，考量比较功利。但是，"客人"之悲，悲生命短暂，人生无常；悲理想沦空，现实落魄；悲功业不成，时光不再。"悲"得宏大，"悲"得深刻，"悲"得彻底，简直就是人类之悲，就是对人类命运的终极叩问。

学习《赤壁赋》第四自然段，理解苏轼的人生智慧与哲学思想。前面客人解释了自己洞箫之声何以悲悲切切的原因，这个文段则是苏子的长段议论，主要从眼前的江水和明月入手，引发思考、议论，读懂江月之意、自然之理，也就将人生从困厄当中解脱出来啊，从悲哀当中振奋起来。苏子指出，江月有两个特点，一个是"变"，"逝者如斯"，不舍昼夜，永不停留，"盈虚者如彼"，圆缺递变，永不停留；一个是"不变"，"而未尝往也"，江流还在，未曾逝去，"而卒莫消长也"，不增不减，月还是月。由前者可以推知，万事万物永远处于运动、变化之中，一刻也不停歇；由后者可以推知，万事万物又不增不减，不消不逝，永远处于静止不变之中。综合起来，得出一个结论，万事万物都是变化与不变的统一，都是运动与静止的统一，运动与差异是绝对的，静止与不变是相对的。这是苏子的辩证法，也是苏子的哲学思想。西哲有言"人不能两次踏进同一条河流"，东哲也有言"世界上没有两片完全相同的树叶"，均强调变化和差异是绝对的。其实，按照苏子思维来看，万物也是相对不变的，相同的。所以，他得出一个结论"故物与我皆无尽也"，万事万物与人类都是无穷无尽的。

这话如何理解呢？依据苏轼的复杂思想来分析，可以从不同的角度来看。从儒家"三不朽"来看，生命可以结束，但是，"立功，立德，立言"，却可以万世不朽。也就是说，人的功勋业绩、品德人格、智慧思想、精神品格可以超越生命，永远活在人们心中。从个体生命与群体繁衍的角度来看，个体生命是有限度的，群体繁衍却是无限的。正如《愚公移山》所言，"子又有子，子又有孙，子子孙孙，无穷匮也"。从个人与集体的关系的角度来看，一滴水是渺小的、短暂的，但是将一滴水放入大江大河大海，则会形成汪洋浩阔的水域，将会腾起冲天浪花。比之于人类，一个是孤单的、微弱的、渺小的，但是，置身集体，团结起来，心中有集体，个人的生命就会焕发出巨大的能力，实现最大的价值。一个人融入集体，犹如一滴水汇入大海，就可得到永生永存。苏子所言"物与我皆无尽也"，或许暗含佛教轮回思想对他的深刻影响。还可以从"灵魂不灭"的角度来理解，人的肉体生命虽然有尽头，但是灵魂却永在，不增不减，不消不灭，永远活在这个世界之中，只是我们只可意会不可言传，只可遇见不可抵达而已。既然获得了如此认知，那么苏子自然得出结论，"而又何羡乎？"的结论，又何必羡慕万物的无穷无尽呢，人类也可以无穷无尽啊。显然，苏子改换了一个视角来审视人生，获得了超脱与自在，获得了新生与自由。

苏子接着说，"且夫天地之间，物各有主，苟非吾之所有，虽一毫而莫取"，万事万物，各安其位，各司其职，各有归宿，不争不抢，和谐相处，构成了一个和平而有序的世界，不属于我的东西，一丝一毫，我也不占有，也不存非分之想。苏子说的是自然之理，天地大道，其实用之于人类社会，也是颇有启示意义的。作为社会之一员，理当爱岗敬业，廉洁奉公，各司其职，各尽其责，不可违规违纪，违法犯罪，不可贪赃枉法，大搞腐败。最后苏子说："唯江上之清风，与山间之明月，耳得之而为声，目遇之而成色，取之无禁，用之不竭，是造物者之无尽藏也，而吾与子之所共适。"打开生命的所有通道，投入自然的怀抱，你会获得大自由、大畅快。张开耳朵，你会听到自然最美的声音，清风徐来，身心清爽；睁开眼睛，你会看到世间最美的图画，明月当空，银辉四射。清风明月，自然山水，享之不尽，用之不竭，自然可以大饱眼福，大饱耳福，大快人心，大提精神。自然山水，清风明月才是我和你共同拥有的宝藏，才应该尽情尽兴享用啊。苏子一番议论，从水月出发，辩证思考，转换思维，放大格局，开阔心胸，为陷入困境的人们指出了一条阳光大道，为人类走向自由、走向永恒打开了一扇神奇的窗户。多少年之后，中华民族的子孙后代都要感谢苏轼，感谢这位拯救人类的精神导师。

客人和我们一样，聆听了苏子的高论，自然会有醍醐灌顶、茅塞顿开之感。所以，文章结尾一段是皆大欢喜："客喜而笑，洗盏更酌。肴核既尽，杯盘狼藉。"最后竟然大醉如泥，不省人事，"相与枕藉乎舟中，不知东方之既白"。"相与枕藉"，这个细节特有意思。想想看，两个人喝醉了酒，你枕着我，我枕着你，横七竖八，乱七八糟，就那么随意躺着，丝毫不顾世俗的眼光，这是彻底的放松，彻底的自由，可谓"放浪形骸，无拘无束"。令人想起刘秀与严子陵的故事。

综观全文，苏轼依循"乐"—"悲"—"喜"的情感脉络展开行文，采用主客问答的形式推进事理，或情境描写抒发自由、快乐之情，或歌箫之声传达伤心失落之悲，或人生对比表达无常之叹，或就境生发，感悟自然之道与生命之理，最后主客欢喜，大醉而眠，"相与枕藉乎舟中，不知东方之既白"。苏子与客，形为两人，实为一体，分别呈现两种既冲突又相生的人生理念，客代表积极入世、大志有为的儒家思想，苏子代表超然出世、清静无为的道家思想。苏轼一生，宦海沉浮，饱尝世态炎凉、人生冷暖，得意时高歌猛进，失意时纵情山水，大起大落，大开大合，与时俯仰、伸缩自如，表现出人生的圆融通达与处世的随缘任运，可谓达到大彻大悟、大欢大乐之境界。学习《赤壁赋》，实乃走近黄冈的苏轼，走近赤壁的苏轼，一起经历人生的起伏跌宕，一起欣赏山水的旖旎风光，一起感悟人生的智慧通达。苏轼是失意者，是文学家，更是我们人生的导师，当我们遭遇挫折、跌入低谷的时候，读一读苏轼的《赤壁赋》，与江风相伴，与明月相亲，与自然相融，我们就会获得心灵的解脱与精神的升华，就会活出一片辽阔而丰盈的人生来。

红日冉冉照大地

——姚鼐《登泰山记》教学漫谈

　　《登泰山记》是一篇老课文，如何教出新意，教出趣味来，我琢磨了许久，读了好几遍文本，一直没有找到理想的突破口。但是，每读一遍，都会加深对文本的理解，都会增进对语言的感悟，也不断感受到姚鼐心中的火热激情。都说桐城派的散文语言表达简洁凝练，用词精准，极富表现力。我琢磨词句，生发联想，体味词句之间的联系、词句之外的意味，想从词句入手，但是很多词句的表现力给人一种感觉，只可意会，难以言传。只可朗读，难以表达。难以表达就不好引导学生，就不好交流情意。正当我琢磨不定，没有找到合适的切入点的时候，站在讲台上，突然想起，姚鼐这个人，这篇游记好像和万千文人、万千普通人的经历与游记不一样，不一样在哪里呢？这个问题或许可以引发同学们的探究兴趣，可以激活他们的思维，引导他们深入钻研文本。于是，我交代任务：这个课时我们来学习姚鼐的散文《登泰山记》，老师在备课的时候总有一种感觉，这篇文章和许多文人的游记不一样，作者姚鼐登泰山的经历也和许多人的登山经历不一样，请同学们阅读文本，说说作者登泰山的奇特之处，也就是和一般人不一样的地方在哪里？这个问题，果然引发大家的探究兴趣。

　　有同学说作者登山的天气很奇特，风雪严寒，迷雾冰滑，"冰雪，无瀑水，无鸟兽音迹"，"而雪与人膝齐"。按照常理，这样的极端天气是不适合登山的，一般人也不会登山，太寒冷，也太危险了。可是作者和泰安知府朱孝纯却不惧风雪，迎难而上，这就很了不起，他们身上具有一种战天斗地、挑战自然的精神。老师特别肯定这个同学抓住典型细节来分析，读出了人物的精神与意志，很好。"雪与人膝齐"说明雪下得大而深，都到了人的膝盖了。"无瀑水"说明结冰了，气温很低。"无鸟兽音迹"说明鸟兽绝迹，天气奇寒，人更加难以承受寒冷袭击。文中多次描写冰雪严寒，充分烘托出作者与朋友顶风傲雪、百折不挠的大无畏精神。

有同学说登山路线很漫长。从京师出发，经过齐河、长清县，穿越泰山西北山谷，翻越古长城，到达泰安。又从泰山南麓登山，沿着中谷进去，翻越中岭山，又走西谷，才到达山巅。如此线路，前一段从京师到泰安，千里迢迢，辗转奔波，辛苦劳累；后一段四十五里，石阶七千余级，"道中迷雾冰滑，磴几不可登"，陡峭危险，千难万难。如此辛苦，如此寒冷，如此艰险，作者和朋友还是要爬山，明知山有虎，偏向虎山行，大有"知其不可为而为之"的英雄气派。教师引导同学比较，前面学过郁达夫的散文《故都的秋》，郁达夫是怎样到北平去饱尝故都的秋味的？"我的不远千里，要从杭州赶上青岛，更要从青岛赶上北平来的理由，也不过想饱尝一尝这故都的秋味"，千里奔波，风尘仆仆只为"秋"。姚鼐和朱孝纯是千里冰雪，辗转奔波只为"泰山"而来。这说明，泰山在他们心目中，已经成为一块圣地，一种信仰，作者和朋友简直是以一种朝圣的心情去攀登泰山的。

有同学说作者和朋友登山的线路比较反常，不走东谷，而走西谷，"古时登山，循东谷入，道有天门。东谷者，古谓之天门溪水，余所不至也"，不走寻常道，另辟蹊径，敢于创新，喜欢冒险，挑战自我，挑战自然，登山既危险，又很刺激。教师补充自己1992年夏天攀登泰山的路线。走寻常路，走孔子当年登泰山的线路上山，没有缆车，就凭双足步行，足足爬了近四个小时，才到达南天门。

有同学说登山的时间很特殊，是乾隆三十九年十二月丁未日，也就是1774年12月28日，快过年了。老师提醒同学另外一个时间节点，"戊申晦，五鼓，与子颖坐日观亭，待日出"，戊申日，也就是晦日，月底这一天。五鼓大约相当于凌晨3点至5点。也就是说，作者和朋友是12月29日凌晨3点至5点等待日出。这是当年的除夕。一般过年，大家多是待在家里，团团圆圆，享受美食，享受亲情，无比安逸，无比幸福。作者和朋友却是选择登山，等待日出，看到了泰山奇观，他们以这种方式来过年，的确反常，的确可以看出文人骨子里就有一种热爱山水、迷恋自然的精神。他们的趣味、情怀与精神和一般人不太一样。那一天，泰山只有两个人，姚鼐和他的朋友。泰山是属于他们两个人的世界，他们两个人的世界只在泰山。他们和泰山一起度过了一个很奇特，也很有意义的节日。

有同学说看到的景色奇异，与平常所见不一样，与常人所见也不一样。文中第二自然段写道："及既上，苍山负雪，明烛天南。望晚日照城郭，汶水、徂徕如画，而半山居雾若带然。"文章第三自然段写泰山观日出，所见景象奇异。大饱眼福，大快人心。这次登山虽然历尽千辛万苦，千难万阻，但是看到世间奇异景观，值得。老师补充王安石《游褒禅山记》中的句子："夫夷以近，则游者众；险以远，则至者少。而世之奇伟、瑰怪，非常之观，常在于险远，而人之所罕至焉，故非有志者不能至也。"毛泽东也说过，"无限风光在险峰"。所以登山要有志，要有力，要有强大的意志与勇敢的精神，做任何事情都一样。

有同学说，作者登山所关注的东西与我们不一样，我们更多关注哪里风景优美，哪里好玩，哪里景象奇特，作者除了关注、欣赏奇异自然风光之外，还比较注意人文景观。文中第四自然段所写多为人文景观。教师补充，文中一、二自然段也有名胜古迹的历史变迁之介绍，这些内容增加了旅游的文化色彩，彰显了历史的厚重感。

综上所述，姚鼐这次登泰山绝对是一次神奇之旅、冒险之旅，也是一次挑战自然、挑战自我之旅，从他们千里迢迢，辗转奔波，顶风冒雪，奋勇攀登的壮举当中，我们看到了一种人格意志与战斗精神。人生当如登泰山，就要迎难而上，就要百折不挠，就要勇敢顽强，就要活出自我的风采。

　　第二课时，我们继续学习姚鼐的《登泰山记》，想换一个角度走进文本，走进姚鼐的泰山世界。姚鼐的散文不是表达简练、用词精准吗？不是内容精要、意蕴丰富吗？这个课时我们来做减法，好好体会姚鼐散文的艺术特点与神奇魅力。探讨第一个问题，结尾一段一句话"桐城姚鼐记"，可不可以删除？为什么？同学讨论，回答。有人说，不可以，这是古人写文章的传统，会在文末署上自己的名字，就如初中学过的柳宗元的《小石潭记》一样："同游者：吴武陵，龚古，余弟宗玄。隶而从者，崔氏二小生，曰恕己，曰奉壹。"有同学说，结尾一句话单独一段安排，有强调和突出的作用，暗示作者特别重视这个内容。教师补充，"桐城姚鼐记"，向世人声明，安徽桐城人姚鼐游过泰山，写过文章，千真万确，不容置疑。文章当中还有作者介绍同游人是"泰安知府朱孝纯子颖"，有属地，有官职，有名有姓，全部出现，显得庄重严肃，也增强了真实性。还有文中一些介绍人文历史的句段，也增强了文章内容的真实性。比如"当南北分界者，古长城也"，落一"古"字，暗示读者这不是秦汉长城，而是春秋战国时期齐国修建的长城。"中谷绕泰安城下，郦道元所谓环水也"，引用史料，确证历史，增强文史底蕴。从泰山中谷流出来的河水，环绕泰安城而去，故名"环水"。同学们说说看，湘江从长沙城流过，我们给它另外拟制一个名字，叫什么好呢？同学马上回答，穿水，或穿江，仿照"环水"因势命名。"古时登山，循东谷以入，道有天门。东谷者，古谓之天门溪水，余所不至也。"这两句话介绍古人登山的线路和作者登山的线路，一方面见出作者不走寻常路，勇敢探索新路的精神；另一个方面也增进了我们对泰山历史知识的了解。文章第四自然段简略介绍一路行来所见几处人文景观，有岱祠、碧霞元君祠、皇帝行宫、道中石刻等景点。其中介绍道中石刻，区分两种情况，一种是自唐显庆以来的石刻，比较清晰；另一种是远古石刻，"尽漫失"，或模糊不清，或缺失损坏。如此这般人文景点的几句带过，既增加了纪游的真实性，又增加了旅游的文化分量。另外，这篇散文详细列举了作者的行踪、时间、线路、景点诸多情况，给人感觉就是实实在在，真真切切，没有丝毫作假，亦无任何虚构。可见，结尾一段，文中交代人文历史的内容，文中列举作者行踪的诸多要素，均凸显出作者行文讲究材料的确凿，论据的充分，细节的真实，少了直接抒情，少了虚构想象，少了议论生发，如此行文，体现出作者一向倡导的写散文要将"义理""考据""词章"结合起来的理论主张。实际上，以上所述，多为"考据"，作者行文，重材料，重论据，重细节。

探讨第二个问题，文章第一自然段可不可以删掉，为什么？按照正常的理解，第一自然段是可以删掉的，因为从第二自然段开始，到文章结尾，完整地记述了作者和朋友游览泰山的过程。但是，细细研读、品味，第一自然段又是大有深意、大有作用的。有的说第一自然段从大处落笔，介绍泰山的地理形势，为作者登山做铺垫。有的说，第一自然段从宏大的背景介绍到聚焦日观峰，顺序十分清晰。有的说，第一自然段是大笔挥洒，气魄宏大，凸显泰山的高大形象。有的说，第一自然段介绍泰山的河流走向与历史名胜，显示作者胸有泰山，了如指掌。教师补充，这个文段从整体着眼，介绍泰山的地理形势，突出日观峰，也就是作者登山要抵达的目的地，简洁明快，干净利索，既彰显作者行文的语言特色，又显示记游的清晰目标。这就好比开车到某个目的地去，上车之后，我们要做的第一件事是定位导航，确定目的地，规划线路，然后按照导航出发。实际上，第一自然段就相当于导航这次登山，给我们读者一个非常明晰的印象。

研讨第三个问题，细读文本第二、三、五三个文段，分别用一两个字词来概括文段的主要内容或泰山景物的主要特点。先看文章第二自然段，该段大致写了两层意思，一是作者和朋友登山的过程与路线，二是作者和朋友登上泰山之巅以后所看到的景色。同学们提出了一系列词语，比如险、远、陡、难、美、雄、奇等，并说出了一些依据。第一层用"险"或"难"来概括比较恰当，因为作者详细交代登山之线路，突出其远、陡、高、险等特点，越是危险，越要攀登，也越是能够看出作者和朋友无惧风雪、无惧危险、勇敢攀登的坚强意志与战斗精神。注意其中的几个细节。"四十五里，道皆砌石为磴，其级七千有余"，山路遥远，攀登耗费巨大的体力和时间，加之风雪严寒，这对作者是一个严峻的考验。换算一下，正常人行走平直道路，一小时走四公里左右，这四十五里直路将要耗时6小时，现在不是直路，而是山路，加之风雪严寒，陡峭难行，"道中迷雾冰滑，磴几不可登"，耗时间，耗体力，几乎就是十几个小时。势必走得腿软发麻，精疲力竭，瘫倒在地！笔者走过一百里路，1985年6月，预考结束之后，接到学校通知要赶回县城一中参加高考复习，时值暴雨接连几天，冲毁了乡间公路，班车不通，只能步行，老父亲陪我走了整整一天，将近十余个小时，从老家到县城，翻山越岭，穿山走林，一会走公路，一会走山路，一会爬坡，一会下坡，一会走乡村小路，走得双腿酸疼，发麻发胀，到了学校，躺在床上，竟然一动不想动，一个星期时间都是瘸着腿、扶着楼梯上教学楼五楼上课的。所以，姚鼐和朋友这次登泰山，真是厉害，令人钦佩。再说这个"七千余级台阶"，一级算一步，有多远呢？有多陡峭呢？雅礼中学操场环形跑道一个圈350米，行走一圈大约420步，比照计算，七千步大约6公里，也就是说走台阶要走12里路，这也是一个十分艰难的挑战。第二层用一个"美"字来概括所见景观的特点，比较恰当。美在何处呢？一是"苍山负雪，明烛天南"，山峦苍翠，覆盖白雪，皑皑一片耀眼目，夕阳返照，雪光生辉，熠熠光芒照天空，何等壮观？何等辽阔？又是何等奇特？注意一个"负"字，不可换成"覆"，前者是背负、负重之意，后者是覆盖、笼罩之意，前者拟人见姿态，后者平俗少风采，前者见出雪大深重，后者平实寡味。注意一个"烛"字，不可换成"照"字，前者是光芒微弱，区域有限，类同蜡烛照亮空间；后者光芒强大，区域广阔，类同日月照亮天地。姚鼐所写夕阳与白雪交相辉映的情景，当然要用"烛"字，既精准，又生动，绝对不同于正午日光或朝阳普照的情境。二是俯视山水、城郭，"半山居雾如带"，"汶水、徂徕如画"，美轮美奂，惊艳眼球。注意一个"居"字，以静写动，凸显白雾如带，似动非动的状态，美得轻盈、飘逸，美得朦胧缥缈。

文章第三自然段描写泰山观日出的景观，可用一个"异"字来概括。作者按照时间顺序，精准描写了日出的奇异景象，可谓大开眼界，大饱眼福，振奋人心。"异"在何处呢？可以说，全段所写景观均是奇异不凡，梳理一下，有"六异"。一异是"大风扬积雪击面"，狂风呼啸，飞雪满天，风雪交加，扑面而来，冰冷刺骨，面如刀割，此情此景，唯有经历才能体验。一个"积"字极言雪之猛烈厚重，冷彻骨髓。一个"击"字极言风雪凌厉，势不可挡。二异是"亭东自足下皆云漫"，云遮雾绕，缭绕亭下，立足亭中，仿佛置身仙境，如梦似幻，无比神奇。三异是"稍见云中白若樗蒲数十立者，山也"，白云缭绕，数峰耸立，时隐时现，犹如樗蒲，生动形象，轻盈浮动，画面柔美，格调梦幻。四异是"极天云一线异色，须臾成五彩"，天边云影，先是一线异色，瞬间变成五彩斑斓，极尽变幻之美。五异是"日上，正赤如丹，下有红光动摇承之，或曰，此东海也"，旭日东升，红艳如丹，光芒朗照，红海苍茫，一片奇观，世间罕见。六异是"回视日观以西峰，或得日或否，绛皓驳色，而皆若偻"，日观峰以西的诸多山峰，有的被阳光照射，有的没有被阳光照射，或红或白，色彩错杂，远远望去，犹如老人弯腰曲背致敬日观峰，形态逼真，活灵活现，令人想起李白《梦游天姥吟留别》的句子来，"天台四万八千丈，对此欲倒东南倾"。"六异"景观，展现泰山风采，不是风雪严寒之际登临绝顶就不可能亲眼看见自然奇观。姚鼐观察细致，描写精准，用心实录，引人入胜，诱人联想，给人以美妙的审美体验。

研读文章倒数第二自然段，有同学用一个"怪"字来概括泰山的主要特点，究其依据，该段描写主要有三个"三"。三多，"山多石"，"多平方"，"多松树"。三少，"少土"，"少圜"，"少杂树"。三无，"无瀑水"，"无鸟兽音迹"，"至日观数里内无树"。总计九个特点，合称"泰山九怪"。其中，要注意研究几个细节：松树生长在石头缝隙里面，具有顽强的生命力；松树枝叶展开，状如圆形平顶，很是奇特；泰山"无瀑水，无鸟兽音迹"，侧面衬托风雪严寒，几乎到了无以复加的程度；"雪与人膝齐"直接描写雪大。如此描写，突出风雪之大，环境恶劣，衬托出姚鼐与朋友不顾风雪、无惧危险、奋勇攀登、百折不挠的人生态度。

综上所述，《登泰山记》实录作者风雪之际攀登泰山的经历与见闻，线路清晰，时间精准，重点突出，详略得当，景观奇特，描绘生动，尤其突出线路艰难，景观奇异，人文深厚，进而折射出桐城派散文大家姚鼐的创作理念。这需要读者反复朗读，仔细咀嚼，切实辨析，深入思考，方能觉察与领略姚鼐的行文魅力与思想魅力。

一言一语话志趣

——《子路、曾皙、冉有、公西华侍坐》教学漫谈

子路"率尔而对曰"，如何理解这个"率尔"？多向思考，多元理解，激活学生思维，激发学生兴趣。一是草率、莽撞，急切、浮躁，沉不住气，缺乏冷静思考，脱口而出，率性回答。二是直率、坦诚，想我所想，言我所言，一派赤诚，一片天真。三是不待老师点名，抢先回答，志向远大，出语惊人。子路的理想是什么呢？"千乘之国，摄乎大国之间，加之以师旅，因之以饥馑，由也为之，比及三年，可使有勇，且知方也。"子路的理想是治理一个中等国家，这个国家处于大国夹击之中，外敌入侵，国内饥荒，人心不稳，社会动荡，子路只需要花三年时间，就可以使百姓英勇善战，保家卫国，就可以使百姓安居乐业，懂得道理。子路解民于倒悬，救国于危难，力挽狂澜，功莫大焉。子路的口气很大，信心十足，志在必得。体现出一种勇敢担当、济世安民的大情怀。当然，如此表态，容易给人留下一个骄狂自大、刚愎自用的印象。特别是在倡导以礼治国的孔子看来，这样的态度有点不妥。因此，后面孔子评价子路的理想时说了这样一句话，"为国以礼，其言不让，是故哂之"，多少流露出对子路的不满和批评。不过，要注意全面理解孔子的表情"哂"，这是怎样的笑呢？请同学们找一个现代汉语词语来翻译这个"哂"字。大家议论纷纷，说了一些，诸如讥笑、嘲笑、冷笑、嬉笑、苦笑、微笑等，感觉没有一个词语能够恰切地解释这个"哂"字。"哂"

是什么意思呢？既有几分不悦、不满的意思，又有几分肯定、欣赏的意思。简单地理解为讥笑显然是不妥当的。和其他三位学生相比，子路的性格比较激进、冲动、勇敢、大胆，他为什么敢如此高调宣说自己的理想呢？一方面是性格使然，另一方面与他与老师的关系很好有密切关系。子路长期跟随孔子，如影随形，亦师亦友，彼此熟悉、了解，所以说话不拘客套，率性坦诚。

冉求的理想是什么呢？"方六七十，如五六十，求也为之，比及三年，可使足民。如其礼乐，以俟君子。"和子路回答问题不同，子路是不需老师点名，抢先回答，冉求是老师点名之后才回答，主动性不及子路。冉求的话语充分体现出谨慎谦虚、小心退让的性格。不妨比较"方六七十，如五六十"与"方五六十，如六七十"的不同意味。两者都是说治理国家，前者从大到小，暗示冉求说话谨慎改口，不敢大言；后者从小到大，暗示人物说话大言不惭，大材小用。冉求谦虚谨慎，不可能说出后面的话语来。再有，冉求的理想只是给他三年时间，可以让老百姓有吃有穿，温饱不愁，也就是说让百姓安居乐业，如此而已，至于礼乐教化，精神文明建设，自己不行，需要另请高明。这也可看出他的谦虚退让的品格。当然，他的理想和子路有一个共同点，那就是从政，为国家做一番事业，造福于人民。孔子如何评价冉求的理想呢？"唯求则非邦也与？安见方六七十，如五六十而非邦也者？"翻译过来，难道冉有讲的不是国家大事吗？怎见得治理纵横各六七十里或五六十里的小国就不是国家大事呢？显然，孔子是在肯定、赞扬冉求的治国理政的抱负和能力。冉求谦虚，所以孔子要赞扬。子路骄狂，锋芒太露，所以孔子要弹压、批评。这体现了孔子因材施教、因势利导的教育理念。

公西华的理想是什么呢？"非曰能之，愿学焉。宗庙之事，如会同，端章甫，愿为小相焉。"公西华的理想是做一个外交官。谦虚谨慎、娴于辞令是他的性格特点。"非曰能之"显然是针对前面两位同学的回答而来的，子路、冉求都说自己能够怎样怎样，能力高强，抱负远大，公西华说自己不像他们那样能干，先谦虚一通，然后表示自己"愿学焉"，愿意虚心学习。一个"愿"字，一个"焉"字，增强语气，凸显情意，既见出态度的诚恳，又体现语气的委婉，给听者以舒服的感觉。"愿为小相焉"也用"愿"和"焉"，加上一个"小"字，更见人物谦虚节制、应对得体的性格。相比前面两位同学而言，公西华的优势很明显，那就是能说会道，举止得体，适合做外交官。孔子对公西华的评价是"唯赤则非邦也与？宗庙会同，非诸侯而何？赤也为之小，孰能为之大？"一连用了三个反问句，足见孔子对公西华的欣赏和赞扬。翻译过来就是：难道公西华说的不是国家大事吗？宗庙祭祀，诸侯会盟，朝见天子，这些事情不是国家大事吗？如果说公西华只能做小事，那么谁能够做大事呢？除了肯定、赞扬公西华的才华、能耐和抱负，还有替他惋惜的意思。你要说做小相，那真是屈才了，有点大材小用的味道。

子路、冉求、公西华的理想各有侧重，子路是力挽狂澜，兴兵强国；冉求是知己知彼，足民富民；公西华是进退有度，以礼治国。三个人的理想都是从政为官，建功立业。相比而言，最后一个回答老师问题的学生曾皙的理想却与前面三人截然不同，他在回答老师的问题之前，一直在弹琴，显得很潇洒，给人感觉是孔子和弟子们在谈理想、抱负这些严肃问题的同时，旁边有一个曾皙在弹琴伴奏，整个场景非常和谐而富于诗意。当老师点名曾皙回答问题的时候，曾皙还犹豫了一下，担心自己的理想不被老师认可，或者与其他三个学兄不同，他说了一句"异乎三子者之撰"，言语之外透露出他的谨慎与顾虑，直到老师鼓励之后，才终于说出来："莫春者，春服既成，冠者五六人，童子六七人，浴乎沂，风乎舞雩，咏而归。"如何理解曾皙的理想呢？可以多角度思考。曾皙不谈国家大事，礼乐教化，治国安邦，富民强国，他的理想没有前面三位同学的理想那么高大上，他就追求一种和谐自由、安宁闲适，富有诗情画意的乡村生活，他用诗一般的言语给我们描绘了一幅春游郊咏、浴水吹风、其乐融融的生活图景，一者可以看出他的潇洒出尘，自由自在；二者可以见出志趣高雅，生活幸福。如果说前面三位同学的理想侧重入世，建功立业的话，那么曾皙的理想就是侧重出世，享受生活。各有格局，各有襟怀。孔子如何评价曾皙的理想呢？"夫子喟然曰""吾与点也"，显然，孔子大加赞赏曾皙的理想，或者说，曾皙的话语说到了孔子的心坎上，引起他的共鸣。不妨思考：孔子为什么"喟然长叹"呢？这里面可能有多种原因：一是孔子一生追求仁德教化，天下大同，曾皙的诗意描绘其实正是孔子理想蓝图的生动体现，因而引起共鸣；一是孔子一生开门授徒，传播思想，或者周游列国，推销自己的政治理念，但是，处处碰壁，无功而返，孔子的天下大同的理想不能实现，这让他无比沮丧，一生长叹，不胜唏嘘；一是经历了人事沧桑，理想破灭之后，希望过上一种逍遥清静、闲适自得的太平日子。凡此种种，融汇在"喟然长叹"之中。

立足语言，紧扣情境，把握人物
——司马迁《鸿门宴》教学漫谈

教学《鸿门宴》，不预设，不限制，让学生提问，让学生畅谈，字词句篇，情节起伏，矛盾冲突，人物性格等问题，均有涉猎。教师的任务在于参与、引导、释疑、点拨，将学生的思考与理解引向深入，或者利用恰当的时机抛出关键问题，吹皱一池春水，荡漾课堂涟漪。

一、就题论题，举一反三

导入文本环节，不刻意设计抓心动情、夺目悦耳的导入语，就只是开门见山，直奔文题。这个课时，我们来学习选自司马迁史学名著《史记》里面的名篇《鸿门宴》，谁能告诉我们，这个标题是什么意思？学生很容易回答：鸿门宴就是当年项羽和刘邦在新丰鸿门（今天西安市临潼区一个叫鸿门的村子）举行的一场宴会。教师追问，也是检查学生预习课文是否熟悉课文内容，这场宴会由谁主导、目的何在、结果怎样？学生复述《鸿门宴》的主要情节内容。项羽方面主导，范增出谋划策，想利用喝酒的机会除掉刘邦。但是，由于多方面的原因，刘邦巧妙地离开了酒席，逃回了驻地，躲过一劫，保全了性命。从此内容可以看出"鸿门宴"这个故事内含一个意思，就是表面对人非常热情、客气，骨子里总是使绊子，想方设法除掉对方。用两个成语来概括，大概就是"笑里藏刀""口蜜腹剑"。发展到今天，"鸿门宴"已经成为一个具有相对固定意义的成语，比喻说话或行动表面上虽有正当好听的名目，实际上却别有用心地将矛头指向某人或某事。

类似这样的来自文学作品的词语，可以是人名，也可以是物名，或者是地名，或者是活动名称。你能举出一些吗？比如，人名有来自鲁迅小说《孔乙己》的"孔乙己"，现在是指为人迂腐、处境落魄的人；来自鲁迅小说《阿Q正传》的"阿Q"，现在指具有精神胜利法思想观念的人；还有"变色龙""范进""祥林嫂""葛朗台"等。又比如，地名有来自陶渊明的散文《桃花源记》的"桃花源"，现在指一种令人向往的和谐、幸福、自由、平等的精神乐园；来自沈从文中篇小说《边城》里的"边城"，现在指一个远离喧嚣，僻静安宁、生活美好有序、民风淳朴自然的地方。总之，文学作品中的特定称谓，因其自身的意义及影响，历经岁月变迁，阅读检验，这些称谓演变为一个个意义相对固定的词语，积淀了特定时代、特定社会的文化意义。

二、设疑置问，比较品读

教学第一自然段，项伯告密，张良献策，这是矛盾冲突的发生，主要引导学生体会、理解两个小问题：一是项羽为何大怒？为何快速决策大举发兵进攻刘邦？由此看出人物怎样的性格？二是范增如何劝说项羽"急击勿失"？由此可见他怎样的性格心理？

（一）项羽大怒，快速决策，原因有二。一是沛公欲王关中，胆大包天，敢与自己争夺天下，严重触犯了项王的核心利益；二是沛公不自量力，公然挑战项王的权威，没有对项王保持足够的尊重与迎合。巨鹿之战，项羽以少胜多，大败秦军主力，扬名天下，威震诸侯，众人慑服，匍匐向前，莫敢仰视。项王后来坑杀章邯将士20万人，心狠手辣，残暴至极，也是天下畏服。文本所写，沛公军力10万，项王军力40万，众寡悬殊，强弱分明，刘邦根本不是项王对手，现在竟然公开挑战项王的权威。这令项羽无法忍受。项羽听闻曹无伤言语之后，勃然大怒，速下命令，旦日攻刘。注意项羽的话："旦日飨士卒，为击破沛公军！""旦日"点明时间，暗示事不宜迟，火速行动。"飨士卒"，大摆酒宴，犒劳将士，鼓舞士气，激昂义愤，兴师动众，务必全歼沛公军队。"击破"，程度严重，说明大军出动，必将沛公军打得落花流水，溃不成军。"击破"就是将一件东西打得稀烂、粉碎、残缺不全、七零八落。用之言军队，意谓项王誓言要将沛公军打得片甲不留，残破不堪。几个词语组合，不但让我们看到项王的急躁火爆、简单任性，仿佛也看见项王咬牙切齿、怒目圆睁、忍无可忍、即将爆发的神情姿态。一个"大怒"，一句号令，足见项王的性格心理。遇事不够冷静，不会征求别人意见，自作主张，贸然决策，脾气暴躁，性情率真，心无城府，言语痛快，是一个典型的孔武有力、头脑简单的武将。

（二）范增是项羽的亚父、军师，得知刘邦欲王关中的野心，得知项羽大怒誓言击破沛公军的消息，及时进言项王："沛公居山东时，贪于财，好美姬。今入关，财物无所取，妇女无所幸，此其志不在小。吾令人望其气，皆为龙虎，成五采，此天子气也。急击勿失！"一观人事，沛公今昔大变，证明野心不小。从外而内，识破心机。足见范增洞烛其奸，眼力过人。二观天象，成龙成虎，五彩斑斓，证明要出真龙天子。范增由此"两观"得出结论，沛公要称王称霸天下。建议项王火速进攻，勿失良机。一番言语分析，层次清晰，有理有据，思虑深刻，识见准确，时机敏感，督促有力，无异于给项王火上浇油，令人感受到刘、项双方之间的矛盾冲突一触即发，万分严峻。文章开头由曹无伤告密引出刘、项矛盾冲突，而且这种冲突异常紧张、激烈，对刘邦阵营而言，是一场严峻的挑战和考验。刘邦如何破解危局？下文谁出场让矛盾冲突得以暂时缓解？第一自然段的内容为后文情节发展创设铺垫。

教师可以深度追问，这一段使用多寡不同的文字来描写项羽与范增言语表情，体现两个人物的不同个性，从两人性格心理的不同，你还读懂了什么吗？暗示主将和谋士虽然表面看起来关系密切（项羽称呼范增为亚父，范增又是项羽的谋士），但是两个人性格不同，一个粗暴率性，心无算计，一个深谋远虑，料事如神，性格迥然不同，合作起来势必有冲突，有不快。第一段实际上也多少暗示了两个人性格上、思想上、行事作风上的矛盾冲突。这也为下文鸿门宴上两个人直接而明显的冲突做了铺垫。教师还可以引导学生比较两句话的表达效果。一句是范增说的，"今入关，财物无所取，妇女无所幸，此其志不在小"；另一句是后文刘邦对项伯说的话，"吾入关，秋毫不敢有所近，籍吏民，封府库，而待将军"。同样一件事情，范增用词是"财物"，泛指钱财物资，金银财宝；刘邦用词是"秋毫"，超前缩小，一丝一毫，意谓自己就连一星半点、一鳞半爪的财物都不敢拿，都无心去占有。情意诚恳，态度殷切。范增用词"无所取"，刘邦用词是"不敢有所近"，前者指一无所取，一无所拿，一无所据，不贪不取，严格律己，将以有为；后者言说后退一大步，不但"无所取"，就是心里想都害怕、惶恐、紧张，连接近都不敢，足见刘邦的恭敬、谨慎、胆怯。当然这是虚情假意，一派胡言。但是这样的话，项伯识别不了，项羽更识别不了其间心机。

入关的目的，两个人的说法也不同。范增说刘邦入关是志不在小，野心很大。比较直接、鲜明，目的是要告诉项羽，此人不能留下，必欲除之而后快。刘邦说是"而待将军"，假心假意，投人所好，掩饰野心，蒙骗项伯。就是一句"而待将军"，也可以引导学生体会这个"而"字的作用和效果。原句是"吾入关，秋毫不敢有所近，籍吏民，封府库，而待将军"，"而"字是连词，连接前面的四个分句与后面一个分句，加强前后分句之间的联系。从结构上看，可以起到放慢节奏、舒缓语气的作用。朗读的时候，"而"字要重音突出，予以强调，既显得缓慢又刻意强调，强调的内容当然是后一个分句。从逻辑上看，前面三个分句与后面一个分句之间具有目的关系，也就是说，我进入函谷关以来，不敢沾染一丝一毫财物，给官员百姓造册登记，统一管理，将官府仓库封存严实，这样做的目的就是为了等待将军您的到来啊。全句意思重心在最后一个分句。一个"而"字连接，暗含我苦心等待，诚心等待，盼星星，盼月亮，就是为了盼望将军您的早日到来这层意思，显然，感情意味比较浓郁。可以比较，去掉"而"字，无损文意的表达，但是却少了丰富而强烈的意味。

三、咬嚼言语，体会性格

学习文章第二自然段。该段写项伯夜访张良，张良出谋划策，是故事情节的发展阶段，矛盾冲突因为项伯的出场而变得相对缓和。主要人物是刘邦。描写项王的文字很少，但是也可看出项王性格的某一个侧面，可以和刘邦做一比较。教师引导学生研讨三个问题：一是找出刘邦的四次提问，思考各是在怎样的情境之下提问，表现出刘邦彼时彼刻怎样的心理与性格；二是品味刘邦托项伯转达给项王的一段话，说说刘邦的性格特征；三是该段直接描写项王的文字只有一句"项王许诺"，这看出人物怎样的性格心理？

（一）本段描写刘邦提问、请教谋士张良一共四次。分别是"为之奈何""且为之奈何""君安与项伯有故""孰与君少长"。第一次是在"良乃入，具告沛公""沛公大惊"的情况下发问的。换言之，张良连夜将项伯的话转告沛公，可能包含三个方面的意思，一是项王已经大怒，决定旦日发兵击破沛公军；二是范增进言项王，火上浇油，说沛公欲王关中，赶快出兵，勿失良机；三是项伯连夜私见张良，目的是想在危急之时救张良一命。前面两个意思让沛公大为震惊，措手不及，一时紧张、焦急、担忧、困惑、无奈，因此，他急于想知道如何破解危局，"为之奈何"，语速较快，情意急切，透露出沛公内心的惶恐不安，心急如焚。当然，第三个意思又让沛公意识到项伯其人知恩图报，重情重义，似乎可以利用。但是，这一认识并不能够缓解沛公心头的焦虑与紧迫。第二次是在张良问他，您估计一下您的兵力是否可以抵挡项王的兵力的情况之下提出的，较之第一次提问，更进一步，所以加了一个"且"（将）字，"且为之奈何"，沛公知道自己的力量与项羽的力量相比悬殊，不堪一击，必败无疑；沛公也知道听取谄生建议，派兵据守函谷关，不是正确的防备之策。但是，他还是想不出有效御敌之策。"沛公默然"，暗示他在思考、研判、自省，他想寻找方法解决问题。不像第一次提问时那么慌乱仓促，多了一点反省与思考，多了一点沉稳与冷静。第三个问题是在张良提出建议请允许自己前往会面项伯，申说沛公不敢背叛项王的情况之下提出来的。"君安与项伯有故"，表明刘邦在思考两个小问题，一是想了解张良与项伯有什么旧交情，关系如何；二是考虑是否可以利用这层关系来化解危难。第四次提问是在张良告知沛公张良与项伯的关系之后，"孰与君少长"，在刘邦已经知道项伯这个人可以利用，似乎也对如何利用项伯心中有数时，他准备接见项伯。当然，接见之前，还需问问项伯与张良谁年长一些，谁年少一些，以便自己与项伯打交道。一旦得知项伯长于张良，他就立马拿出自己的注意，"君为我呼入，吾得兄事之"。刘邦四次提问，情况各不相同。表明此人一是谦恭下问，不懂就问，虚怀若谷，从谏如流，度量阔大，能够容纳不同意见；二是表明此人头脑冷静，思虑周密，多谋善断，老谋深算，处事谨慎。和项王的热血冲动，头脑简单，性情率直形成鲜明的对比。当然，需要说明一点，刘邦的四次提问都是在谋士张良的循循善诱之下展开的，他处于被动思考、回答的境地，张良则处于主动提问，将问题引向深入的状态。君臣问答，默契配合，关系融洽，上下一心，确保了鸿门宴外交斗争的最后胜利。

（二）刘邦接见项伯，拉拢项伯，奉酒祝寿，约为婚姻，说了一番话，最能看出他的老奸巨猾，心怀鬼胎。"吾入关，秋毫不敢有所近，籍吏民，封府库，而待将军。所以遣将守关者，备他盗之出入与非常也。日夜望将军至，岂敢反乎！愿伯具言臣之不敢倍德也。"一共说了四层意思。第一层意思说自己约法三章、接管关中的目的不是想称王称霸，而是想等待将军的到来。第二层意思是说自己调兵遣将把守函谷关，不是防备将军，而是防备其他盗贼入侵和突发事件。第三层意思是说自己朝思暮想，盼望将军到来，不敢、不存半点反叛之心。第四层意思是拜托项伯到项王面前转告自己的诚挚心意。四层意思，字字是情，句句在理，听起来是甜言蜜语，项伯喜欢听，项王喜欢听，我们也喜欢听，因为听起来顺耳爽心，但是，恭敬、虔诚之下，殷勤、恳切之外，全是谎言，全是伪善，全是虚假，全是骗人的鬼话，全是阴谋诡计！遗憾在于项伯竟然听不出来，项伯将这一番虚情假意、寡廉鲜耻的话转告给项王时，项王竟然毫无怀疑之心，完全认同。足见两个人都是愚不可及，头脑简单。四层意思，一派谎言，说明刘邦能言会道，诡计多端，老奸巨猾，多谋善断，城府很深。

（三）这段文字写项王就只有两个细节，一个是项伯连夜回到项王军中，禀报沛公对项王说的一番话。按理说，这应该引起项王的怀疑与警惕：你怎么深更半夜向我报告这些话？你是从哪儿来的？你为何要到刘邦军营去？其间到底发生了什么事情？你是不是出卖了我军情报等问题，理应引起项王怀疑。可是，我们看到，司马迁对此不写一个字，惜墨如金，全是留白。什么意思？暗示我们，项王麻痹大意，毫不怀疑，他自己不搞阴谋诡计，他也不相信别人会玩阴谋诡计，他相信自己的能力足以对付一切花招。他想得简单，他不会像刘邦那样接二连三地追问"为之奈何"，他没有深思细想的习惯。他的这种习惯与性格注定了他的终极悲剧命运。

另外一个情节是项伯站在刘邦的立场上，帮助刘邦说话，也说得貌似有理有义："沛公不先破关中，公岂敢入乎？今人有大功而击之，不义也。不如因善遇之。"项伯说了三层意思，一是沛公先破关中，为您入关扫清障碍；二是沛公劳苦功高，击之不义；三是建议趁机好好礼遇沛公。表面看来，非常在理，名正言顺，名副其实，和刘邦的话一脉相承，可是项羽听不懂，听不出言外之意，听不出话语背后的险恶用心。他的反应是"许诺"两个字。没有思考，没有追问，没有讨论，没有质疑，没有犹豫，一切都没有，就是一个果决的应答，同意了项伯的意见，等于就是同意了刘邦的假言假语。可见他的头脑简单。当然，从另外一个方面看，这又未尝不是他性格中可爱可敬的一面，他心思简单，所以他看社会也很简单；他不怀疑别人会耍他，所以他不喜欢耍别人。明人不做暗事，为人处世心怀坦荡，光明磊落。这是他的宝贵品格。这一品质用来对付老谋深算的刘邦，当然不堪一击。

关于这段文字，学生提出一个问题，值得思考。"诹生说我曰，距关，毋内诸侯，秦地可尽王也。故听之。"这是张良问沛公"谁为大王为此计者"的时候，沛公回答张良问题的话，是否真实可靠？为什么？说说你的理解。课堂上有两种意见。一种认为刘邦是在撒谎，欺骗张良，也欺骗自己，自欺欺人，理屈词穷。本来据守函谷关，拒绝诸侯入内，想称霸关中，这是刘邦的野心，现在他不好意思当面向张良承认，所以推脱到诹生头上。张良的问话里面实际上含有否定、批评这种策略的意味，刘邦不敢接受，不敢承认是自己的责任，所以撒谎，推脱责任，栽赃诹生。另一种意见认为，这句话是事实，刘邦的确是在情况紧急之时，听信了一个浅陋无知的小人的意见，这是权宜之计，也是愚蠢之计，但是，没有办法，一个人在情况紧急之时做出愚蠢的决策来，也是正常的。至于诹生是谁，史书上面有何介绍？流传至今还有他的哪些资料？这就不得而知了。正如《荆轲刺秦王》中写到的荆轲要等待的远方那个高人，到底是谁，我们一无所知，而且找不到任何线索去推测他的行踪去向和能力本领。《鸿门宴》当中安排这样一个人物，这样一句话语，给读者以多种悬想与理解，实际上也增强了作品的趣味性与吸引力。这是用文学的笔调来写历史惯用的技巧。

四、对比言语，梳理关系

学习文章第三自然段，项庄舞剑，意在沛公。这是故事情节的进一步发展，矛盾冲突形成一个阶段性高潮。教师引导学生研讨三个问题：1.对比品味刘邦与项羽的语言，说说两人思想性格方面的不同之处。2.如何理解鸿门宴上的座次安排，由此反映出怎样的人物性格、心理？ 3.鸿门宴上，范增一再出招想置沛公于死地，项羽是如何反应？由此看出二人怎样的君臣关系？

师生研讨，自由发言。关于第一个问题，刘邦向项王赔礼道歉，说了一番话："臣与将军勠力而攻秦，将军战河北，臣战河南，然不自意能先入关破秦，得复见将军于此。今者有小人之言，令将军与臣有郤。"注意理解关键词语传达的特定情意。刘邦称自己为"臣"，称项王为"将军"，贬低自己，抬高项王，表达臣服对方，无比恭敬之意。本来，刘邦、项羽同属诸侯，反秦将领，地位平等，但是，刘邦要刻意迎合、吹嘘、麻醉项羽。"勠力攻秦"暗示两人同心协力，联合行动，心往一处想，力往一处使，对付共同的敌人——秦军，可谓"同心同德，同仇敌忾"。言外之意是我们之间没有什么矛盾，也不应该有什么矛盾，我们是同舟共济一条心啊。"将军战河北，臣战河南"暗示我们两个人出生入死，浴血奋战，共同对付强秦，我们是目标一致的战友，有鲜血凝成的感情。我们不能也不会自相残杀，消耗力量。前面说的一大通是感情造势，为后面的文句做铺垫。后面用"然"字一转，才说出语意重点。"不自意"说我自己没有料想得到，万万没有想到自己能够先入关破秦，言外之意是，按照实力和威望，将军您的大队人马理当先入关破秦，但是您忙于主战场同秦军主力战斗，可能这边顾及不过来。这不是您的迟缓，而是您的英明伟大之处。此话一出，自然会博得项王好感。刘邦说"得复见将军于此"，不可忽略这个"得"字，能够、可以的意思，暗示我要见到将军不是一件容易的事情，不是说想见就可以轻易见到，也不是说谁想见就可以见的，我能够在这里见到将军，这是我的幸运，我的福分。最后，刘邦特别补充一句"今者有小人之言，令将军与臣有郤"，进一步消除项王可能存在的对他的嫌疑和猜忌。说他们两人之间的矛盾是小人挑起的，不是我刘邦挑起的，将责任和过错推得一干二净。而且，请注意"小人"这个词语，轻轻带过，并未说出"小人"的名字，当然，他也可能不知道到底是谁泄的密。这就表明刘邦心思细密，思虑谨慎，不轻易透露秘密。但是，项羽不一样，他说"此左司马曹无伤言之"，脱口而出，轻易暴露对他来讲非常重要的人物的名字。同样一件事情，刘邦、项羽说出来口吻、声情完全不一样。刘邦机智、谨慎，思虑周密，项羽直率、坦荡，毫无心机。再看一个词语"小郤"，本指小小的缝隙，引申指小小的矛盾冲突，刘邦对项羽说，我们之间产生了一点小小的误会，小小的矛盾，完全是小人挑起的，不是我们两个引起的。实际上，刘邦与项羽争夺关中，欲王天下，他们之间是两虎相斗必有一伤，有我无你，有你无我，水火不容，矛盾巨大，冲突激烈，岂是一个"小郤"所能掩饰的？刘邦故意这样说，化大为小，举重若轻，表明虚情假意，讨好项羽，麻痹项羽，进而求得项羽的谅解。刘邦一番道歉之语，表面上诚心诚意，甜言蜜语，实际上一派谎言，别有用心，足见此人狡诈多端，城府很深。

关于第二个问题，作品这样写道："项王、项伯东向坐；亚父南向坐——亚父者，范增也；沛公北向坐；张良东向侍。"后来，刘邦的武士樊哙闯帐是"披帷西向立"。按照古代座席的礼仪规矩，君臣之间，帝王面南，臣下面北；宾主之间，宾面东，主面西；长幼之间，长者东向，幼者西向。宾主之间的宴席，东向最尊，次为南向，再次为北向，西向为侍人的座位。鸿门宴上，刘邦一行是宾客，刘邦与项羽平级，同属反秦诸侯；项羽一行是主，理当主人敬重宾客，让宾客坐尊位，可是，座位安排恰恰相反。项羽坐尊位，东向坐；项伯是他的叔父，并排东向坐。范增是亚父、军师，座次尊位，南向坐；刘邦是客人，坐再次位，北向坐；张良是客人的军师、随从，西向陪坐。樊哙闯帐，西向站立，没有资格入座。如此座位安排，反映出项王唯我独尊，自高自大，目空一切，根本不把刘邦一行放在眼里。当然，支撑他如此座位的背后是强大的实力。谁坐头把交椅，由实力和战绩说了算。项伯是项羽的叔父，范增是亚父兼军师，理应受到敬重，与项羽并排坐，即东向坐，但是，却被安排南向坐，这表明项羽任人唯亲，与范增关系微妙，多少有些不和、矛盾。刘邦北向坐，被歧视，被怠慢，但是实力不够强大，也只能顾全大局，忍气吞声。鸿门宴座次的安排反映了双方实力的悬殊与地位的尊卑，透露出人物的思想性格。

关于第三个问题，宴会进行到一定时候，范增两次设计谋害刘邦，但是，均因项王的默然不配合而错过时机，留下遗憾。先是举所佩玉玦再三示意，项王默然不应。注意三个细节：一是举起"玉玦"，谐音"玉决"，"决"是决断，决策，与之断绝关系，暗示项王下令动手，除掉刘邦。一是"三"，表示虚数，多次，意思就是说范增多次暗示项王，项王迟迟不下令。改为"一"，则暗示一次，一次不成就再也不暗示。现在是"三"，多次暗示，表明范增暗示项王下令，暗示一次，项王没有反应；暗示两次，项王没有反应；暗示多次，项王还是没有反应。这可以看出范增和项王的执着与顽固，范增一而再，再而三暗示，不除掉刘邦，决不收手；项王随你怎样暗示，就是无动于衷，表明他不愿意这样做，明人不做暗事，丈夫坦荡荡。两人之间在如何除掉刘邦上面是有不同的看法的，意见不统一，事先的预备工作没做好。三是项王"默然不应"，默然表示思考、静默，不做表态，不露出特别的表情。"不应"表示不应答，不应允，不同意。这四个字揭示了他对范增的不满与不理。为何如此？先有项伯半夜进言，替沛公说话，言沛公破关攻秦，劳苦功高，击之不义，建议"因善遇之"，项王认可；后又沛公当面致歉项王，花言巧语，假情假意，打动项王，消除两人之间的猜疑与隔阂。再加上项羽为人处世光明磊落、直率坦荡的性格因素，这些都促使项王举棋不定，迟疑不决，没有积极回应范增的暗示，让沛公得以躲过一劫。一计不成，又生一计。一波未平，一波又起。范增出招项庄，授计项庄，告知项庄拔剑起舞，刺杀沛公。项庄依计而行，项王只是简简单单的一个"诺"字。他也许认为项庄所言有理，军中宴饮，舞剑助兴，娱人娱己，自古皆然，对此项王不会怀疑什么。他不能识别范增的计谋，他也看不出项伯亦拔剑起舞的意图所在，他只是觉得，一人舞剑还不够热闹，两人对舞，更见精彩，更添酒兴。项王的简单就在这里，可悲也在这里。整个宴会之上，刀光剑影，杀气腾腾，觥筹交错，口蜜腹剑，只有项王没意识到，其他人都感受到了危机爆发的前奏。项王的不忍之心，项王的天真简单，项王的云里雾里，项王的舒心满意全在寥寥数语之中。相对而言，范增老谋深算，刘邦险象环生，张良见机行事，项庄的醉翁之意，项伯的伪装糊弄，全都反衬出项王的简单性格。

情理交融动人心

——李密《陈情表》教学漫谈

教学李密《陈情表》，想从李密如何折服晋武帝切入，全面统领课文，深入体会思想感情，朗读感受人生苦况。上课之前，学生已经对课文做了充分预习，不少同学还能背诵文本，我的教学从检测学生预习情况开始，提问两个问题：一是标题《陈情表》当然是指作者李密向新朝晋武帝陈述苦衷，以求得皇上的理解，达到自己的目的，请结合你对文本的感受与理解说说"情"字的含义。这个问题也可以换个角度提问，请组词，要求以"情"字开头，后面加上另外一个字，组成一个名词。学生想到"情况""情感""情理"等，教师只需要抓住这三个词语即可，继续追问，读了全文之后，你觉得这篇课文标题中的"情"是指哪一种意思呢？还是两种？还是三者兼备？学生很快说三者兼备。

我再追问，请结合具体文段说说看，哪些文段侧重"情况"（叙事）？哪些文段侧重"情感"（抒情）？哪些文段侧重"情理"（说理）？学生大致能够感受出来，第一、二自然段侧重叙事（属于情况），第三、四自然段侧重说理（属于情理），全文洋溢浓郁感情，可谓寓情于事，融情于理，三位一体，和谐统一。第二个问题，李密一生遇到的最大困难是什么？或者说李密写这篇文章的时候遇到了怎样迈不过的人生坎坷（或人生挑战）？学生找到第二自然段文句："臣欲奉诏奔驰，则刘病日笃；欲苟顺私情，则告诉不许：臣之进退，实为狼狈。"李密想要从命履职，可是祖母病重，无人照顾；想要暂且顺从心愿，可是上面不允许，实在是进退两难，左右不是。教师注意点拨、强调几个重要词语。"奔驰"突出李密乐意为皇上奔走效劳的忠心。"苟"是姑且、暂且的意思。不妨比较"一丝不苟""苟且偷生""苟富贵，勿相忘"中"苟"字的含义。两个"则"均表示转折：但是、可是。"告诉"古今异义。"不许"是被动，不被允许，不被答应。"臣之进退，实为狼狈"，概括起来，一个词就是"窘"情，也就是陷入困窘的状况之中。

教师在此基础上追问，李密想到用什么办法来解决这个"二难困境"呢？结果又是如何呢？学生陷入思考，想到大约是写下这篇文章来向皇上求情，结果如何不知道。老师趁势渲染，一个千难万难解决的问题，李密经由这篇文章完美地解决了，最后的结果是皇上恩准李密的乞求，赐给他两位奴婢，赐给他赡养祖母所需的一切钱粮用度，换句话说，就是将李密的祖母当作国家公务员供养起来，直至去世。那么，李密是如何来向皇上求情的？他到底使用了哪些招数？或者说他在这篇文章中为了打动皇上，劝说皇上，他打出了哪几张牌呢？接下来，我们进入文本，更细致、更深入、更具体地感受、理解文章的思想感情。

全班同学齐读第一自然段。大家知道这一段李密打的是"苦情牌"或"悲情牌"，那么"悲苦"具体表现在哪里呢？请大家用文中一句话来概括。学生很快找到段首一个句子"臣以险衅，夙遭闵凶"，我因为命运坎坷，很早的时候就遭遇祸患凶丧之事。（注意提醒学生关注"以""夙""险衅""闵凶"）接下来文章又从哪些方面来展开描述？从纵横两个维度展开。纵向，以时间为顺序，"生孩六月，慈父见背""行年四岁，舅夺母志""九岁不行，伶仃孤苦""至于成立"，重点体会"见""夺""不行""成立"等词语含义。教师要引导学生挖掘出这三个时间节点上的人生苦况。生下来六个月，还是婴儿，处于襁褓之中，父亲就去世了，何等不幸。四岁的时候，母亲又改嫁了，等于是失去了母爱，甚至是失去了母亲。这里要探究，作者李密为什么不说"母亲改嫁"，而要说"舅夺母志"，其间蕴含着作者对母亲怎样的态度与感情。封建社会，女子不轻易改嫁，李密母亲改嫁的具体情况如何，原因又是怎样，我们不得而知，但是有一点是毋庸置疑的，那就是改嫁不是一件光彩的事情，人生不是到了非常艰难的境况是不会轻易改嫁的。李密避讳了母亲改嫁这一不光彩的行为，实际上是出于对母亲的理解、尊重与保护。"夺"是改变的意思，有例子为证，"三军可夺帅，不可夺志也"。九岁的时候，李密还不能像正常儿童一样行走，大约是得了软骨症什么的，想想看，祖母刘氏该会多么着急，多么担心啊。生活在乡村，人们遇到这种情况，大多会去求神拜佛，占卜打卦，大多会求医问药，遍寻偏方，大多会忧心忡忡，心急如焚，李密祖母面对这种情况，绝对感到巨大的身心压力。横向，从李密的家族、亲戚、社会交往方面来描述苦况。"既无伯叔，终鲜兄弟""门衰祚薄，晚有儿息"，两代单传，人丁不旺，势单力薄，遭人歧视，受人白眼。李密自己又很晚才得一个宝贝儿子，也是非常不容易。"外无期功强近之亲，内无应门五尺之僮"，"茕茕孑立，形影相吊"，也没有靠得住帮得上的亲戚朋友，一个人孤孤单单，艰难度日。作者通过纵横描述，极力渲染李密的悲苦身世与凄惨境遇，让人心生怜悯。作者在描述身世苦况之中，特别突出了一个人——祖母，"祖母刘闵臣孤弱，躬身抚养"，"祖母刘夙婴疾病，常在床褥，臣侍汤药，未曾废离"，前一句说祖母对于我的成长至关重要，当爹，当娘，里里外外，大大小小，全权操持，可谓呕心沥血，鞠躬尽瘁。后一句是说祖孙二人关系密切，不可须臾分离。极言祖母的重要与艰难，突出我和祖母相依为命的关系，为下文的尽孝言理奠定基础。

文章第二自然段打的是"窘情牌"，也即进退两难，狼狈不堪。难在何处呢，作者先从皇朝国恩说起，一句话概括就是"逮奉圣朝，沐浴清化"，意思是说自己有幸赶上圣明而伟大的新朝，沐浴着清明的教化，如坐春风，幸福无比。提醒学生品味一个词语"沐浴"，本来是指洗涤污垢，还己清爽，给人一种如沐春风、身心畅快的感觉。这令人想起《论语》中的《子路、曾皙、冉有、公西华侍坐》一文："暮春者，春服既成，冠者五六人，童子六七人，浴乎沂，风乎舞雩，咏而归。"老师和学生十几个人，一块到河里洗澡，到台上吹风，跳舞，唱着歌，欢欢乐乐地回家，人与人，人与自然，师与生，其乐融融，无比畅快，这就是曾皙心中的理想生活，也是孔子的礼乐教化下的诗意图景，这个图景就是对"沐浴"或"如沐春风"最好的注释。教师提问学生，文段开头交代这个句子之后，接下来又是如何围绕这个句子展开描写的？这些词句可以看出作者对朝廷、对皇上怎样的情感态度？"前太守臣逵察臣孝廉，后刺史臣荣举臣秀才"，还有"诏书特下，拜臣郎中，寻蒙国恩，除臣洗马。"，还有"猥以微贱，当侍东宫，非臣陨首所能上报"，等等。这些句子足以看出，一方面朝廷和国家（实际上也就是皇上）对李密的厚爱与重用；另一方面李密对皇上感恩戴德，感激涕零。教师追问，皇上为何如此器重、如此隆重征聘李密呢？一方面是李密是旧朝官员，才华卓越，能力突出，影响广大，深受社会敬重；另一方面，新朝皇上征召李密，想笼络人心，广告天下，希望天下精英归顺于己，便于加强自己的统治。但是，面对朝廷的屡次征召，面对皇上的恩重如山，李密并没有赴命，原因就在于"供养无主"。可见恩情越大，李密的压力也越大。及至"诏书切峻，责臣逋慢；郡县逼迫，催臣上道；州司临门，急于星火"，情势发展已经到了层层加码、层层逼迫、十万火急、非去不可的程度了，要是再不赴命履职，可能等待李密的就是凶多吉少，甚至人头落地！此时此刻，李密面临巨大的心理压力。越是威逼，就越是恐惧，越是担心。朝廷对李密的态度的变化，从多次征召，到多层逼迫，李密的压力也越来越大。这个压力主要有两个方面，一方面是朝廷的催逼；另一个方面是祖母的病重，以及李密与祖母的特殊关系。"臣无祖母，无以至今日；祖母无臣，无以终余年，祖孙二人，相依为命，是以区区不能废远"，最后陷入绝境："臣欲奉诏奔驰，则刘病日笃；欲苟顺私情，则告诉不许：臣之进退，实为狼狈。"综观该段文字，有恩重如山、要奔驰报答的耿耿忠心，也有层层加压、非去不可的不堪重负，有刘病日笃、不可分离的急迫，也有苟顺私情、告诉不许的无奈，李密的确陷入无法自拔的困窘之境。所言所语，所作所为，悲悲切切，哀哀无助，的确感人至深，揪人心魂。想必皇上阅览，也会被这种窘境深深打动吧。

研读学习文章第三自然段，主要理解作者的"情理牌"，即有情有理，有情有义，既动之以情，又晓之以理。如果说前面两个自然段主要是据事煽情，以情动人的话，那么这一段主要是分析明理，晓之以义。具体来看，文段主要阐述了三层意思，可以提醒学生抓住关联词，领会文段内部的层次意义。第一层以"况"为标志，文句是"伏惟圣朝以孝治天下，凡在故老，犹蒙矜育，况臣孤苦，特为尤甚"，先提出新朝的治国理念"孝治天下"，再结合国策与实际展开分析，凡是德高望重的旧臣尚且受到国家的怜悯养育，更何况我李密这种更加孤苦的情况呢，言外之意就是说像我这样的情况，更应该得到国家的照顾与关爱。换句话说，要是皇上恩准我奉养祖母，尽心尽孝，不但可以彰显圣朝孝治天下的理念，更可以树立皇上宽厚仁德的贤明形象。作者将自己的行为纳入皇上治理天下的价值体系，自然会赢得皇上的理解与共感。第二层以"且"为标志，作者言说自己的人生态度与价值追求，打消皇上的疑虑。"且臣少仕伪朝，历职郎署，本图宦达，不矜名节"，公开表明自己的为官态度，不讲究名节，只图谋飞黄腾达，也就是说我李密比较市侩，比较功利，根本不去想读书人的名誉和节操的问题，做官就只想如何发达富贵，如何升官发财，我和一般的读书人大不一样。如此言说，自然消除了皇上对旧臣李密的怀疑与猜忌。而且作者还说，"今臣亡国贱俘，至微至陋，过蒙拔擢，宠命优渥，岂敢盘桓，有所希冀？”一方面说自己身份低微，低微低贱，简直微不足道，低到尘埃；另一方面说朝廷恩重，提拔重用，如此一来，李密自然不敢有半点犹豫，不敢心存任何非分之想。换句话说，我李密理所当然要应诏赴职，不得推辞。再次表达对朝廷、对皇上的绝对忠臣。第三层以“但”字为标志，回到现状，申述苦衷，打动人心。“但刘日薄西山，气息奄奄，人命危浅，朝不保夕”，极言祖母生命垂危，旦夕且死，引发皇上的动情与理解。注意四个成语，实际上是从四个方面来渲染祖母的危险状况。“臣无祖母，无以至今日；祖母无臣，无以终余年。母孙二人，相依为命，是以区区不能废远。”突出祖孙二人的特殊关系，突出我对祖母的孝敬之心。这是事实，也是孝心，理所当然打动皇上。综观三个层次，其实均在言理，从事理上征服皇上，这是典型的情理牌。

　　行文至此，以事实为依据，以情动人，以理服人，再表达决心，自然构成了一篇完整的《陈情表》。但是，作者并不满足于此，而是再写一段提出解决问题的办法，给皇上提供一个思路，一种方向，或者说一份合情合理的策略。李密遇到的“臣之进退，实为狼狈”到底如何解决呢？作者说“臣密今年四十有四，祖母今年九十有六，是臣尽节于陛下之日长，报养刘之日短也”，比较自己的年纪与祖母的年纪，暗示皇上我能够奉养祖母的时间已经不多了，尽忠皇上的时间还很长，我完全刻意先尽孝后尽忠，这实际上是提出了一个解决两难困境的办法。也就是说，行文至此，才算完整，才更有说服力。余下的文字，作者极尽谦恭与卑微，苦苦哀求，声声倾诉，表达对皇上的乞求之意与恳切之心。比如这样的词句，“乌鸟私情，愿乞终养”，几乎可以看见作者跪在地上，叩头作揖，乞求皇上的悲苦情状。“臣之辛苦，非独蜀之人士及二州牧伯所见明知，皇天后土实所共鉴”，几乎就是对着天地神明，对着皇上发誓，我的心酸苦涩，没有半点虚假，蜀地人士，二州牧伯，均可做证，天地神明一同见证。几乎恨不得将自己的心剖开，让皇上看得清清楚楚、明明白白。态度之恳切，情意之真切，自然能够打动人心。"愿陛下矜愍愚臣，庶刘侥幸，听臣微志，保卒余年。"向皇上表达恳求之意，极尽谦卑，强化情意，说"愚臣"，低到尘埃，说"庶刘侥幸"，寄希望于万一，说"微志"，微不足道，说"保卒余年"，楚楚可怜，余年不多，整个文句传递出作者的拳拳之心，殷殷之意，情真意切，动人肺腑。"生当陨首，死当结草"，生要万死不辞，效力皇上，死要结草衔环，感恩报答，生生死死，忠于皇上。最后一个句子"臣不胜犬马怖惧之情，谨拜表以闻"，如何理解"怖惧之情"，可让学生结合李密所处境况说说。然后教师再做解读。有学生说伴君如伴虎，怖惧之情就是惶恐、谨慎、敬畏、害怕之情。有学生说，李密此番上表，目的在于恳请皇上恩准自己的乞求，因此在"怖惧"之中也含有希望，哪怕是万分之一的希望，哪怕是十分渺茫的侥幸，对于李密来说，都是救命稻草。有同学说，怖惧之情实际上是侍奉国君诚惶诚恐、小心翼翼的心态，正如成语"如临深渊""如履薄冰"所表达的状态一样。有同学说，怖惧之情含有担忧、焦虑、紧张、不安之情，因为李密上表，不知道皇上是否会恩准，是否会生气，充满了不确定性和危险性。还有同学说，怖惧之情是一个臣子对皇上说的话，体现了臣子的恭敬、忠诚之心。教师趁机追问，"犬马"用来形容臣子（李密），是什么意思呢？犬是看家护院，忠于主人；马是奔走效劳，鞠躬尽瘁。犬马合在一起，形容为臣愿意像犬马一样为皇上尽忠尽节，奔走效命。这个词语暗示"怖惧之情"中可能含有忠于主公之意。整个句子其实就是表达自己奉表上呈诚惶诚恐，小心翼翼，复杂丰富的心情。极尽谦卑，低到尘埃，情真意切，惶恐不安，目的在于打动皇上，乞求恩准。

综上所述，李密为了解决两难处境，为了达到目的，通过《陈情表》主要打了四张牌，依次是苦情牌（悲情牌）、窘情牌、理情牌和方法牌（或智慧牌），既动之以情，又晓之以理，还告之以法，既融情于事，又寓情于理，还事理关联，最终打动了皇上，获得恩准，成全了自己奉养祖母的心愿。文章以情取胜，以理服人，催人泪下，动人心魄，的确是中国文学史上一篇至情至性、至真至诚的千古名篇。

一间老屋，三位女性

——归有光《项脊轩志》教学漫谈

今天教学明朝大散文家归有光的《项脊轩志》，开门见山，直入课题。因为早自习学生朗读了课文至少三遍。我的开讲从检查学生的预习情况开始，主要提出两个问题，一个是我出上联，请同学们对出下联，并且要依据课文内容，要让对出的下联与上联合起来能够概括《项脊轩志》的主要内容。上联是"一间屋子"，下联是？有同学对出"几度春秋""两份怀念""三个女人""半生岁月"等，教师引导分析，或追问，或辨别，或斟酌词句，最后确定相对合适的下联是"三位女性"。重点比较了"三位女性"和"三个女人"的感情区别。关于这副对联，要追问"三位女性"是哪三位？"一间屋子"在课文中还有哪些称呼？请找出来，划记好，并朗读几遍，最后请同学结合具体文句说说这些称呼各自蕴含的感情意味。

轩

项脊轩志

项脊轩，旧南阁子也。

余自束发读书轩中，一日，大母过余曰……

轩东故尝为厨，人往，从轩前过。

轩凡四遭火，得不焚，殆有神护。

屋

百年老屋，尘泥渗漉，雨泽下注；每移案，顾视无可置者。又北向，不能得日，日过午已昏。

余区区处败屋中，方扬眉、瞬目，谓有奇景。人知之者，其谓与坎井之蛙何异？

室

"室仅方丈，可容一人居。"

"日影反照，室始洞然。"

"室西连中闺，先妣尝一至。"

"吾妻死，室坏不修。"

阁子

旧南子也

吾妻归宁，述诸小妹语曰："闻姊家有阁子，且何谓阁子也？"

其后二年，余久卧病无聊，乃使人复葺南阁子，其制稍异于前。

同学自由言说，教师强调要紧密结合具体文句内容来揣摩这些建筑称呼所蕴含的情感意味。先看"室"字，主要指内室，人起居休息之地。第一个句子"室仅方丈，可容一人居"极言归有光居住的屋子极为狭小逼仄，容易给人以压抑憋闷之感。小到什么程度呢？面积一丈见方，可容一人居。第二个句子"日影反照，室始洞然"，指日光返照，屋内明亮，稍稍带给人光明与欣喜。教师追问一下，这个屋子以前采光如何，作者又做了怎样的改造，才有现在这个结果。学生找出文句"又北向，不能得日，日过午已昏"，作者给屋子"前辟四窗，垣墙周庭，以当南日，日影反照，室始洞然"。注意

"垣墙"的活用情况。第三个句子说屋子与内室相连，这就为后文写居住在内室的母亲、祖母来看望自己埋下伏笔。两室相连，还连起了作者与祖母、母亲之间的血脉之情。第四句的"室"流露出痛苦、悲凉、落寞、孤寂之感，因为妻子去世，作者心情糟糕，根本无心去修葺屋子，只好任由屋子衰败、残破下去。

前一个课时，我们划记并归类归有光对这间百年老房子的四种称呼，重点品味了"室"字出现的语句，主要集中在文章第一、二、四三个自然段，其中第二自然段的语句"室西连于中闺"，明白告诉我们，归有光居住的那个房间的西边与内室相连，而内室主要是家中女主人起居生活之所，也就是应该是归有光的老祖母和母亲生活的地方，这一连不只是两间屋子相连，更是三代人相连，更是亲人之间的血脉相连，接下来我们想走进这所屋子，了解归有光和生命中最重要的三位女性的关系与感情。请同学们朗读文章第二、四、五三个自然段，比较三位女性的思想性情、作者对她们的感情以及作者写法的不同。自由言说，教师相机补充与完善。一位同学先说归有光的妻子，温柔、可爱、聪明、好学，他的依据是句子"后五年，吾妻来归，时至轩中，从余问古事，或凭几学书"，妻子问我古代的事情，向我学习如何识字、写字，这说明她追求上进，对很多事情充满好奇，比较热爱生活。教师补充，封建社会，女子无才便是德，女性一般不读书、不识字，不需要接受多少教育，而归有光的妻子竟然学书问事，这就很了不起，在物质生活层面又有了一点自己的精神趣味，这当然是受到丈夫影响，并与丈夫情意相合的表现。老师追问同学，归有光的妻子"可爱"具体表现在哪里？其一就是有情趣，乐上进，爱学习，爱丈夫。同学补充还有一点，就是她向丈夫转述娘家小妹妹问起她"阁子"的事情。这里面大有意味。小妹妹们的发问表明她们对姐姐家的"阁子"感到神奇、有趣，想进一步了解。她们既然如此执着追问什么是"阁子"，那就表明姐姐回到娘家的时候肯定给她们说过阁子以及与阁子有关的幸福而有趣的点点滴滴的生活，才使得她们兴致勃勃，追问不止。而且姐姐说起阁子和阁子里的生活的时候肯定是无比幸福，无比甜蜜且深深感染了小妹妹们。这就从一个侧面表明归有光的妻子对阁子的喜欢，对丈夫的爱，对生活的满足。这也是她可爱的地方。可是，归有光文中写道，妻子去世之后，自己无心修缮阁子。后来久久卧病无聊，才找人复修南阁子。最后一段写妻子亲手栽种的枇杷树亭亭如盖，而妻子却不在了，睹物思人，无限悲伤。所以说，归有光对妻子、对阁子里的生活，其实也就是轩中生活充满了甜蜜而悲伤的回忆。

那么，他是如何回忆自己的母亲的呢？主要是通过老妪的转述，用两句话来刻绘母亲的形象。"某所，而母立于兹"，老妪经常对我说起这句话，你的母亲当年就站在这里。现在母亲不在了，当年的归有光也没有多少记忆，因为还小，不懂事。可是现在成人了，懂事了，归有光努力回忆，所记得的事情就很少，而且无亲自交往之事，只是老妪转述，想起来就很悲凉。另外一句话"汝姊在吾怀，呱呱而泣；娘以指叩门扉曰：'儿寒乎？欲食乎？'余从板外相为应答"，同学能够说出这个句子体现出母亲对儿女的嘘寒问暖，关怀备至。老师追问，娘明明听到女儿哭得很厉害，为什么不推门进去给女儿喂奶或是哄哄女儿，而只是以指叩门扉呢？学生不知道。老师补充史料，归有光的母亲十六岁嫁到归家，十年生育了七胎八个儿女，深受多生多子之苦，一般是一年半生一个，身体不好，经常断奶，曾经向仆人求助偏方避孕，喝了一碗田螺水而变哑，两年后死去。这里娘不敢推门进去，主要是担心看见她女儿，又没有奶喂她，内心十分难受。所以，归有光的哭泣原因之一就是对母亲深受生育之苦的同情与理解。

关于归有光的老祖母，同学们能够看出来她对孙儿学习的关心，对孙儿的期待，对孙儿用功读书的欣慰与自豪。老师要追问一个问题，文段结尾写道，"瞻顾遗迹，如在昨日，令人长号不自禁"，作者为什么失声痛哭？学生能够说出来感动于祖母对儿孙的关心、鼓励与殷切期盼，感慨于归家几代人读书没有取得功名的残酷事实。老师追问，归有光如此用功，如此苦读，如此甘坐冷板凳，结果如何？是否实现了老祖母的期望呢？补充资料如下。

他八岁亡母，十五岁进入项脊轩读书，在读书期间，六次参加乡试，八次参加会试皆落第。二十三岁娶魏氏为妻，二十八岁爱妻离世。这篇文章初稿完成在他十八岁，补记在他三十五岁左右。前十八年，虽科考不顺，但他满怀豪情，有修复这业已破败的大家庭的轩昂之志。后十八年，经历了漂泊之苦，科考失利的无奈，妻子亡故的重击，他内心的悲戚已多于豪情了。

所以，归有光长号还有一个更重要的原因，他科考不顺，缺失功名，没有现实祖母的重托，没有承担起重振家业、光宗耀祖的伟大愿望。

也有同学对于老祖母的话语理解不当，"吾儿，久不见若影，何日竟默默在此，大类女郎也？"这句话表明祖母对孙儿整天待在屋子里，太文静了，就像个女孩子一样，有点不满，甚至埋怨、责怪。也有同学反驳，不对，这是一个老祖母的欣慰与自豪，因为孙儿读书用功专一，安安静静，忍受孤独与寂寞，抵挡了好多诱惑与干扰，这是老祖母最希望看到的场景。还有同学补充，下文写到老祖母离开的时候喃喃自语："吾家读书久不效，儿之成，则可待乎！"对孙儿读书必将获取功名满怀期待。所以，这句貌似玩笑的话语，道出了老祖母的殷殷期盼和热切鼓励。她希望孙儿刻苦上进，学优则仕，振兴家业，光宗耀祖。

第三课时，师生学习文中关乎归有光"轩"中生活的文段与文字，当然是文章第一自然段、第三自然段和第四自然段，第二自然段也有个别句子。与"轩"有关的生活，归有光回忆了两件事：一件是读书，一件是夫妻日常。实际上，夫妻日常生活也是与读书密切相关的。请学生来说说自己对归有光读书之"乐"的体会。或者说找出文中词句或片段，和大家分享归有光读书的快乐。有同学分享夫妻读书的快乐。"后五年，吾妻来归，时至轩中，从余问古事，或凭几学书"，妻子时常到轩中来，有时问我古代一些稀奇古怪的事情，有时凭靠几案向我学习写字，夫妻之间情投意合，恩恩爱爱，这种生活是十分幸福的、快乐的。有同学从第二段中找出一个句子，"吾儿，久不见若影，何竟默默在此，大类女郎也"，通过祖母的言语，描述归有光整天关在屋子里，默默读书的情境。"默默"在此说明他读书的专注与执着，用功与沉静，痴迷其中，乐趣无穷。这是间接写轩中的读书之乐。有同学找到第三自然段文句："轩东故为厨，人往，从轩前过。余扃牖而居，久之，能以足音辨认。"我关门读书，时间久了，竟然能够凭借窗外足音辨别家人，这一个细节也说明归有光关门读书，自成一统，不受外界打扰，保持内心定力的读书状态，当然也是沉浸其中、无比快乐的体现。

读书之乐最大的快乐，最美的享受还是文章第一自然段的集中描写，请同学们朗读文段："借书满架，偃仰啸歌，冥然兀坐，万籁有声；而庭阶寂寂，小鸟时来啄食，人至不去。三五之夜，明月半墙，桂影斑驳，风移影动，珊珊可爱。"这段文字完全可以说字字句句都是写归有光的读书之乐，"乐"在何处呢？请同学来赏析、分享。有人说庭院寂静，小鸟啄食，人鸟相亲，环境气氛很宜人。教师追问，小鸟为何"人至不去"？原因在于人鸟相亲，和谐相处，自然宁静。教师补充"鸥鹭忘机"的典故，战国时期的思想家列御寇著的《列子·黄帝》中记载着这样一个故事：海边住着一位渔夫，天天驾着一只小船出海捕鱼。大海上，海鸥展翅飞翔，渔夫与海鸥之间渐渐熟悉起来。渔夫每次出海，上百只海鸥停在船头，跟渔夫嬉戏玩耍；阴天或者刮风天气，它们还争先恐后地为渔夫带路。一天，渔夫的父亲听说儿子有一群海鸥朋友，便千里迢迢从内地赶来，说："我们老家那儿，看到的多是麻雀和乌鸦，不知道这里的海鸥是否与它们同类。"说到这里，他压低声音："我听说有众多的海鸥与你亲密无间，你能不能取来几只让我玩玩？"渔夫答应了父亲的要求。第二天，他带了一只大大的鸟笼，又出海，想去捕捉海鸥。可是海鸥都在桅杆上盘旋，哀哀悲鸣，没有一只肯落下来，过了一会儿便全飞得无影无踪了。后来，人们就用"海翁失鸥"这个词语形容人怀坏心，失掉朋友。杜甫避居成都西郊浣花溪草堂的时候，写过一首诗，就有这么两个句子"自去自来梁上燕，相亲相近水中鸥"，人与鸥鸟相亲相近，人与燕子相识相处，人与自然和谐相处，完全没有机巧之心，才能够享受到这种祥和、安宁、闲适、快乐的生活。归有光写自己读书，与小鸟相亲相伴，其实也是流露出一种了无机心、一派快乐的心情。

一位同学说，归有光读书不认真，不专注，心思好像不在学习上，而是关注庭院的小鸟去了，关注月夜风景去了，倒是流露出文人的高雅情趣。老师肯定他发现了读书人高雅脱俗的情趣，其实这也是一种读书的快乐。不过，老师要提醒他，归有光是真的将心思投注到小鸟与风景之上吗？好比我们坐在教室里自习，累了，也要走到窗户边，朝外面望一望，无意之中看见一只漂亮的小鸟落在枝头，又一下子跳到另外一根枝丫上去，小鸟羽毛绚丽，模样小巧，声音好听，令人怜爱、赏玩不已。你能说我们这种偶尔望一望窗外，欣赏美丽的小鸟是分散注意力，是不认真读书吗？显然不是，相反这是一种读书劳累之余的调节，是一份意外的情趣，实际上也是读书的快乐所在。一位同学说风景优美、静谧、和谐，很有意境，令人心旷神怡，这也是一种快乐，一种投身美丽环境的审美享受。句子"三五之夜，明月半墙，桂影斑驳，风移影动，珊珊可爱"，描绘了一幅皓月朗照图，幽静优雅，明亮明艳，清风拂过，桂影移动，风姿影态，的确可爱。一位同学说归有光读书的神情姿态很是陶醉，"借书满架，偃仰啸歌，冥然兀坐，万籁有声"，一架古书，一间老屋，一位书生沉醉其中，乐而不醒，有时俯仰摇头，有时歌吟有声，有时高亢朗诵，有时又沉思默想，神游千里，何等酣畅，有时又何等逍遥啊？读书之乐，声情并茂，身心投入，乐趣无穷。

所以这间屋子，归有光给他命名"项脊轩"，是有特殊的感情意味和心志趣味的。据考证，作者命名书斋为"项脊轩"一般有两种解释：一说归有光的远祖归道隆曾在江苏太仓县项脊泾居住，归有光为追宗怀远，特以"项脊"二字作为书斋名；另一说是用项、脊之间空隙来比喻屋子的狭小。我们也可以综合两种理解，得出第三种合理推测。"轩"本是古代士大夫乘坐的前顶较高而有帷幕的车子。其形态较为高大宽敞，所以被用来指宽阔敞朗为特点的建筑物。"项脊"之逼仄狭小，与"轩"之高大敞朗形成了极大的反差，其中隐含了归有光身处斗室败屋中，却心怀远大志向之意。他是不甘"昧于一隅"的蛰伏，有朝一日，他当如蜀清、孔明一样名留千古，光宗耀祖。所以，在文中他写的"悲"不仅仅是家族的分崩，爱妻的离世，更重要一层还有学优而不能仕，不能实现祖母重振家声、光宗耀祖的殷殷期盼。"少年心事当拿云"，以"轩"呼书斋名，正显示其不会做井底之蛙的高远志向，是他内在心志的流露。

作者称屋为"轩"同时流露出对这业已毁坏的生活空间想要修复它的强烈愿望。归家家族的衰落，使归有光一出生就背负上了一项艰巨的使命——支撑门户，重振家声。归有光的同乡明代著名政治家王锡爵在《明太仆寺寺丞归公墓志铭》中记载：周孺人怀归有光时"数见征瑞，有虹起于庭，其光属天，故名'有光，甫其字也'"。因此，家人为其取名"有光"。"光"有光复家业、光宗耀祖之意。可见家庭尤其是长辈们对他的期望。

但是，被家庭寄予厚望的归有光却命途多舛，远大的志向和残酷的现实产生了激烈的矛盾冲突。他八岁亡母，十五岁进入项脊轩读书，在读书期间，六次参加乡试，八次参加会试皆落第。二十三岁娶魏氏为妻，二十八岁爱妻离世。这篇文章初稿完成在他十八岁，补记在他三十五岁左右。前十八年，虽科考不顺，但他满怀豪情，有修复这业已破败的大家庭的轩昂之志。后十八年，经历了漂泊之苦，科考失利的无奈，妻子亡故的重击，他内心的悲戚已多于豪情了。

其实，"项脊"两字还有别样的寓意。我们知道，"项"是指脖子，支撑头颅的主干；"脊"是指脊椎骨、脊梁骨，支撑身体直立不倒的躯干。稍加引申，"项脊"喻指文人志士的气节、操守和胆量，也就是说一个人刚强正直，宁折不弯的性格。归有光不只将自己的书斋命名为"项脊轩"，还给自己取号"项脊生"，似乎隐喻自己的人生气节与高远志向。历史上这样秉持气节，坚守道德，行为光明，心底坦荡的文人志士很多，比如喊出"人生自古谁无死，留取丹心照汗青"的民族英雄文天祥，宁可株连九族也决不屈服强权的方孝孺等。他们身上体现出中华民族宁死不屈、百折不挠的伟大精神。

第四节课，我们来研读归有光对百年老屋的描写，体会一个古老的"屋"字所隐含的情意。要求学生朗读第一自然段描写老屋尚未翻修之前的模样的文句，说说它的特点。这个问题很简单，老屋特点大约就是几个字："小"（室仅方丈，可容一人居）、"漏"（百年老屋，尘泥渗漏，雨泽下注；每移案，顾视无可置者）、"暗"（又北向，不能得日，日过午已昏），可以看出老屋到了归有光这一代的时候已经变得破败凋零，十分萧索了。其实，这段文字还只是写老屋的外部状貌，文中还有一段文字（一段中的几个句子）描写老屋的内部格局，更可见出老屋的破败混乱。大家找出来，朗读一下，好好体会。学生很快找到第二自然段的文字。

先是庭中通南北为一。迨诸父异爨，内外多置小门墙，往往而是。东犬西吠，客逾庖而宴，鸡栖于厅。庭中始为篱，已为墙，凡再变矣。

多小门墙，诸父分家，四分五裂，不复整全。屋子的分隔暗喻人心的离散，原来的庞大家族不再风光。作者尤其写到了几个细节，要求学生品味一下。写鸡，写犬，写客，三写细节，透露出怎样的境况与意味？东犬西吠，东家的狗对着西家的狗叫，西家的狗也对着东家的狗叫，互相吼叫，互相责骂，同在一个庭院啊，狗犹如此，人何以堪？人际关系的紧张，家族内部的不和睦，隐然可见。鸡栖于厅，厅堂是什么地方啊？是家族众人议事聚会、接待客人的重要场所，庄严肃穆，家族的脸面，可是现在就连家养的鸡们也随意圈养在此，何等混乱，肮脏！客人来了，要去吃饭，只能经过厨房，因为门墙太多，阻碍了通道。总之三个细节，形象生动地描绘出一个大家族分崩离析、混乱不堪的景象。这实际上就是一个大家族衰败的写照。归有光深感痛心。当然，结合全文来看，他痛心的原因还有，归家几代读书人都没有考启功名，他生命中的三位重要亲人均已离世，他自己也没有考启功名，更没有实现老祖母的愿望。所以整个作品弥漫着浓浓的悲凉伤痛之氛围，作品中的"老屋"见证了一个家族的兴衰荣辱。

设疑置问探文心

——王羲之《兰亭集序》教学漫谈

　　教学王羲之《兰亭集序》，直奔主题，提出关键，深化理解，以问题撬动思维，以任务驱动阅读，同时也将内容理解与重点字词结合起来。课前反复琢磨文本的几个关键句子。不琢磨以为没有问题，以为好理解，其实，不是那么回事，细致思考，还真发现不少问题。对字词句子的理解，必须切合语境，必须结合关联内容来进行。我主要想一个课时攻克三个句子，"信可乐也"，这个"可乐"何解。王羲之写作这篇序言目的何在？内容如何？读一读课文，思考、研究这些问题，落实一些重要字词，时间也差不多了。开课即从对联切入，引发一点兴趣，制造一点思维场。

　　学生作课前演讲，话题是"同性恋者"，我做简单点评，赞同同学的观点，一个健康而正常的社会应该包容、尊重、理解一些特殊人群的特殊生活方式与形态，但是，也要尊重社会文化传统与现实国情，感谢这位同学对敏感话题的敏锐思考与勇敢辩护，大家要学习她的思维品质。当然，这个课时我们不是来讨论同性恋者，而是想试图去接近和理解历史上这样一群人，他们才华横溢，举止潇洒；他们自由自在，无拘无束；他们迷恋山水，热爱生活；他们走到一起，来一场诗情与美酒同在、才华与风神共舞的聚会。在绍兴兰亭，在青山绿水之间，在蓝天白云之下，在惠风和畅之时，他们的潇洒出尘，他们的诗酒唱和，他们的人生志趣，构筑了中国文学史上一道灿烂的景观。这就是历史上有名的兰亭雅集。参与这场盛会的东晋大书法家、文学家王羲之在聚会结束之后，将一群名人雅士的诗歌汇集起来，编成一本书册，并写下一篇序言，记录并见证雅集宴饮的辉煌与悲凉，这就是文学史上有名的散文《兰亭集序》。这个课时，我们就来学习王羲之的这篇序文。先请大家看一副对联，辨别上下联，补上横批。一联是"序以帖传乎帖以序传乎—序一帖双绝璧"，一联是"亭因人名焉人因亭名焉斯亭斯人两奇观"，前上后下，仄起平收，"璧"起"观"收，从右到左。补上横批就是"兰亭集序"，有亭有序，有人有书，人们常说的"兰亭集序"既是一篇序文，也是一幅书法作品，世人称之为"天下第一行书"。书文双绝，熠熠生辉。在17班上课，没有补全横批的环节，而是直接呈现，不能制造问题，不能引发思考。在8班上课，则改为补写横批，激发兴趣，撩拨思维，课堂气氛明显活跃。另外，补全横批也关涉对上下联构成要素的理解，其实也是增强学生对文章标题的理解。

第二个环节就是要求学生朗读全文，找出最能表现作者情感以及情感变化脉络的三个词语，并初步解释这三个词语在具体而微的语境（上下文句）中的含义。教师适当做点拓展。学生朗读之后，就发现了文章中的这三个词语，第一个是"信可乐也"的"乐"，第二个是"岂不痛哉"的"痛"，第三个是"后之视今，亦犹今之视昔，悲夫"的"悲"。"乐"是何意呢？这个句子翻译过来意思是，这的确让人感到高兴，或者这的确值得欣慰啊。这个"可"是"值得"的意思，可以比较"可口""可乐""可口可乐"三个"可"的意思。学生比较感兴趣。"痛"是悲痛、痛苦的意思，句子翻译过来意思是，难道不让人感到痛心吗？属于反问句，"痛心"什么呢？下一个课时再来研究。第三个句子翻译过来：后人看待今人，也如同今人看待前人一样，悲哀啊（或是多么悲哀啊）。悲哀在哪里呢？后面再来研究。

第二课时引导学生研读课文第一、二自然段，品味王羲之的"乐"。程序很简单，要求学生朗读第一、二自然段，做简单交流、讨论，然后找出文段具体句子，谈谈"乐"在何处，"乐"的滋味如何。当然进入朗读之前，我渲染，这两个文段几乎每个字都散发出快乐的光芒，洋溢着快乐的味道。大家要用心朗读，用情体会，才能品味到王羲之的"乐"。以下是课堂发言与教师的补充内容。

有学生认为"乐"在情趣，文句"仰观宇宙之大，俯察品类之盛，所以游目骋怀，足以极视听之娱"，翻译过来意思就是，文人雅士登高望远，抬头仰望，宇宙高远无边；低头俯视，万物无穷无尽。所见天地辽阔，足以见出作者视界高远，心胸阔大，气势豪迈。教师提示注意理解"之"的用法与效果，注意理解"游目骋怀"的意思，尤其是这个"游"字。用之于人的行为，指行为自由，无拘无束，用之于眼睛，则指随心所欲，无挂无碍。想看哪里就看哪里，想看多远就看多远，纵展目力，极尽所见。"骋怀"当然是开阔心怀、心旷神怡的意思。

有学生认为"乐"在活动，"一觞一咏，亦足以畅叙幽情"。虽然没有盛大热闹的音乐伴奏，但是，文人墨客一边喝酒，一边吟诗，借此表达自己的丰富、幽深的感情，畅快淋漓，心花怒放。教师提醒学生注意品味"一觞一咏"的两个"一"所传达的悠闲、自在、惬意的感受。还要注意句子"虽无丝竹管弦之盛"的特殊句式及其表达效果。这里说的是他们的活动（事情）有趣，过瘾。

有学生认为"乐"在一个美好的时辰，一个好天气，"是日也，天朗气清，惠风和畅"，天高气爽，心旷神怡，加上又是草长莺飞，万木葱绿，这样的时候最适合踏青郊游，适合游玩宴饮。老师追问，这一天和平常日子有区别吗？特殊在哪里？学生意识到这一天非同寻常，"永和九年，岁在癸丑，暮春之初，会于会稽山阴之兰亭，修禊事也"，这句话交代了这一群东晋文人墨客雅集兰亭的时间、地点、活动，尤其指出一个特殊的节日，那就是"修禊日"。即中国传统节日上巳节（三月三），人们结伴来到水边，沐浴，戏水，洗涤，娱乐，宴饮，祭祀，斗草等，以此方式来祛邪除晦，消灾祈福。这是一个美好、幸福的节日。中国文学史上较早记录这个节日活动的恐怕要数我们学过的出自《论语》的《子路、曾皙、冉有、公西华侍坐》："暮春者，春服既成，冠者五六人，童子六七人，浴乎沂，风乎舞雩台，咏而归。"老少成群，轻装出行，在沂水沐浴，在舞雩台上吹风，唱唱歌，跳跳舞，欢欢乐乐回家，何等惬意？何等陶醉啊？那么，回到王羲之笔下的上巳节，他们在干什么呢？饮酒，吟诗，登高，望远，谈天说地，赋予这个传统节日以更多的浪漫情调，当然也折射出文人雅士的人生情怀。应该说，这个特殊的节日本身就带有吉祥、喜庆、热闹、快乐的色彩。

有同学说到"乐"在景色优美，"此地有崇山峻岭，茂林修竹，又有清流急湍，映带左右"，远眺是崇山峻岭，连绵起伏，气势苍茫，是山林茂密，竹林高耸，郁郁葱葱，近观是清清溪流，潺潺而过，弯弯曲曲，缠绕身边。文人雅士置身其中，一定会被优美明媚的风光景物深深吸引。这是美景带给人的快乐。老师追问"映带"一词的意义与表达效果。"映"是映衬、衬托的意思。"带"是带子、玉带一类的意思，这里比喻溪水如带，缠绕身边，非常形象。"映带"意思就是溪水环绕、映衬在身边的意思。

有同学说"乐"在"流觞曲水，列坐其次"，诗酒助兴，游戏好玩。什么游戏呢？几十个人一个挨着一个坐在弯弯曲曲的溪水两边，有人从上游用杯子倒满酒，让酒杯顺水漂流而下，酒杯停在谁的面前，谁就喝酒一杯，作诗一首，要是作不出诗，就得罚酒三杯。这就是有名的"流觞曲水"的故事。体现了文人墨客的风雅情致。注意"其次"的意义，即它的边上，不同于现代汉语的"其次"。

文段中还有一个句子"群贤毕至，少长咸集"，学生一时难以体会出其间的精妙之趣。老师引导分析。提出一个问题，参与宴饮的都是一些什么人，这两句各交代了一个特点，前一句是"贤"，后一句是"杂"（年龄参差不齐）。所谓"贤"是说这些人才华横溢，名声响亮，举止风流，个性张扬。所谓"杂"是说这些人老少合群，其乐融融，更能看出他们之间的平等、和谐的关系。不妨设想，要是只有"少"参加，也就是一些少年儿童，十一二岁的小孩参加，无非就是戏水，打闹，追逐，洗澡，一派天真，稚趣。正如雅礼美术老师黄承谦先生的一幅作品《泥娃》，描绘五六个小男孩滚烂泥田的情景，展示出儿童的天真本色。黄老师有一年夏天回老家，看到田间五六个小男孩，光着屁股在田里打滚，大感兴趣，举起手机拍下这个场景，回来以后就以此画面为蓝本，创作了一幅水彩画《泥娃》。回到上巳节，要是都是一些"长者"参加，自然免不了故作正经，暮气沉沉，少了活力，少了趣味。所以这个"少长咸集"其实透露出一种平等、亲切、和谐、好玩的趣味，也是"乐"的表现。

几乎可以说，这两段文字全是在写"乐"，每一个文字就像一朵鲜花，散发出迷人的光芒。我们经由这些快乐如花、灵动似水的文字，充分感受到了作者对自然的迷恋，对生活的热爱，对自由的追求，对生命的珍爱。活在当下，珍惜欢乐，享受生活，这或许也是王羲之他们的生活态度吧？

如果说王羲之宴饮兰亭，无非就是游山玩水，饮酒吟诗，纵情山水，逍遥快乐的话，那么也许就不是王羲之了，在这篇文章之中，比前面两个自然段更重要的内容或许是后面两个文段，借着这次雅集宴饮，游玩山水，王羲之抒发了他对人生、对时间、对生死的思考与感慨。接下来我们来学习文章第三自然段，这个文段主要写一个"痛"字，结尾一句"岂不痛哉"，是一个反问句，难道不让人感到痛心吗？强调"痛心"，启迪人们去思考何以痛心。那么，我们来朗读文段，揣摩词句，细细品味其中的"痛"。有同学说"夫人之相与，俯仰一世"是"痛"，人和人的相处往来，不过就是俯仰之间的事情，一下子就过去了，一下子就是一辈子，这里可以看出作者哀叹时光易逝，人生短暂，可谓"人生短暂之痛"。表现类似意思的还有一个句子"当其欣于所遇，暂得于己，快然自足，不知老之将至"，说人们遇见自己所喜欢的东西，暂时感到满足，快乐，沉醉其中，不知不觉人就变老了。这也是在感叹时光易逝，人生易老。文中"暂"字和"老"字流露出快乐短暂、人生易老、时光飞逝的感慨。其实，这句话里面也存在一个相对论的道理，当你沉迷所爱，其乐无穷，陶醉不醒的时候，你忘记了时间，忘记了自己，也忘记了周围，突然醒悟，会深深感到时间过得太快了。当你深陷困境，苦苦挣扎，而又一筹莫展、哀哀无告的时候，你会感觉到日子漫长，度日如年。同样，对于一个才华横溢、怀抱理想的人来说，人之老去，意味着怀才不遇，壮志未酬，更多留下遗憾和怅惘。对于一个无所事事、浑浑噩噩的人来说，人之老去也就老去，稀松平常，庸庸碌碌，没有什么特别的感触。

有同学说"及其所之既倦，情随事迁，感慨系之矣"，流露出一种世事无常、变迁不定的感慨，这也是作者"痛"之所在。这个句子意思是，等到他们对自己所追求的东西感到厌倦的时候，情感也就随着事情的变化而变化，诸多感慨也就随之发生了。这里流露出作者对于感情、事情多变而无常的感慨。教师补充，作者感慨什么呢？人们喜欢某种东西，某种生活，不久就变化了，厌倦了，因为外在的情况发生了变化，这种事情的变化，以及随之而来的感情的变化，都不是人所能够控制的，主宰的，而是由无常来控制。所以，这里实际上表达了一种世事无常、变化不定的感慨。

有同学说，文句"向之所欣，俯仰之间，已为陈迹，犹不能不以之兴怀"流露出一种感伤与惆怅，为什么呢？因为作者说，人们先前所喜欢的东西，一下子又不喜欢了，又变成旧东西或是不需要的东西而扔掉，留下的只是感慨而已。这是感慨好事不再，美景不再，好花不开，好景不长，也就是往事（好事）不再之痛。教师追问，能举出一些例子来解释这种现象吗？比如青春，爱情，幸福，友谊，比如自己喜爱的东西，比如自己珍惜的生活，等等，都是这样。就拿李清照的词作《如梦令》来说，"昨夜雨疏风骤，浓睡不消残酒。试问卷帘人，却道海棠依旧。知否？知否？应是绿肥红瘦。"一场风雨，摧残花木，词人醒来最先牵挂的就是海棠花开是否完好。仆人的回答并不能让词人满意，准确地说，不能暗合词人的心境与感触，词人纠正说，应是"绿肥红瘦"啊。好一个"绿肥红瘦"，流露出花瓣凋零、美丽消逝的惆怅与伤感。其实，海棠如此，青春亦然，花容月貌，青春迷人，但是，一场岁月风雨过后呢？谁不凋零？谁又能永葆青春？其实，词人对海棠的感慨也就是对青春的伤逝。

有同学说，最为令人感到痛心的是人的生死问题。文句"况修短随化，终期于尽"，意思是说更何况一个人的长寿还是短寿，并不由人来决定，而是顺随自然，最终谁也逃脱不了走向死亡。也就是说生死无常，不由自主，人在死亡面前，何等脆弱？何等渺小？何等无奈？这个句子流露出生死无常之痛。教师提醒学生注意理解"修短随化"的"化"字，是自然，而不是人类，也就是说，人是不能主宰、掌控自己的命运的，寿命长短全在自然，于人来说当然就是无常，就是无助、无奈，就是感伤、痛心。还要注意"终期于尽"的理解，人生一场，不管长寿短寿，不管功成名就，还是落魄潦倒，不管高高在上，还是沦为贱民，都逃脱不了死亡这个最公平的结局。"终"字暗含一场过程，一种挣扎，一种反抗，一种努力，但是白费，结果还是死亡。这里面流露出作者对于死亡的无奈与担忧。所以后面紧接着说，古人云，死生亦大矣。死生可不是一件小事，一件稀松平常的事情，而是人生必须面对的一件大事，一个严峻的问题，一定得要严肃对待。作者的"痛"其实也就暗含着对死亡的严肃思考与探索。而且他写这篇文章，也是希望我们读者也能严肃思考，认真对待生死问题。

小结一下第三自然段的品读，作者围绕一个"痛"字展开议论，主要生发出四种本质相通的"痛"：人生短暂之痛，世事无常之痛，往事不再之痛，生死无常之痛。作者不能解决这个问题，人类不能解决这个问题，这个问题就成了千古之谜，体现了词人的终极关怀与本质叩问，类似屈原的"天问"。所以说，王羲之很像一个思想家，一个哲学家，一个关怀人类命运、关注人生死亡的文学家。

第三课时，探讨王羲之的生死观，理解作者沉迷山水，诗酒潇洒背后透露出来的人生志趣。文段中有一句话暗示了王羲之的生死观，那就是"固知一死生为虚诞，齐彭殇为妄作"，先从字面意思理解，注意掌握"一"与"齐"的用法与含义。翻译过来，我本来就知道（或者说我一向认为）将生死一样看待是不真实的，将长寿和短寿等量齐观是虚妄的。作者从根本上否定庄子的"齐物论"的思想。庄子认为生与死是人存在的两种形态，从生到死，从死到生，这是自然规律，生命常态，不必为生而欢喜，也不必为死而悲伤，生死循环，自然而然。同样，长寿不必庆幸，短寿不必哀叹，长寿要走向死亡，短寿也是走向死亡，长寿和短寿的终点是一样的。所以，庄子认为长寿短寿、生存死亡其实等同，都是一回事，稀松平常，无须大惊小怪，更不许欢喜悲伤。显然，他淹没了、消弭了生死长短的差别与界限，走向绝对和虚无，容易给人一种消极影响，反正都一样，反正会面对死亡，大可清静无为，逍遥自在。而王羲之对此是不认同的，暗示他对生死，严肃对待，认真思考，希望有所作为、珍视生命的积极态度。这从这篇文章的第一、二两个自然段就可以看出来。作者一行游山玩水，饮酒吟诗，登高望远，畅所欲言，其实就是一种热爱自然，热爱生活，珍惜生命，追求自由的表现，也就是作者积极生活、赋能人生的生命态度。

那么，接下来，我们要问，和作者这种生死观类似的或相同的人还有哪些呢？文段中涉及三类人：一类是古人（昔人），"每览昔人兴感之由，若合一契，未尝不临文嗟悼，未能喻之于怀"，我每次阅览古人对生死兴发感慨的原因，我的感触和古人的感触完全一样，就像亮片符契叠合一样天衣无缝，丝丝入扣，未尝不是对着文章叹息哀伤，但是却不知道自己为什么要感慨，心中充满了迷茫和困惑。这就说明，古人对生死的感慨和作为今人的作者是一样的。一类是今人，也就是和作者同时代的人，即来参加这次聚会的文人雅士们。一类是后人，"后之视今，亦犹今之视昔"，后世的人看待今天的人，也犹如今天的人看待古人一样，时空不同，朝代不同，但是大家对生死的感慨是一样的。所谓"悲夫"是千古同悲，感同身受。"悲"之内容有二，一是悲人生之痛，时光易逝，人生短暂，生死无常，世事无常；二是叹时空阻隔，代代各异，但是对于生死，异代同悲，千古共鸣。正因为如此悲感，如此共鸣，所以作者要写下这篇文章，用文字来抵抗时光的流逝，来反抗死亡的无情，让后世记得东晋这一群文人雅士的生活态度与生命志趣、价值追求和精神风范。"故列叙时人，录其所述，虽世殊事异，所以兴怀，其致一也"，这句话交代了作者结集的过程与内容，翻译过来就是，所以我要一个一个记叙当时这些文人雅士，记录他们的诗作言论，虽然时代变迁情况不同，但是他们抒情言志，兴发感慨，思想情趣是一样的。也就是说我给他们的诗歌结集作序，实际上就是要见证他们的人生态度与精神风范。目的是让"后之览者，亦将有感于斯文"，让后世的人们看到这篇文章、这些诗文，也将对我们的生死观有相同的感慨。

显然，这个文段中的"悲"和前面的"痛"有所不同，后者包括了前者，范围扩大了，层级提高了，性质深入了。前者"痛"是由现实雅集生发出来的，属于群体生命的小合唱，属于现实人生的具体感悟，后者则由悲今人扩展到悲古人、悲后人，千古同悲，万代同感，属于理性思考，成为永恒命题，表达终极叩问与深刻思考。实际上，全文来看，表面上情调比较凄清悲凉，哀叹时光飞逝，生命无常，骨子里却充盈着对生命的苦苦探索与对生命的执着热爱。可谓"悲哀其表，执着其里"。

载欣载奔咏"归去"

——陶渊明《归去来兮辞并序》教学漫谈

第二课时进入文本，先朗读诗歌，整体感受，再进入局部，具体品味。老师设计一个问题，全辞围绕一个"归"字做文章，四节分别写诗人回归到哪里，请分别从文段中各找出一个字来填空：（1）归（　　　）（2）归（　　　）（3）归（　　　）（4）归（　　　）。据此再思考，全文从这四个方面抒写了诗人回家的什么感情？请从文中关键位置找一个字来概括。朗读之后，正音生字，注意节奏，注意押韵。全文就写一个"乐"字，就在结尾一个句子"聊乘化以归尽，乐夫天命复奚疑"。围绕这个"乐"字，依次写道：归途之乐，归家之乐，归田之乐，归心之乐。所谓"归心"就是回归本心，回归初心，心之所安即为家，心灵安顿下来了，人生也就宁静、幸福了。

接下来，让我们走进诗歌第一节，体会诗人的归途之乐。"乐"在何处呢？大家朗读第一节，不难发现，"舟遥遥以轻飏，风飘飘而吹衣"，写小舟轻轻荡漾，缓慢前行，写清风吹拂，衣袂飘飞，实际上烘托出诗人心情的轻松、愉快。"问征夫以前路，恨晨光之熹微"，表现归心似箭、急不可耐的心情。老师追问，诗人是什么时候回家的？或者说，从这些诗句来判断诗人赶路的时间。晚上回家，依据有三，一是"问征夫以前路"，回家还要问路人前面还有多远，可见是看不清楚，时间在晚上。要是白天，又是回家，自己应该是十分熟悉道路的远近的。二是"恨晨光之熹微",埋怨晨光微弱,耽误了自己的行程,说明诗人是晚上赶路,直到天亮,急切盼望天大亮,好早点到家。三是小序文句"犹望一稔,当敛裳宵逝",明明交代是星夜兼程,迫不及待。注意为什么要"犹望一稔",期盼丰收,带着粮食回家,可见家境的确贫穷。第一节除了"乐",当然还有一路上对自己人生的反思。比如句子"归去来兮,田园将芜胡不归","既自以心为形役,奚惆怅而独悲",自问自责,懊恼不已。"悟以往之不谏,知来者之可追"是自觉。"实迷途其未远,觉今是而昨非"是自悔、自醒。所以,诗人回家途中,自然欢欣鼓舞,也交织着痛彻心扉的反思与自责。

诗歌第二节主要写居家之乐。乐在何处呢?这段文字的画面感、动作感比较强,适合拍摄成电影或小视频,如果你是导演,你将选择怎样的镜头来拍摄,请结合文段诗句具体说说你的观察、想象和理解。具体操作是先安排学生朗读文段,然后自由发言,教师适时补充或扩展,加深学生对文本的理解。第一个发言的同学表示,文段最后一个句子很有意思,"景翳翳以将入,抚孤松而盘桓",天色已经晚了,诗人还在院子里转悠,久久不肯离去。因为他舍不得离开心爱的松树。这里要拍摄一个特写镜头,抚摩孤松,满目怜爱。教师追问,为何要突出"孤松"呢?要是换成我们学校的香樟树,可不可以,为什么?学生能够说出来,松树在中国传统诗词文化之中象征着一种坚强不屈、高洁不俗的君子人格,此处突出孤松,烘托诗人对精神人格的赞赏与坚守。相对而言,香樟树则没有多少文化内涵,中国诗词当中少有歌咏。教师还要提醒,诗人说"孤松",其实也暗示出自己心境也有一点孤独、落寞的感受。有同学说,"园日涉以成趣,门虽设而常关",这句话表明诗人关门闭户,少有出门,疏远世俗,淡泊名利,这扇门要特写。教师补充,此处之"门",可谓一语双关,既指物质之门,更隐喻心灵之门。也就是说,辞官归隐,安居家园,诗人从此关上了通往官场、通往名利场、通往世俗的大门。前面一个句子当然是说诗人每天就在自家院子里转悠，倒也自得其乐，感觉有趣。请问同学们，熟悉的地方没有风景啊，诗人怎么会觉得一个庭院很有趣呢？因为热爱，因为自由，因为再也不会看人眼色，寄人篱下，祈人食物啊。还要注意一个词语"涉"，原指水在地上流，自然，随意，这里说诗人的散步，随心所欲，了无挂碍，正如毛泽东的词所言"闲庭信步"。有同学说，"倚南窗以寄傲，审容膝之易安"，这里很能体现诗人的清高傲世，要拍摄一个倚靠南窗的动作，还要带出室内狭小的屋子。如何展现傲视的神态呢？要从眼睛入手，眼睛是心灵的窗户嘛，突出这双眼睛睥睨世俗、孤高自傲的神态。教师也要提醒"易安"二字，安于现状，顺其自然，体现诗人的超脱、潇洒。很容易令人联想到大词人李清照的号"易安居士"，当然还有青莲居士李白、香山居士白居易、东坡居士苏东坡、石湖居士范成大等。有同学抓拍环境景物，觉得"云无心以出岫，鸟倦飞而知还"很有意境，云从山谷冉冉升起，鸟从天空缓缓飞回，日暮投林，黄昏宁静。这个画面烘托出诗人心情的闲适、散漫、自在。要是将"无心"改为"有心"，则是一种人为的刻意，少了自然，少了自在。又比如陶渊明的诗句"采菊东篱下，悠然见南山"，要用"见"字才自然，无心，无意，改为"看"则是刻意的行为，不妥当。教师提醒学生，如果要拍摄一个最开心、最疯狂的镜头，你会找到哪个镜头？学生立马发现"乃瞻衡宇，载欣载奔"，老远看见自家屋子，就飞跑过去。心花怒放，情不自禁啊。老师追问，这里怎么就疯狂了呢？陶渊明辞官归田的时候多大年纪？学生不知道。教师简单介绍，诗人29岁出去做官，三仕三隐，持续13年，辞去彭泽县令的时候是42岁，一个年富力强、风华正茂的年龄，竟然跑得像个小孩一样，这就是"疯狂"啊。老师再追问，文段中眼神最有光的句子是哪一个？学生说出"引壶觞以自酌，眄庭柯以怡颜"，但是却又说不出如何有光，看来是对句子意思并不太理解，有点只可意会不可言传的味道。老师启发，"怡颜"什么意思？使神色舒展，心情愉快，"怡"是使动用法。做什么事情能够使诗人心情愉悦呢？当然是"眄庭柯"，也就是看一看自家院子里的树木，请注意，为什么看一看自家院子里的树木就非常开心啊？其间心情和"园日涉以成趣"一样，因为自由自在，因为心无挂碍啊。还要提醒学生，怎么看才叫作"眄"？斜着眼睛看，毫不经意地看一眼，"惊鸿一瞥"，如此随意一看，竟然就让自己心情大好，足以见得诗人对家园的挚爱，对自由的珍视。这个镜头拍摄出来要关注眼神，或者通过庭柯的翠绿明媚体现出诗人的欢喜心情。这个细节很容易让人联想到唐代诗人王维的《杂诗》（其三）："君自故乡来，应知故乡事。来日绮窗前，寒梅著花未？"舍弃万千风物不言，单单惦念窗前那株寒梅，这是用心于一而思念万千，这是身在异乡而心在家园。与陶渊明的"眄庭柯以怡颜"不同的是，王诗是刻意牵挂，陶诗是无意看见，相同的是两诗均是以一胜多，留白余味。有同学觉得"策扶老以流憩，时矫首而遐观"有画面感，一位老人拄着拐杖在自家院子转悠，不时抬头往远处眺望。教师提醒大家注意什么叫"流憩"，走走停停，转转悠悠，换成"走走"呢？显然不好，这个"流"字原本是指水流在地，自由流淌，用之于人，则指自由自在，漫不经心。这样一来，就足以见得诗人的开心快乐了。还有一个句子"三径就荒，松菊犹存"，暗示诗人的隐士生活，折射人生志趣。句子也很有画面感，只要拍摄出一条小径，杂草丛生，一株松树，几丛菊花，就足以见出诗人的人生情趣。特别要注意"三径"与"松菊"的文化意义。如此看来，第二节的每一个句子都有画面感，都能体现人物心情与志趣，都值得我们细细品味，咀嚼。

研读文章第三节，引导学生品味诗人的"归田之乐"，"乐"在何处呢？学生基本上能够找得出该段一些关键句子，但是，不一定能够深入理解。这个时候，需要老师点拨、讲解。"悦亲戚之情话，乐琴书以消忧"，与亲人们说说心里话，平常读读书，弹弹琴，倒也自得其乐，妙趣无穷。注意落实"亲戚""情话"古今异义，注意"悦""乐"的用法与含义。补充陶渊明弹奏无弦琴的故事，增进学生对陶渊明清雅脱俗、风神爽朗之精神面貌的理解。"农人告余以春及，将有事于西畴"，写诗人与农人交往，一块耕田种地，折射一种简单、淳朴、纯粹的人际关系，没有官场的尔虞我诈、追名逐利，没有世俗的是非纷争、复杂算计，与土地打交道，与庄稼打交道，与自然打交道，收获简单的快乐，丰盈纯净的内心，这当然也是一种快乐。孟浩然曾经写过一首诗《过故人庄》："故人具鸡黍，邀我至田家。绿树村边合，青山郭外斜。开轩面场圃，把酒话桑麻。待到重阳日，还来就菊花。"写诗人到朋友的山庄去喝酒，"开轩面场圃，把酒话桑麻"，所见所聊，所思所想，全是山水风光，农村农事，远去了红尘滚滚，远去了功名权位，心思简单，关系和睦。这种氛围与陶渊明诗中所写大致类似。"或命巾车，或棹孤舟。既窈窕以寻壑，亦崎岖而经丘"，农闲时候，诗人有时乘坐着有帷幕的小车出行，有时划着小船出游，喜欢往幽深曲折的峡谷走，喜欢走崎岖不平的山丘。寻幽览胜，跋山涉水，无惧危险，乐在其中。当然，这里面也有独来独往的少许落寞与孤单。"木欣欣以向荣，泉涓涓而始流"，草木欣欣，泉水潺潺，春光明媚，生机勃勃。这两句的景物描写烘托出诗人的欢欣鼓舞，无比快乐。当然，出游、交往、劳作之中，也不是没有感慨和忧伤。比如说"世与我而相违，复驾言兮焉求"，诗人就反问自己，既然世道与我格格不入，我又何必驾车外出追逐功名呢？言外之意是自己过去曾经追求过，现在劝自己停止脚步，内心还是有所纠结、有些矛盾的。再比如结尾"善万物之得时，感吾生之行休"，羡慕万物生机勃勃、欣欣向荣，感叹自己岁月不多，行将就木，其实也隐含心有不甘、志有不酬的遗憾与惋惜。什么人才会对时间、对生命如此敏感，如此悲叹呢？当然是饱读诗书、心怀大志的人，时间不多，对他们来说，意味着壮志未酬，功名难就啊。

学习文章最后一节，引导学生理解"归心之乐"，所谓"归心"，即回归本心，回归初心，回到真我，真性，回到天性与自然状态。陶渊明的"天性"是什么呢？"少无适俗韵，性本爱丘山"，"久在樊笼里，复得返自然"，"云无心以出岫，鸟倦飞而知还"，就这一节诗句而言，文中有这样的描述"怀良辰以孤往，或植杖而耘籽。登东皋以抒啸，临清流而赋诗"，珍惜良辰美景，孤身前往游览，迷恋山水，逍遥出尘。有时候又植杖于地，躬耕田园，快然自足，自得其乐，活出隐士风范。

要提醒学生注意一个词语"或植杖而耘籽"，起源自《论语》的记载。

子路从而后，遇丈人，以杖荷蓧。子路问曰："子见夫子乎？"丈人曰："四体不勤，五谷不分。孰为夫子？"植其杖而芸。子路拱而立。止子路宿，杀鸡为黍而食之，见其二子焉。明日，子路行以告。子曰："隐者也。"使子路反见之。至则行矣。（《荷蓧丈人》）

植杖耘籽是子路所见，是隐士行为，是与孔子处世有为截然相反的避世无为。诗人陶渊明化用典故，其实暗藏自己对隐逸生活、对田园山水的迷恋与追求。

"登东皋以舒啸，临清流而赋诗"，描述诗人的日常生活，游山玩水，登高望远，或仰天长啸，一吐心曲，或临流赋诗，抒情言志。一派清雅，一片天真！这样的生活才能安顿灵魂，有道是"此心安处是吾乡"，对于陶渊明来说，山水清芬即为家啊。

如果说前面的文句是生动形象描述诗人的"归心之所""安魂之乐"的话，那么该文段中其他一些文句则是对"何以归心"命题的高度抽象。请看这样的句子："已矣乎！寓形宇内复几时？曷不委心任去留？"感叹时光飞逝，人生易老，劝慰自己委心自然，任凭生死，不妨看得通透一点，超脱一些。不要去追求功名权位，大富大贵，不要去追求服食炼丹、长生不老，要回到内心，回到自我，随缘任运，委心自然。诗人最后劝导自己，"聊乘化以归尽，乐夫天命复奚疑"，要乘化归尽，乐天安命，要坚信不疑，心无挂碍。如此才能活出自我真我的精彩来。

诗歌最后一节其实是全文情思理道的高度升华，也是诗人心路挣扎的大彻大悟。

巧抓四"笑"品文心

——苏轼《石钟山记》教学漫谈

苏轼的游记《石钟山记》和一般的游记不同，一般的游记多半侧重游山玩水、搜奇览胜，或是模山范水、抒情言志，苏轼这篇游记却是通过月夜游览江壁，实地考察名胜，求得石钟山得名的真实原因，更多像一篇地理考察报告，其间折射出苏轼不避艰险，实地勘察，求真务实，决不盲从的探索精神。要走进文本的内核，要感受人物的精神，要体味行文的趣味，我以为抓住四次出现在文中的"笑"字做文章，可以牵一发而动全身，窥一斑而知全貌。教学文本的时候，我主要就是引导学生研读这四个"笑"字，要求紧密结合语境，注重勾前连后，观照词句表达，体味文字背后的意蕴与态度、精神与意志。学生很容易找出这四个"笑"字句。但是，这还远远不够，教师一定要引导他们熟读且速读文本，熟悉四个"笑"字的前后语境和文本关联，要对"笑"字句的一字一词高度敏感。就这篇游记而言，四个"笑"字意味深长，见情见性，见姿见态。

先看第一个"笑"字句："余固笑而不信也。"要思考，苏轼为什么而笑呢？要结合语境分析出头绪来。一是笑他不相信的东西，显然就是前面的文句所言："寺僧使小童持斧，于乱石间择其一二扣之，硿硿焉。"一个和尚让小童随便从乱石中拿出一两块来敲击，发出硿硿的声音，他们就认为这是石钟山得名的真正原因。这种表演显得比较浅陋而幼稚，苏轼是不会相信的。所以,文句中的"笑"是对僧人和小童的行为与认识的嘲讽和否定。二是作者何以要"固笑","固笑"就是本来就嘲笑,本来就对某种观点不屑一顾,我们要问,在见到僧人和小童表演之前,苏轼对于石钟山命名的问题还介绍了哪些人的看法,他的态度又是如何?学生自然会联系到第一自然段:"至唐李渤始访其遗踪,得双石于潭上,扣而聆之,南声函胡,北音清越,桴止响腾,余韵徐歇。自以为得之矣。"唐代李渤探索石钟山得名的原因,是从岸边找两块石头来敲击几下,区别一下声音的不同,就以为自己发现了真相。这种做法给人的感觉是比较随意,比较浅显,不太严肃,也不符合科学求真的精神。苏轼当然不信,他用"自以为得之"(自以为是)来嘲讽,来否定,语句流露出轻蔑、哂笑的意味。不仅如此,苏轼还直接表达自己的态度,"然是说也,余尤疑之",我尤其怀疑,尤其不信。为什么呢?他反驳道,"石之铿然有声者,所在皆是也,而此独以钟名,何哉?"如果李渤这种看法成立的话,那么试问,这样的敲击而能够发出响亮声音的石头到处都是,为什么偏偏只有这座山用"钟"来命名呢?其他的山不可以叫作"石钟山"吗?字句里面带有一种强烈的嘲笑、讥讽的意味。所以,作者说"余固笑而不信也",这个"固"字修饰"笑",既呼应了第一段文字的相关内容,又强化了作者的立场与态度,体现出苏轼不轻信、不盲从、敢于怀疑、敢于批判、敢于否定的探索精神。僧人和小童的看法实际上是唐代李渤的看法的延续,这说明李渤的看法源远流长,颇有影响,而苏轼对此并不轻信。

再看第二个"笑"字句:"又有若老人咳且笑于山谷中者,或曰此鹳鹤也。"这是描写苏轼与儿子苏迈夜晚游览江壁所闻鸟声,给人以阴森、诡谲的神秘感和恐怖感。想想看,深更半夜,突然听到山林中传来几声鸟叫,就像一位老人一边咳嗽,一边狂笑,该是何等惊悚,何等吓人?结合整个场景来看,"至暮夜月明,独与迈乘小舟,至绝壁下。大石侧立千尺,如猛兽奇鬼,森然欲搏人;而山上栖鹘,闻人声亦惊起,磔磔云霄间。"所见所闻,令人毛骨悚然。大石头从旁边耸立而起，高达千尺，如猛兽，如鬼怪，狰狞可怖，张牙舞爪，似乎要向人扑来。山中传来鹰隼惊飞，磔磔怪叫的声音。整个场景显得阴森恐怖，以至于苏轼"心动欲还"，吓得想要回去，不玩了。所以，这里的"笑"实际上是运用拟人的手法，极言夜间山中鹰隼的怪叫吓人。这样的经历，当时感到很紧张，很恐怖，可是时过境迁，回忆这段经历的时候，却是别有意味。对于这个场景的理解，学生很容易停留在这个层面，忽略了它和后文苏轼发现水声如钟的关系。正当苏轼为眼前景象所惊吓，准备打道返回的时候，"而大声发于水上，噌吰如钟鼓不绝"。这是一个重要的发现，激动人心，压倒惊恐，以至于苏轼"徐而察之"，发现"山下皆石穴罅"，"不知其浅深，微波入焉，涵澹澎湃而为此也"。设想一下，要是苏轼"心动"而还，或是像船夫一样"大恐"，可能这次考察就此结束了，石钟山得名的原因也就无解。但是，苏轼不惧眼前险恶，克服恐惧心理，勇敢探索，才有了惊人的发现。这件事情本身就告诉我们，一个人的有所发现，有所成就，绝不是简简单单、轻而易举之事，而是要经历险阻，挑战困难，挑战自我，最后才获得成功。成功也许就在转角处，但是你害怕了，放弃了，就不可能成功。由此看来，文段中第二次写"笑"，不但烘托出作者一行紧张、惊险的人生体验，更是暗示某种人生哲理，暗中呼应后文的思想内容。

文中第三次出现"笑"字句是苏轼对儿子的问话，"因笑谓迈曰：'汝识之乎？噌吰者，周景王之无射也；窾坎镗鞳者，魏庄子之歌钟也。古之人不余欺也！'"这个句子中，苏轼为何而笑呢？有同学说出，这是一种轻松、愉快、内心释然的笑，因为他发现了石钟山得名的真正原因。老师追问，石钟山得名的真正原因是什么？请从文本中找出相应句子来回答问题。学生认真研读文段，找出描写两种声音的句子，一是"余方心动欲还，而大声发于水上，噌吰如钟鼓不绝"（噌吰之声），一是"舟回至两山间，将如港口，有大石当中流，可坐百人，空中而多窍，与风水相吞吐，有窾坎镗鞳之声"（窾坎镗鞳之声），而且两种声音彼此相应，"如乐作焉"，非常动听。也就是说，苏轼终于发现，这座山之所以命名"石钟山"，原因在于山石风水激荡，能够发出如钟如鼓如乐动听的声音。除此之外，苏轼对儿子的"笑问"还有一个原因，这要结合后面的文句来思考。学生容易忽略，教师要强调。理解一个词句一定要回到语境，勾前连后。苏轼问儿子，你知道吗？知道什么呢？他由眼前的两种声音联想起了历史上两口著名的钟，一口叫作无射钟，敲击能够发出噌吰之声；另一口叫作歌钟，敲击能够发出窾坎镗鞳之声。他感到很意外，也很默契，似乎耳畔回响的这两种声音已经等他千年，相约今夜。苏轼由衷感叹，古人没有欺骗我们啊。也就是说，为何给这座山命名石钟山呢，这也是与历史的巧合呢。所以，此时的"笑"还有一个原因，那就是苏轼想起了历史上的两口著名的钟，它们的声音正好与石钟山脚下水石相搏的声音相像，这让他感到很有意思。这样一句问话，既增添了历史文化色彩，又增添了行文的趣味性，旁逸斜出，意味深长。

第四次出现"笑"，在文章结尾一个句子，"余是以记之，盖叹郦元之简，而笑李渤之陋也"，交代写作目的，总结作者的立场与态度。注意句子"盖叹郦元之简，而笑李渤之陋也"的语序，不妨比较"盖笑李渤之陋，而叹郦元之简也"与文中语句，显然，文中句子重点在于"而笑李渤之陋也"，也就是说，否定、反驳、批判李渤的看法是目的之一，探索石钟山得名的真正原因目的就是要完善郦道元的看法，反驳李渤的看法，彰显自己求真务实、注重实践的精神。调整了语序的句子重点在于强调"而叹郦元之简也"，显然不吻合作者的写作意图。实际上，郦道元的看法与苏轼的看法本质上是相似的，只不过郦道元说得简单，以至于"人常疑之"，苏轼通过实地勘察，分析推理，得出详细的原因，这就相对能容易说服人们。结尾一"笑"，其实"笑"出了对李渤看法和做法的不屑与否定，也从一个侧面印证了作者的求真务实、注重考察的实践精神。

　　一篇游记散文，不管是游览山水，还是抒情言志；不管是探访名声，还是考证历史，人都是最重要的，字里行间都沉淀着作者的心灵意趣、人格精神。品味、教学苏轼的《石钟山记》，沿着苏轼的游踪，感受见闻，触摸心跳，体会意趣，把握精神，自然不能忽略贯穿文本始终的四个"笑"字，由此切入，勾连语境，瞻前顾后，综合考量，必将对文本内容与人物精神获得全新的理解与发现。

3

第三辑　小说新天地

改"文"为诗，品、读生情

——铁凝《哦，香雪》教学漫谈

上一节课结束的时候，我布置了一项课外作业，阅读铁凝的小说《哦，香雪》，挑选其中最具诗意的片段，改编成一首诗歌，要求是所找片段要具有诗情画意，要体现诗意之美。批阅收上来的作业，绝大多数同学对于文本是比较熟悉的，也找出了他们比较满意且符合诗意要求的片段，但是问题也很明显。有的同学找到的文段没有画面感，属于人物心理活动描写，有的属于语言描写，且语言描写当中动作感、画面感均不强；有的找到的文字属于一般性描述、介绍故事进展情况，诗意严重欠缺。怎样的文字才是有诗意的文字呢？这次上课，我还是从这里开始，从已经学过的几首诗词的回忆、梳理、复习开始。《沁园春·长沙》上片通过写景抒情，师生朗读上片，突出重音"万山""层林""漫江""百舸""鹰""鱼""万类"，突出系列意象。词作下片结尾"曾记否？到中流击水，浪遏飞舟"，通过画面、动作来抒情，不同于《沁园春·雪》的结尾"俱往矣，数风流人物，还看今朝"，这是直抒胸臆。《立在地球边上放号》通过"北冰洋""太平洋""滚滚洪流"来抒情，《天狗》通过核心意象"天狗"来抒情，闻一多的《红烛》通过核心意象"红烛"来抒情，昌耀诗歌《峨日朵雪峰之侧》则通过"太阳""石砾""雄鹰""雪豹""蜘蛛"等系列意象来抒情。这些例子告诉我们，抒情要借助典型意象或系列意象来抒情，使得诗歌语言更具有抒情性、文学性，而不是采用简单的直抒胸臆的方式。诗歌是抒情的艺术，诗句之间要洋溢着强烈的主观感情。尽量减少或避免理性与冷静。比如有一首诗歌，标题是"生活"，诗歌内容就一个字"网"，它要表达的就是"生活如同一张挣不开、摆不脱的巨网，人时时处处事事处于网格当中。这首诗相对比较理性，侧重一种探索、思考，感情色彩非常淡薄。总结一下，要写诗，就要运用意象，要追求画面感，要表达强烈感情。老师批阅大家的作业，也是从这三个方面去衡量的。

接下来，我们的教学围绕铁凝小说《哦，香雪》片段改写进行，同学们改写得如何呢？还是从这三个方面来看。先请大家看看这个小说的标题，是不是有诗意，比较一下这个单元的两篇小说的标题，《哦，香雪》《百合花》均是很有诗意的标题。前者三个字，字字含诗意。香雪是一个人的名字，拆开来看，"香"字散发出迷人的芬芳，"雪"字洁白一片，干净纯粹，给人直观印象。合起来命名一个姑娘，绝对不可能是城市里面那些涂脂抹粉、浓妆艳抹，珠光宝气，流光溢彩的妖娆女子的名字，更像一个生活在乡村，置身蓝天白云之下、青山绿水之间、炊烟袅袅之舍、花草树木之旁的农村姑娘的名字，透露出朴素、自然、清新、美丽的气息。一个"哦"字，包含亲切的意味。所以标题就很有诗意。同样，茹志鹃的小说《百合花》，标题就是一朵百合花，纯洁，美丽，充满生机，散发芬芳，也是诗意满满。同学们注意了，教材第一单元，选用几篇诗词与两篇小说放在一起，什么原因呢？就是"诗意"两个字，而且从内容来看，全是表现青春题材。

从画面感来看，也就是说，有诗意的文字一定要运用意象，要描写景物，要营造氛围，要传达人物情感。对于铁凝这篇《哦，香雪》来说，具有画面感的文字，一定是大量散布文中的什么描写的文字。不少同学说出环境描写或景物描写，也有两个同学说出语言描写。教师让说语言描写的同学发言，他们认为不少语言描写的内容具有直观画面感、色彩感，并举出例子来证明。老师肯定他们的理解，但是指出，比较景物描写而言，后者的画面感、抒情性更强，更充分。教师要求学生快速画记全文环境描写文段，并自由朗读几分钟。这点不多讲，因为同学掌握得比较好，作业里面有不少同学找到了这些文字，课堂上大家也很快意识到并找得到景物描写的文段。读一遍，议一议，品味、体验一下即可。

教师启发学生，如果你是导演，要选择小说中的某些场景拍摄成电影，你会找到哪些场景？并说说理由，即你为什么要找这些场景。教师特别提醒，要找到那些最具视觉冲击力和心灵震撼力的场景，也就是要有动词、动作的场景。学生陆续找出一些片段，如下面这个片段。

> 现在，
> 在皎洁的月光下，
> 她才看清了它是淡绿色的，
> 盒盖上有两朵洁白的马蹄莲。
> 她小心地把它打开，
> 又学着同桌的样子轻轻一拍盒盖，"哒"的一声，
> 它便合得严严实实。
> 她又打开盒盖，
> 觉得应该立刻装点东西进去。
> 她从兜里摸出一只盛擦脸油的小盒放进去，
> 又合上了盖子。
> 只有这时，
> 她才觉得这铅笔盒真属于她了。

这个文段有色彩美、镜头美。香雪打开铅笔盒、关闭铅笔盒的动作，表

现出她的小心、兴奋、好奇、愉快的心理。可以拍摄成电影镜头，动作连贯、轻巧，巧妙传达人物心理。

一轮满月升起来了，

照亮了寂静的山谷，

灰白的小路，

照亮了秋日的败草，粗糙的树干，

还有一丛丛荆棘、怪石、

还有漫山遍野那树的队伍，

还有香雪手中那只闪闪发光的小盒子。

这个文段（诗节）可用聚焦、拉近、特写等方式来拍摄，突出月光之下"闪闪发光"的铅笔盒。

她想快点跑过去，

但腿为什么变得异常沉重？

她站在枕木上，

回头望着笔直的铁轨，

铁轨在月亮的照耀下泛着清淡的光，

它冷静地记载着香雪的路程。

她忽然觉得心头一紧，

不知怎么的就哭了起来，

那是欢乐的泪水，满足的泪水。

面对严峻而又温厚的大山，

她心中升起一种从未有过的骄傲。

她用手背抹净眼泪，

拿下插在辫子里的那根草棍儿，

然后举起铅笔盒，

迎着对面的人群跑去。

这个文段（诗节）突出了一个动作"举起铅笔盒""迎着对面的人群跑去"，动作感很强，视觉冲击力、心灵震撼力兼备。要理解这个动作的丰富而重大的意义，必须要结合小说的语境尤其是香雪的生活学习境遇来看。教师追问，香雪举起的是一个崭新的铅笔盒，又不只是一个铅笔盒，那是什么呢？请补充，并说明理由。这个问题犹如一枚石子投入湖水，荡起无数波澜，慢慢扩散开去。有人说举起梦想，有人说举起憧憬，有人说举起希望，有人说举起追求，有人说举起自信，有人说举起自豪，有人说举起幸福，有人说举起激动，有人说举起尊严，有人说举起走出大山的渴望，等等，一下子打开了学生的思维，激发了他们的想象、探索的欲望。其中，教师抓住"举起尊严"追问，为什么说"举起尊严"呢？香雪没有尊严吗，在没有得到这个铅笔盒之前？学生很快想到，她念初中，使用一个木制铅笔盒，粗糙、简陋、寒碜、丑陋，被同学嘲笑，奚落，挖苦，她自己也觉得没有尊严。得到这个铅笔盒之后，她感到自豪，自尊，获得异样的关注，获得和同学同等的尊严，不再自卑，不再胆怯。因此，香雪举起的是自己做人的尊严，在她的同学们当中。也有学生说，这个铅笔盒对于香雪来说，代表着一种文明、一种进步、一种变化，因为火车开进了台儿沟，带来了文明新风，影响到这里的人们，暗示着台儿沟从封闭走向开放，从落后走向进步，从愚昧走向文明，台儿沟会改变自己，会变得文明。从这个意义上说，香雪举起的是台儿沟的明天、台儿沟的希望。全班爆发热烈掌声。老师趁势总结，在皓月银辉之下，在山峦起伏之间，在男女老少注目之下，香雪自豪地站立，高高举起铅笔盒，向世界宣言，我来了，我将走向美好的未来，台儿沟将走向美好的明天。多么豪迈的宣言，多么激越的感情！因此这个"举起铅笔盒"的动作，出现在最后，凝聚旨意，辐射全篇，最有镜头感，最具张力，要重点拍摄。

由铅笔盒带出香雪和同村姑娘比如凤娇等人的不同追求，可以适当对比，以此引导学生思考香雪的"铅笔盒"的象征意义。村里的姐妹们关注火车上的客人们的金圈圈、手表、发卡，她们用山货、土特产换来挂面、香皂、纱巾、尼龙袜，她们关注和议论"北京话"，希望过上一种她们未曾经历过的崭新的生活，这些生活与台儿沟的生活大不一样。香雪则自始至终关注铅笔盒、山外的大学，和姐妹们的关注不一样。这是为什么呢？因为香雪是台儿沟唯一上初中的人，读书求学，带给她新鲜的见闻，打开她向往、追求山外世界的窗户。她希望过上一种不同于台儿沟的生活。所以，对于香雪而言，手中的铅笔盒还象征着她对美好生活的向往与憧憬。她的精神世界与同村姐妹们不一样。她的父亲希望她过上怎样的生活呢？无非就是面朝黄土背朝连天，日出而作，日落而息，嫁人，生娃，做个山里妇女，一辈子重复上一代人的生活。但是，读了书的香雪，看了火车的香雪，对外面的世界产生了向往，对新生活充满了希望。她的想法显然和父亲的期望不一样。这个对比也说明，香雪是一个有精神追求的人。和台儿沟的姐妹们、和大人都不一样。

师生品味、欣赏、讨论了几个文段改编的诗歌之后，不妨安排学生自由朗读这些改编而成的诗行，尤其提醒他们注意，不要读成《沁园春·长沙》的"豪迈体"，不要读成郭沫若的《立在地球边上放号》的"咆哮体"，不要读成郭沫若的《天狗》的"天狗体"，不要读成昌耀诗歌《峨日朵雪峰之侧》的"铿锵体"，而要读成铁凝小说内蕴的"什么体"呢？你们猜猜看。学生脱口而出是"诗意体"。我说，太俗白了，平俗、浅白，换一个表达，文雅一点，诗意一点，又别致一点。学生说了一些，比如"铁凝体"，"山村体"

等等，但是，我感觉均不好，揭晓答案，"香雪体"，是不是啊？这个"香雪"太美了，朴素、清新、美丽、淳朴，散发着乡土气息，朗读《哦，香雪》片段诗文，要读出感情，轻盈，柔和，优美，舒缓，犹如山泉丁咚作响，犹如春风微微拂面，犹如鲜花渐渐绽放。一边朗读，一边体味那种诗意深情的感觉。学生个别朗读，集体朗读，读出香雪心灵之美、气质之美，也读出自己的欣赏、赞颂、欢乐之感情。读进台儿沟，读成香雪。不管是个别朗读，还是集体朗读，学生都非常投入，声情并茂，精神振奋，情绪饱满，眼睛放光。我知道，课堂抵达一种美妙的境界，一定会让他们留念、回味无穷。

关于小说中环境描写的典型文段，除了安排学生朗读、感受、体味之外，教师还要注意引导学生思考这些散布在小说各处的景物描写，到底美在何处？情有何别？一句话，所有的景物描写，不但勾画自然美，而且吻合人物心情，折射人物心灵美。不妨引导学生挑选出来，比较品味。

现在，香雪一个人站在西山口，目送列车远去。列车终于在她的视野里彻底消失了，眼前一片空旷，一阵寒风扑来，吸吮着她单薄的身体，她把滑到肩上的围巾紧裹在头上，缩起身子在铁轨上坐了下来。香雪感受过各种各样的害怕，小时候她怕头发，身上沾着一根头发择不下来，她会急得哭起来；长大了她怕晚上一个人到院子里去，怕毛毛虫，怕被人胳肢（凤娇最爱和她来这一手）。现在她害怕这陌生的西山口，害怕四周黑幽幽的大山，害怕叫人心跳的寂静，当风吹响近处的小树林时，她又害怕小树林发出的窸窸窣窣的声音。三十里，一路走回去，该路过多少大大小小的林子啊！

这个文段的景物描写烘托被火车抛在陌生小站的孤独、紧张、害怕、焦急，甚至恐惧的心理。

一轮满月升起来了，照亮了寂静的山谷，灰白的小路，照亮了秋日的败草，粗糙的树干，还有一丛丛荆棘、怪石还有漫山遍野那树的队伍，还有香雪手中那只闪闪发光的小盒子。

这段文字描写山谷幽静、月光朗照、事物萧索的景象，衬托那只"闪闪发光"的小盒子，折射香雪看到铅笔盒的喜悦、欢欣的心情。

她站了起来，忽然感到心里很满，风也柔和了许多。她发现月亮是这样明净，群山被月光笼罩着，像母亲庄严、神圣的胸脯；那秋风吹干的一树树核桃叶，卷起来像一树树金铃铛，她第一次听清它们在夜晚，在风的怂恿下"豁啷啷"地歌唱。她不再害怕了，在枕木上跨着大步，一直朝前走去。大山原来是这样的！月亮原来是这样的！核桃树原来是这样的！香雪走着，就像第一次认出养育她成人的山谷。

所见所闻，无一不美。夜风变得柔和，月光格外明净，一树树核桃叶簌簌作响，犹如金铃铛响动，发出动听的歌声。景象如此明净、优美，声音如此美妙动听，景物描写烘托出香雪幸福、欢畅、满足的心情。

对了，四十个鸡蛋也没有了，娘会怎么说呢？爹不是盼望每天都有人家娶媳妇、聘闺女吗？那时他才有干不完的活儿，他才能光着红铜似的脊梁，不分昼夜地打出那些躺柜、碗橱、板箱，挣回香雪的学费。想到这儿，香雪站住了，月光好像也黯淡下来，脚下的枕木变成一片模糊。回去怎么说？她环视群山，群山沉默着；她又朝着近处的杨树林张望，杨树林窸窸窣窣地响着，并不真心告诉她应该怎么做。

这段文字描写景物，月光暗淡，枕木模糊，群山沉默，树林神秘，巧妙地烘托出香雪因为"丢了"四十个鸡蛋可能会招致父母责骂的紧张、害怕、担心的心理。

小溪的歌唱高昂起来了，它欢腾着向前奔跑，撞击着水中的石块，不时溅起一朵小小的浪花。香雪也要赶路了，她捧起溪水洗了把脸，又用沾着水的手抿光被风吹乱的头发。水很凉，但她觉得很精神。她告别了小溪，又回到了长长的铁路上。

这段文字的景物描写格调欢快，烘托出香雪明了如何向母亲解释鸡蛋不见了，但是她看见了不一样的生活之后，内心的幸福与兴奋。

总之，小说的景物描写，随着人物的心情而改变格调，各有其美，各自关联人物心情。要好好朗读、品味，要经由景物描写，走进人物的内心世界。当然，欣赏景物描写的时候，尤其是要理解景物烘托人物心情的时候，要紧密结合上下文，要牢牢抓住语境来分析。

青春之美在何处

——茹志鹃《百合花》与铁凝《哦，香雪》比较教学

这个课时，我们来比较学习第一单元的两篇小说，茹志鹃的《百合花》和铁凝的《哦，香雪》。第一单元主要是诗歌，前面几首诗词，古今中外诗词都有，大家想想看，为什么教材编者将这两个作品放在第一单元？依据学生的回答，教师小结，主要原因有二：一是这两篇小说都充满着浓郁的诗情画意，甚至可以说是诗化小说；二是这两篇小说都是围绕同一主题关键词"青春"展开情节内容的。或者说，这两篇小说和前面的诗词一样，都是表现青春之美的。

我们这个课时，就想结合作品的情节内容、人物性格、主题思想等方面来探讨、品味"青春之美"。老师提出三个问题：一、如果说青春是有颜色的，你会用哪种颜色来描绘两篇小说的青春主题？二、如果说青春是有表情的，你会用哪种表情来描绘两篇小说的青春主题？三、如果说青春是有力量的（动作），你会用哪个动词来描绘两篇小说的青春主题？当然，要研讨这些问题，先要熟悉小说的情节、人物和环境，尤其是要对小说的典型场景、环境、人物动作、表情有足够的阅读与了解。相信大家已经预习了两篇小说，课堂上再给大家几分钟时间，阅读小说关键部分，然后我们一起来探讨这些问题。

阅读小说有两种方法，一种是将长文读短，短到一个字，一个词语，一

句话。要求这一个字、一个词语、一句话能够概括小说的核心内容与主题思想或人物主要思想性格、精神操守、人生境界。另一种方法是将短文读长，由一个字，一个词，一句话，读成一段文，一篇文，一章文，甚至几千几万字的作品。前一种方法要提纲挈领，抓取关键细节，抓取核心部位；后一种方法要细致品味，深入挖掘，扩大思考，勾连想象。这个课时，我们尝试从三个问题出发，将长文读短，短到一个字。接下来，我们来听听大家的发言。要注意，你不但学会用一个字或词语来概括你的意思，还要密切结合作品相关具体情节内容来分析你为什么要用这个字或词。

青春的色彩

关于青春的颜色，有同学用"白色"来概括《百合花》的青春之美。他找到的文段是小说最后一小节文字。

"是我的——"她气汹汹地嚷了半句，就扭过脸去。在月光下，我看见她眼里晶莹发亮，我也看见那条枣红底色上撒满白色百合花的被子，这象征纯洁与感情的花，盖上了这位平常的、托毛竹的青年人的脸。

百合花的白色象征着"纯洁"与"感情"，如何理解这个"纯洁"与"感情"，这就要结合小说前面的具体情节内容来谈了。通讯员是主人公，他来自农村，年纪轻，人单纯，腼腆羞涩，憨厚可爱，这在小说中表现得特别突出。我们不妨从三个方面来分析。

一是通讯员负责送"我"到包扎所，行走半天，他始终不远不近与我保持距离，不看我一眼，不说一句话。"我"主动和他说话，接近他，他脸红，拭汗，左右为难，狼狈不堪，完全是面对一个陌生人所表现出来的腼腆、羞涩的神态。文中有这样的片段。

他见我挨他坐下，立即张皇起来，好像他身边埋了一颗定时炸弹，局促不安，掉过脸去不好，不掉过去又不行，想站起来又不好意思。我拼命忍住笑，便随便地问他是哪里人。他没有回答，脸涨红得像个关公，讷讷半晌，才说清自己是天目山人。

他飞红了脸，更加忸怩起来，两只手不停地数摸着皮腰带上的扣眼。半晌才低下了头，憨憨地笑了一下，摇了摇头。

当我站起来要走的时候，我看见他摘了帽子，偷偷地在用手巾拭汗。

这些描写，足可见出他的单纯、羞涩、可爱。

二是借被子的片段。我们一起去村里借被子，"我"借到了，他却借不到，原因在于那位新媳妇故意逗弄他，开玩笑，气气他，而他肯定是憨头憨脑，不知所措，越发引发新媳妇的逗趣。新媳妇"笑"个不停，忍不住"笑"，他则是狼狈至极，无地自容。此处亦可见出通讯员的憨厚、腼腆、就像小姑娘一样羞羞答答，楚楚可怜。

三是建议还被子的情节，当我们借回被子的时候，他得知这个被子是新媳妇的唯一嫁妆，对"我"说把被子送回去吧，把人家唯一的嫁妆都借来了，多不好意思呀。此处可见他的单纯、认真、实诚、善良，替人着想。还有小说中写到几个细节，枪筒里喜欢插几枝野花，给我两个馒头，衣服被刮破了，等等细节描写，也颇能看出通讯员的单纯、美丽、善良的心灵。因此，我们可以说，"白色"暗示着小战士的品性单纯、羞涩、质朴、善良、正直、可爱。

其实小说中的其他人，比如新媳妇，也是品性单纯，从外表看活泼开朗，喜欢打趣，逗闹，关键时刻，拿出自己的唯一嫁妆，借给解放军战士，救助伤员。得知小战士牺牲之后，又给他缝补衣服破洞，硬要将新被子铺在棺材底部，让小战士睡上一辈子，在另外一个世界。这些情节内容亦可看出新媳妇的热情、善良、乐于助人、泼辣开朗的性格，也是品性纯洁的体现。

小说中的"感情"又是如何呢？这要具体分析谁对谁的感情，尤其是"我"和通讯员之间的感情，新媳妇和通讯员之间的感情。梳理一下"我"对通讯员的感情，不难发现，由生气到奇怪，到感兴趣，到亲切，到"从心底爱上他了"，到牵挂，到中秋思念，到战地担忧、紧张，到最后的悲痛缅怀，"我"对小战士无比眷恋、敬爱与钦佩。这份感情来自"我"与他的接触、交往、了解，纯洁，干净，美好，不带一点渣滓，不受世俗污染，和百合花一样美丽、纯净。因此，用"白"字来概括《百合花》中人物的青春之美的颜色，是比较妥当的。

《哦，香雪》选用哪一种颜色词语来描述青春之美呢？有同学说"白"字，理由是标题中的人名"香雪"本身就有一个"雪"，洁白如雪，纤尘不染，象征着香雪的品性纯洁、干净、美丽。何以如此呢？从小说中找出情节、内容依据来。学生说到一个重要的情节。

香雪平时话不多，胆子又小，但做起买卖却是姑娘中最顺利的一个。旅客们爱买她的货，因为她是那么信任地瞧着你，那洁如水晶的眼睛告诉你，站在车窗下的这个女孩子还不知道什么叫受骗。她还不知道怎么讲价钱，只说："你看着给吧。"你望着她那洁净得仿佛一分钟前才诞生的面孔，望着她那柔软得宛若红缎子似的嘴唇，心中会升起一种美好的感情。你不忍心跟这样的小姑娘耍滑头，在她面前，再爱计较的人也会变得慷慨大度。

这个买卖山货的场景表现出香雪诚实、单纯、毫无心机、洁白如雪的品性。还有一个片段，香雪拿四十个鸡蛋换了女大学生手中那只铅笔盒之后，担心遭到爹妈的责骂，满心焦急、不安，但是她又想：

她要告诉娘，这是一个宝盒子，谁用上了它，就能一切顺心如意，就能上大学、坐火车到处跑，就能要什么有什么，就再也不会被人盘问她们每天吃几顿饭了。娘会相信的，因为香雪从来不骗人。

　　这段文字描写香雪的心理，突出香雪"从不骗人"的品性。还有她跑到火车上和女大学生交换铅笔盒的时候，女大学生"一定要把铅笔盒送给香雪，还说她住在学校吃食堂，鸡蛋带回去也没法吃"，"她怕香雪不信，又指了指胸前的校徽，上面果真有'矿冶学院'几个字。香雪却觉着她在哄她，难道除了学校她就没家吗？香雪一面摆弄着铅笔盒，一面想着主意。台儿沟再穷，她也从没白拿过别人的东西。就在火车停顿前发出的几秒钟的震颤里，香雪还是猛然把篮子塞到女学生的座位下面，迅速离开了。"这个片段也可以看出香雪的真诚、道义、单纯、质朴，就像水晶一样透明，就像清泉一样清澈。因此，用"白"字来描写香雪身上体现出来的青春之美似乎还行。

　　但是，教师追问，综观小说整个情节内容与作品的主题思想，你觉得香雪身上最重要、最宝贵的品质是白雪一样的纯洁与淳朴吗？显然不是，羡慕、渴盼、换到那个朝思暮想的铅笔盒才是香雪的最大追求。换句话说，自从火车开进了台儿沟，香雪就萌生了一个强烈的愿望，希望换到一个心爱的铅笔盒，希望努力读书，学习知识与文化，走出大山，走向另外一种生活。要表达一个青春少女胸中熊熊燃烧的愿望，你觉得用哪个词语更恰当呢？学生想到了香雪的紫红色线围巾，就用这个"红"字很好，既能表现香雪的青春风采，又能烘托香雪内心的热烈向往。大家一致认为这个"红"字是香雪的青春色彩。

　　教材配了一幅王玉琦创作的连环画《哦，香雪》，画中香雪黑发白面，眼睛明亮如水，面庞白净如雪，红唇小嘴，鼻子玲珑，一副单纯美丽的青春模样，尤其是脖子上系着紫红色围巾，鲜艳亮眼。香雪左手托举篮子，右手扶住篮边，露出光洁白嫩的手指。篮内隐约可见一些山货。这幅连环画，真实而传神地再现了小说主人公香雪的精神面貌。我引导学生思考，香雪脖子上围系的围巾可否改为其他颜色，比如白色、绿色、黑色、紫色、蓝色，等等。要求大家结合人物的青春样态、内心情感、精神面貌来说说理由。学生来神，热议围巾颜色，纷纷发言。白色不合适，除了象征人物纯洁、美好、实诚、善良的品性之外，也可象征缅怀与哀思，不符合香雪的精神气质与内心状态。有个同学说，"绿色"可以，一来因为香雪的铅笔盒是"浅绿色"的，二来因为给山村带来文明新风的火车是绿色的，三来因为村庄环境绿树葱茏。论据说得充分，且紧扣小说文本内容，我充分肯定他读书的细致与用心。但是，还是提出一个疑问，绿色一般象征着生机与活力，象征着和平安宁，好像用来描述"香雪"的青春之美不太妥当，主要是不能烘托出香雪的内心追求。一个同学说"黑色"，理由是小说后面写了香雪下了火车，沿着铁轨返回台儿沟，青山隐隐，隧道漆黑，天地黑影幢幢，环境的幽深黑暗反衬出香雪得到铅笔盒之后的勇敢向前、幸福快乐的心情。这个理解也是结合小说情节内容来分析，有一定道理，但是，老师还是追问，日常生活中，黑色属于冷色调，给人以低沉压抑、沉重暗淡的感觉，用在香雪身上，似乎也不太吻合她的心理状态。蓝色呢？让我们想到雅礼校服的蓝色，雅礼蓝，蓝色是天空、大海的颜色，庄重，大气，包容，雅礼蓝就是如此，可惜香雪不是雅礼学生，不适合系上一条蓝色围巾。（学生大笑）说到紫色，似乎可以，但是老师追问，紫色有什么文化意义呢？说说用紫色组词，你想到哪些词语？"紫气东来""紫薇高照""紫禁城""紫微星""紫色的丁香花"，老师补充艾青的诗歌《大堰河，我的保姆》，诗人歌赞自己的乳娘"紫色的灵魂"，可见紫色象征着高贵、典雅、圣洁，也暗含凝重、忧愁、深沉的意味。有同学突然提出，高一年级为什么好多老师这段时间都穿紫色的短袖T恤？老师上课正好是穿着一件紫色T恤，这个同学机灵，提出一个很有意思的问题，引发大家强烈的兴趣。我问大家，你们知道吗？本届高一老师多半从高三下来，每人两件T恤，红色一件，紫色一件，这是送考服，有何含义啊？有同学意识到，红得发紫，大红大紫。呵呵，老师穿上这些衣服意在表达对高三考生的美好祝福呢。如此展开"紫色"，丰富"紫色"的文化含义，扩大学生的积累，激活他们的思维，还是很有意义的。当然，香雪还是不太适合披上一条纯紫色的围巾。这样看来，还只能给她披上一条红色的围巾，因为红色属于暖色调，给人以热烈、热情、红红火火、熊熊燃烧的感觉，正好匹配香雪对美好生活的憧憬和向往的心态。

青春的表情

如果说青春是有表情的，那么你从这两篇小说中，也可以说是两个表情包中分别找到哪一个表情图案来描绘各自主人公的青春表情。要求这个词语必须出现在小说中，要高频出现，而且要恰当暗示人物的心情和精神面貌。学生搜索、评议、发言，关于《哦，香雪》，大多数同学很容易找到"笑"字。小说中多次出现不同人的"笑"，传达不同人物、不同情境之下的不同感情。

"姑娘们一阵大笑，不知谁还把凤娇往前一搡，弄得她差点儿撞在他身上。"这一来反倒更壮了凤娇的胆。"喂，你们老待在车上不头晕？"她又问。

"房顶子上那个大刀片似的，那是干什么用的？"又一个姑娘问。她指的是车厢里的电扇。

"烧水在哪儿？"

"开到没路的地方怎么办？"

"你们城市里一天吃几顿饭？"香雪也紧跟在姑娘们后边小声问了一句。

……　……

"她呀，还在想'北京话'哪！"有人开起凤娇的玩笑。

此处"大笑""玩笑"，均是姑娘们"笑"凤娇，因为她看到"北京话"，无比羡慕，满心欢喜，表现出活泼、大胆、兴奋，甚至泼辣的言行，深深感染了姑娘们，以至于她们议论纷纷，插科打诨，无比开心。"大笑"和"玩笑"之间，还穿插了凤娇和香雪无知而窘迫的问话，显露出她们的无知与可笑。当然，凤娇的发问"问"出了她的热情、好奇与好玩，香雪的轻声发问则"问"出了羞愧与自卑。两个人的"问"话折射出不同的心理与性情。

有一回她向一位戴眼镜的中年妇女打听能自动开关的铅笔盒，还问到它的价钱。谁知没等人家回话，车已经开动了。她追着它跑了好远，当秋风和车轮的呼啸一同在她耳边鸣响时，她才停下脚步意识到，自己的行为是多么可笑啊。

火车眨眼间就无影无踪了。姑娘们围住香雪，当她们知道她追火车的原因后，便觉得好笑起来。

香雪意识到自己的行为"可笑"，甚至荒唐，其实正反映出她对铅笔盒的高度关注，满心欢喜，凸显对文化、对知识、对文明的热切向往与追求。这正是她不同于台儿沟姐妹们的地方，也是她性格思想的魅力之所在。姑娘们笑她，正好见出她们的庸俗与无知。

台儿沟没有学校，香雪每天上学要到十五里以外的公社。尽管不爱说话是她的天性，但和台儿沟的姐妹们总是有话可说。公社中学可就没有那么多姐妹了，虽然女同学不少，但她们的言谈举止，一个眼神，一声轻轻的笑，好像都是为了叫香雪意识到，她是小地方来的，穷地方来的。

公社中学的女同学"笑"来自台儿沟这个小地方、穷地方的香雪，分明就是歧视、看不起香雪，让香雪感觉自卑，没有尊严。这也从侧面突出香雪的高度敏感与自尊。所以，才有后面换得铅笔盒之后的"报复"与自尊。

　　山谷里突然爆发了姑娘们欢乐的呐喊。她们叫着香雪的名字，声音是那样奔放、热烈；她们笑着，笑得是那样不加掩饰、无所顾忌。古老的群山终于被感动得颤栗了，它发出宽亮低沉的回音，和她们共同欢呼着。哦，香雪！香雪！

　　姑娘们看见了香雪，爆发出欢乐的呐喊，呼叫着香雪的名字，"笑"得"不加掩饰、无所顾忌"，大山也和她们"共同欢呼"，香雪也加入其中，开心地"笑"了，笑得多么热烈，多么兴奋。这是一个山谷轰鸣、众人欢喜的场面，安排在小说的结尾，也是高潮部分，渲染了一种喜悦幸福的气氛，暗示香雪和姐妹们都会迎来美好的前景。依据场景描写的内容、程度、气氛、特点，要求学生展开联想，用一些含有"笑"的成语，或是表现人物喜悦心情的成语来描绘这种情况，学生们思维活跃，积极发言，"笑逐颜开""开怀大笑""捧腹大笑""笑语喧哗""喜出望外""心花怒放"等，"笑"语迭出，课堂热闹。显然，这个结尾"笑"得最灿烂，最明媚，给小说增添一个光亮的尾巴，给小说带来欢乐的气氛，也烘托出人物强烈的心愿，还暗示了姑娘们会迎来美好的明天。

　　综观以上关联"笑"的片段，不难看出，要是找一个表情词语来描述《哦，香雪》的青春表情的话，当然要数这个高频出现、见情见性的"笑"字。

　　《百合花》的青春表情又是哪个词语呢？也是一个"笑"字。何以见得？请阅读小说，搜寻各种各样的"笑"。

　　他见我挨他坐下，立即张皇起来，好像他身边埋下了一颗定时炸弹，局促不安，掉过脸去不好，不掉过去又不行，想站起来又不好意思。我拼命忍住笑，随便地问他是哪里人。他没有回答，脸涨得像个关公，讷讷半晌，才说清自己是天目山人。

这个文段写"我拼命忍住笑"，从侧面烘托出小战士的紧张、羞涩、腼腆与不安，可见他的单纯与可爱。当"我"问他，"你还没娶媳妇吧？"他是"飞红"了脸，更加忸怩起来，两只手不停地数摸着皮带上的扣眼。半晌才低下了头，憨憨地笑了一下，摇了摇头。小战士"憨憨地笑"，不好意思，尤其是在一个和自己年纪差不多的年轻姑娘面前。一个"笑"字写出了他的单纯、质朴、窘迫与难堪。

小说中也多次写到另外一个人物新媳妇的"笑"。比如，"我看她头上已硬挠挠地挽了髻，便大嫂长大嫂短地向她道歉，说刚才这个同志来，说话不好别见怪等等。她听着，脸扭向里面，尽咬着嘴唇笑。我说完了，她也不作声，还是低着头咬着嘴唇，好像忍了一肚子的笑料没笑完。"新媳妇"咬着嘴唇笑""忍住一肚子笑料没笑完"，非常活泼开朗，喜欢开玩笑，喜欢逗弄老实人，她的一"笑"再"笑"，反衬出通讯员的憨厚、老实、单纯、可爱。

包扎所的工作人员很少。乡干部动员了几个妇女，帮我们打水，烧锅，做些零碎活儿。那位新媳妇也来了，她还是那样，笑眯眯地抿着嘴，偶然从眼角上看我一眼，但她时不时地东张西望好像在寻找什么。后来她到底问我说："那位同志弟到哪里去了？"我告诉她同志弟不是这里的，他现在到前沿去了。她不好意思地笑了一下说："刚才借被子，他可受我的气了！"说完又抿了嘴笑着……

新媳妇还没有"笑"完，还沉浸在"笑"话小战士的憨厚、老实、羞涩的情境之中，来到包扎所帮忙，还是"笑"个不停，足以见得她的开朗、活泼，甚至泼辣，还在挂念小战士，大约是小战士的老实巴交、羞羞答答给她带来了快乐吧。她越是笑过没完，越是反衬出小战士的单纯、憨厚、羞怯、可爱。这是小说写到的最后一次"笑"，后面的情节急转直下，战斗打响了，前线危险万分，小战士牺牲了，被人从战场上抬下来，整个小说气氛变得凝重、压抑，人们无不沉痛地缅怀、悼念小战士。前面的"笑"反衬后面的"悲"，无论是"笑"还是"悲"，均巧妙地揭示出军民之间、战士之间的纯洁、美好的关系，凸显出人性美和人情美。

所以，《百合花》这篇小说，也可用一个"笑"字来描绘青春表情。不过，这个"笑"与《哦，香雪》中的"笑"含义不一样。前者是先笑后悲，笑中蕴含不可预知的悲伤，"笑"得开朗、乐观、热情、风趣，充满浓郁的生活气息；后者"笑"出了内心的渴盼，笑出了对未来的希望，也笑出了一个村庄的风貌。

青春的力量

第三个问题，如果说青春是有力量的，那么，请从两篇小说中各找一个动词来描绘青春之美（力量美），并结合小说具体的情节内容说说你的理解。这个问题解决的前提是要熟悉两篇小说的故事情节和主要人物，进而从主要人物身上寻找到一个闪闪发光的动词，并结合具体情境，诠释这个动词的意义与精神。学生找到《哦，香雪》中的两个动词"跑"和"举"。"看火车，她（香雪）跑在最前面；火车来了，她却缩到最后去了。"第一次看火车，香雪又激动、又好奇、又害怕。文中有一段文字描写香雪"跑"上火车做买卖。

一位中年女乘务员走过来拉开了香雪。香雪挎起篮子站在远处继续观察。当她断定它属于靠窗那位女学生模样的姑娘时，就果断地跑过去敲起了玻璃。女学生转过脸来，看见香雪臂弯里的篮子，抱歉地冲她摆了摆手，并没有打开车窗的意思。谁也没提醒香雪，车门是开着的，不知怎么的她就朝车门跑去，当她在门口站定时，还一把攥住了扶手。如果说跑的时候她还有点犹豫，那么从车厢里送出来的一阵阵温馨的、火车特有的气息却坚定了她的信心，她学着"北京话"的样子，轻巧地跃上了踏板。她打算以最快的速度跑进车厢，以最快的速度用鸡蛋换回铅笔盒。也许，她所以能够在几秒钟内就决定上车，正是因为她拥有那么多鸡蛋吧，那是四十个。

香雪"跑过去敲窗"，又"朝车门跑去"，"轻巧地跃上了踏板"，"打算以最快的速度跑进车厢，以最快的速度用鸡蛋换回铅笔盒"，一切都要在几秒钟之内搞定，这段文字多次描写香雪的"跑"的动作与内心想法，突出铅笔盒对她的巨大吸引力，亦可看出她的强烈愿望，对铅笔盒的渴盼，实际上就是香雪渴盼学习文化知识、渴盼改变自己命运、渴盼拥有不一样的生活的复杂思想的体现。"跑"这个动词给我们留下了深刻印象。

小说中写到一个小插曲：

她（香雪）要告诉娘，这是一个宝盒子，谁用上它，就能一切顺心如意，就能上大学、坐火车到处跑，就能要什么有什么，就再也不会被人盘问她们每天吃几顿饭了。娘会相信的，因为香雪从来不骗人。

小溪的歌唱高昂起来了，它欢腾着向前奔跑，撞击着水中的石块，不时溅起一朵小小的浪花。香雪也要赶路了，她捧起溪水洗了把脸，又用沾着水的手抿光被风吹乱的头发。水很凉，但她觉得很精神。她告别了小溪，又回到了长长的铁路上。

这两段文字描写香雪的心理活动，两次写到"跑"，前一次是香雪要告诉娘,有了这个魔盒子,一切顺意,就能上大学,看世界,有尊严,"跑"出美好人生;后一次描写小溪歌唱,欢腾"奔跑",溅起朵朵浪花,烘托香雪内心的明白透亮、幸福喜悦,"跑"出了欢乐,"跑"出了精神。

小说结尾倒数第三自然段将情节推向高潮,将气氛渲染到极点,给小说留下一个既漂亮又响亮的结尾。

香雪猜出她们在等待,她想快点跑过去,但腿为什么变得异常沉重?她站在枕木上,回头望着笔直的铁轨,铁轨在月亮的照耀下泛着清淡的光,它冷静地记载着香雪的路程。她忽然觉得心头一紧,不知怎么的就哭了起来,那是欢乐的泪水,满足的泪水。面对严峻而又温厚的大山,她心中升起一种从未有过的骄傲。她用手背抹净眼泪,拿下插在辫子里的那根草棍儿,然后举起铅笔盒,迎着对面的人群跑去。

香雪"想快点跑过去",因为她离开台儿沟姐妹们、父老乡亲们一个晚上了,也离开台儿沟一个晚上了,但是,她又感觉到腿"异常沉重",因为她一个人沿着铁轨走了一个晚上,实在太累了。最后,还是抹干眼泪,高高举起铅笔盒,"迎着对面的人群跑去",她要告诉她们,她换到了铅笔盒,她将要实现自己的梦想,她对未来满怀希望。两次"跑",一次属于心理活动描写,一次属于动作描写,"跑"出了人生的精彩,"跑"出了骄傲与幸福,"跑"出了憧憬与希望。

综合以上分析来看,可以用"跑"字来概括香雪的青春之美,力量之美,这是一种大胆追梦,奔跑向前的人生姿态。也有同学觉得可用结尾倒数第三自然段这个"举"字来描述香雪的青春之美、青春之力。因为香雪举起铅笔盒,这个动作太有仪式感和震撼力了。想想这样一幅图景:皓月银辉之下,青山绿水之间,闪闪铁轨之上,众目睽睽之下,香雪高高举起心爱的铅笔盒，一个近似于人生魔盒的铅笔盒，闪闪发光，惊诧天地！哪里是铅笔盒啊？香雪举起的是自己的梦想、希望、信心和五彩斑斓的青春。如此理解，也可用这个既具有视觉冲击力又具有心灵震撼力的"举"字来描述青春之美。

再看茹志鹃的《百合花》，主人公当然是小通讯员，他的人生很短暂，身份很平凡，言语不多，羞羞答答，腼腆内向，不善于与人打交道，似乎也没有做过多少惊天动地的大事，就是一个普通得不能再普通、平凡得不能再平凡的小战士，但是，生死关头，他义无反顾扑向冒着青烟、不停滚动的手榴弹，献出了自己宝贵的生命，挽救了许多革命同志的生命。从他身上，我们看到了董存瑞炸碉堡的勇敢，黄继光堵枪眼的壮烈，邱少云任火烧的坚毅，他是一个英勇无畏、勇于献身的革命战士。这个"扑"字最能表现他的青春之美、青春之力。

以上，我们立足两篇诗意小说，从青春之美这个话题切入教学，独具匠心地设计了三个问题（分别用一个字来描述小说主人公的青春的色彩、青春的表情和青春的动作），试图将长文读短，读深，读细，读精，试图引导学生研读文本，并掌握学习方法，训练思维技能，以简驭繁，纲举目张，很好地落实了群文阅读、对比阅读、拓展阅读的相关任务。

说"姓"道"名"品人物

——鲁迅《祝福》教学漫谈

教学鲁迅小说《祝福》，坚持一个原则，要创新教法，要寻找新的突破口，要激活思维，要深入文本，要激发兴趣，几个"要"字表明我对这篇老课文的新教学的新追求。几天前一直在备课，查阅了不少资料，对探究《祝福》中的人物的名字寓意这方面的论文比较感兴趣，收集起来，整理一下，心中形成一条思路，就从小说的标题、人物的名字与人物的遭遇三者的对应入手，体会名字背后的寓意，作者设计名字所蕴含的情感态度，以及所折射的思想主旨。

导入课文，从前面学过的两篇小说入手。学习《林教头风雪山神庙》，这个标题渲染一种风雪凛冽、杀气腾腾的氛围；学习《装在套子里的人》，这个标题给人一种沉闷压抑、沉重窒息的感觉。今天我们来学习鲁迅的小说《祝福》，这个标题给人一种吉祥喜庆、幸福圆满的联想，实际上这篇小说主要是描述主人公祥林嫂的悲惨人生，一点喜气都没有。因为祥林嫂生活在鲁镇，一个封建礼教、封建思想、封建观念盛行的村镇，一个由若干大大小小深受封建思想浸润的人们组成的鲁镇，他们组成了一个社会、一个圈子，决定着祥林嫂的生存与生活、命运与走向。小说按照故事情节的发展，依次出现了一些人物，请同学们快速阅读小说，勾画标记出来，到底有哪些人物。其中，又要区分为两类，一类是有名有姓有称呼的人物，一类是无名无姓无专门称呼的人物；或者说一类是个体形象，一类是全体形象。（设计这个问题，主要是想检查一下学生对于小说的预习情况，也为后面的人物命名探究做铺垫。）学生能够找出来依次出现的21个人物。有名有姓有称呼的有：鲁四老爷、四婶、阿牛、祥林、祥林嫂、阿毛、祥林嫂婆婆、卫老婆子、柳妈、贺老六、最慈善的念佛的老太太。

梳理人物之后，教学进入第二个问题探究，这些名字当中，哪些名字蕴含的意思与小说标题"祝福"二字相近？学生一个一个地辨析，教师适当补充，以彰显这些名字的设计之巧妙。

有的说"最慈善的念佛的老太太"，表面上看，这样的老太太慈祥、宽容、仁爱，希望别人过上好生活，祝愿别人幸福，这个意思与"祝福"差不多。有人说"祥林"这个名字取得好，蕴含长辈对晚辈的美好希望，祝福晚辈吉祥如意，幸福多多。教师补充解释一下这个"林"字的意思，举出成语"林林总总"、词语"儒林""艺林"，还说一个木为"树木"，两个木为"树林"，三个木为"森林"，"林"字蕴含众多、繁多的意思。"祥林"自然是吉祥美好如林之多，如树之旺。有人说"祥林嫂"沾"祥林"的光彩与福气，也是一个美好幸福的名字。有人说"贺老六"这个名字好，"贺"有祝福、恭贺、恭喜的意思，"六"字容易让人联想到祝福话语"六六大顺"，再说了"贺老六"排行第六，暗示人丁兴旺，家业发达。这个名字蕴含"祝福"的意思。

名字如此，人物命运又如何呢？请同学们各自寻找文本相关内容，说说人物的遭遇或命运，看看是否名如其人，或人如其名。说"祥林"，同学能说出，年纪轻轻，十六七岁就夭折了，人生幸福才刚刚开始，就结束了生命。打柴为生，生活艰苦、贫穷。同学不能发现他比祥林嫂小十岁后面蕴藏着的人生境遇，教师适当点拨。祥林嫂初到鲁镇是二十六七岁，祥林嫂去世的时候比她小十岁，大约就是十六七岁。这大约是旧社会农村的结婚年龄。可见得他们两人的组合不是自由恋爱，而是封建家长包办，属于童养媳一类的婚姻。这是旧中国乡村盛行的一种畸形的婚姻制度。女儿生下来，可能连名字都还未来得及取，就送给别人（准确地说是卖给别人），长大之后做别人家的媳妇，因为家庭贫穷，无力养育。同样买下这个女孩（或女婴）的人家也是考虑到家境贫穷，娶不起媳妇，没有足够的彩礼钱，所以选择小时候买来一个女孩，自己养大，等她长大之后，也等自己家的儿子长大之后，就让他们两人正式结婚，这种女孩叫作童养媳，女大男小，又叫作等郎媳妇，意思是等男的长大之后再结婚。祥林嫂比祥林年长十岁，自然要等到祥林长大到了十六七岁才结婚。由此看来，祥林家的处境也是非常穷苦艰难的，这也是他的不幸。可见，"祥林"是名不副实，既不"祥"，更不"林"，相反悲惨得很。说"最慈悲的念佛的老太太"，小说中只有一句话，"但不久，大家也都听得纯熟了，便是最慈悲的念佛的老太太们，眼里也再不见有一点泪的痕迹。""后来全镇的人们几乎都能背诵她的话，一听到就烦厌得头痛。"这样的老太太们，和许多人一样，先前听到祥林嫂的悲惨遭遇，还能将就流一点泪水，似乎表示同情，但是后来连一点泪痕也没有了，而且还极度厌烦祥林嫂的诉说，可见她们的冷酷、虚伪，毫无悲悯之心。教师此处要追问，将问题引向深刻，老太太们为何厌烦祥林嫂，她们与祥林嫂无缘无故、无来无往啊，因为她们是完全站在封建礼教观念的角度上来审视、打量祥林嫂的，她们甚至还存在将自己的无聊与快乐建立在别人痛苦的基础之上，这就是十足的麻木与冷漠了。这样的人也配称呼"最慈善的念佛的老太太们"吗？简直就是极大的讽刺！

　　说"祥林嫂"，人们一以贯之叫她祥林嫂，就是嫁去贺老六家之后也没叫"贺六嫂"，还是叫作"祥林嫂"，而且全村镇的人，无论男人女人，无论老人小孩，无论地主穷人，一律叫她祥林嫂。这一点作者反复强调。"祥林嫂"的真实名字反而不被人记起，或是人们根本不知道，这就需要细细思考了。为什么会这样呢？

一种情况是她很小的时候，甚至还没有取名的时候，且祥林还没有出生的时候就卖给了祥林家，比祥林大，叫作祥林嫂；祥林家买下这个女孩，自然有他们自己的考虑和算计。要是生下一个男孩，可以等到男孩长大以后和他结婚，不需要往外面娶媳妇花费较多的彩礼钱。要是他们家没生男孩，那么这女孩养大以后，可以嫁人，赚取一笔彩礼钱。事实上，后来祥林去世之后，祥林婆婆做主，就把祥林嫂卖进深山里贺老六家里，赚了一大笔彩礼钱，给小叔子娶了媳妇。

　　另一种情况是十余岁的时候卖给祥林家做童养媳，祥林那个时候还很小，可能一两岁的样子，祥林嫂原来是有名字的，买过去以后就改名了，叫作"祥林嫂"，她像商品一样被人买过去，就连名字也没有，而是附着在男方名分之下，地位何等低贱卑微。这个"嫂"字暗示祥林嫂的年纪比较大，也表明她就是祥林家的人，祥林的女人，人们称呼她祥林嫂，与其说是称呼嫂子，还不如说是称呼祥林的女人。她后来再嫁，人们还是照样称呼她祥林嫂，实际上就暗示她永远属于祥林一个男人，"一女不嫁二夫"，"嫁鸡随鸡嫁狗随狗"，"生是祥林的人，死是祥林的鬼"。封建社会对女子的要求有"三从"之说，"在家从父，出嫁从夫，夫死从子"，这在祥林嫂身上体现得非常明显。从小说内容来看，我们不知道她娘家情况，父母是谁，何时去世的，是否还有其他亲人，她家在哪里，卫老婆子也许知道，但似乎没有说，小说是这样写的："卫老婆子叫她祥林嫂，说是自己母家的邻舍，死了当家人，所以出来做工。"后面还有："大家都叫她祥林嫂；没问她姓什么，但中人是卫家山人，既说是邻居，那大概也就姓卫了。"卫老婆子是中人，是卫家山人，祥林嫂是卫老婆子娘家的邻居，那自然也就姓卫了。她的丈夫姓卫，叫作卫祥林，她自然就被叫作祥林嫂了。注意小说的表述"那大概也就姓卫了"，为什么清清楚楚、明明白白的推测，还要说"大概"呢？这里面有点蹊跷，要研究一个问题，卫老婆子姓卫吗？她到底是哪里人？如果是土生土长的卫家山人，应该姓卫。如果不是卫家山人，而是从外面嫁过来的，那就不姓卫，具体姓什么，我们不得而知，只知道她也是随夫家之姓，加之后来变老，人们就称呼她为"卫老婆子"，这个"卫"姓实际上是夫姓，并不是卫老婆子原来的姓氏。祥林嫂是卫老婆子的娘家的邻居，卫老婆子的娘家在哪里，又姓什么？要弄清卫老婆子的姓氏与籍贯，必须要研究小说中相关文句，有两个句子非常关键。"大家都叫她祥林嫂；没问她姓什么，但中人是卫家山人，既说是邻居，那大概也就姓卫了。"这句话是从"大家"的叙述视角来表述的，谈论祥林嫂的姓氏，没有人问她姓什么，说明大家并不关心她从哪里来，家里还有什么人，"但"字一转，推测祥林嫂的姓氏，说她大概姓卫，说中人是卫家山人，中人应该姓卫。也就是暗示卫老婆子姓卫。"卫老婆子叫她祥林嫂，说是自己母家的邻舍，死了当家人，所以出来做工。"这句话是从卫老婆子的视角来表述的，她说祥林嫂是自己娘家的邻居，她当然知道娘家姓什么，自己原本姓什么，但是不说出来，人们似乎也不关心，这样祥林嫂具体姓什么，祥林又姓什么，这便成了一个不解之谜。小说后面还有一句话："新正将尽，卫老婆子来拜年了，已经喝得醉醺醺的，自说因为回了一趟卫家山的娘家，住下几天，所以来得迟了。"这句话是站在卫老婆子的角度来表述的，确定无疑地告诉我们，卫老婆子的娘家就是卫家山，既是娘家，那自然姓卫了。卫老婆子的姓氏时而这样，时而那样，似乎不确定，由此带来了祥林嫂姓氏的诡秘不定。

差拨、石头、短刀及其他……

——施耐庵《林教头风雪山神庙》教学漫谈

　　《林教头风雪山神庙》中的差拨是一个小人物，但是很重要，在陆虞候、富安谋害林冲的过程中，差拨发挥了关键作用。我们不妨按照小说情节的进展梳理、分析一下差拨的作为与作用。首先是酒店密谋除掉林冲一个情节，出面组织活动的当然是陆谦，差拨出现了两次，一次是借店小二之口道出差拨的言语，口里呐出"高太尉"三个字，令店小二夫妻两个格外警觉，并预感到事情关涉林教头，可能发生不测，不免担惊受怕，一来为林教头安危担心，二来又害怕因为这事牵连到自己。第二次是店小二老婆的偷窥所见："他那三四个交头接耳说话，正不听得说甚么。只见一个军官模样的人去伴当怀里取出一帕子物事递与管营和差拨。帕子里面莫不是金银？只听差拨口里说道：'都在我身上，好歹要结果他性命。'"眼见为实，耳听为真，店小二老婆的话语证实了四位恶人的阴谋诡计千真万确。差拨这句话暗示我们，这个谋害林冲的密计已经商议妥当，差拨是计谋的实施者，他当众表态，他负责结果林冲性命。表态的前提是接了"军官模样的人"的金银。

　　其次是接管草料场一事，管营和差拨先后出场，分工有别，先是管营"唤林冲到点视厅"交代更换工作之事，特别叮嘱"你可和差拨便去那里交割"，事情来得突然，林冲没有一点心理准备，也根本不知道其间有何玄机。接着，林冲便与差拨辞别管营，前往草料场与老军交接相关事宜。整个交接过程，差拨都是亲自见证。交接完毕之后，"老军和差拨回营里来"。接下去的情节就是林冲向了一回火，感觉天寒身冷，便出门投东买酒去。请注意，差拨的同行暗示了一个重要信息，林冲的活动、草料场的具体情况，差拨一清二楚，这就为他后面的黑夜翻墙放火谋害林冲埋下了伏笔。

小说高潮部分的情节设计存在一处破绽。三位恶人到山神庙之后，用力推门，庙门未能推开，他们显然应该意识到里面有人堵住了大门，庙门外面没有上锁啊。而且，还能猜到里面的人很可能就是林冲。一般情况下人们会猜测，里面或者是寺庙和尚，或者是路经此地的陌生人，或者是林冲。不过，三人之中的差拨可是当地人，对这所古庙可是熟悉，古庙荒废多年，没有主人，差拨可是清楚的。外人呢？也有可能，只是这个地方处于荒郊野外，周围都比较荒凉，路经此处或是行乞江湖的人要到此处过夜的可能性也是比较小的。相对而言，林冲待在这儿的可能性是最大的。差拨可能知晓庙里有块大石头，一般人搬不动，也推不开，除非身强体壮，力大无穷的人。这个人可能就是林冲。林冲在江湖上颇具名声，力大无比，这点差拨想必也是听闻过的。另外，差拨放火烧掉草料场的时候是"直爬入墙里去，四下草堆上点了十来个火把"，说明草料场的大门可能是从外面上了锁的，林冲可能不在里面。当然，也有另外一种可能，草料场的大门是从里面闩住了的，外面人进不去，林冲在里面。到底是哪一种可能呢？需要解决一些问题。先说从外面上锁的情况，我们要问，林冲能到哪里去呢？看守草料场是他的职责，只能留在附近，自然就非山神庙莫属了。不可能又跑到距离草料场二三里远的"市井"去，因为那儿太远，不便照看草料场。要是从里面闩住了，林冲就绝对在里面，差拨也会翻墙进去，偷偷点火，烧死林冲。到底是哪一种情况呢？这里面还要研究几个问题，草料场是什么时候着火的？林冲是什么时候发现的呢？差拨又是什么时候放火的？为什么是差拨来放火？前面的故事情节有无暗示或交代？从小说交代的情节内容看，林冲出门的时机是很奇特的，一接管草料场，"向了一回火，觉得身上寒冷"，于是就出门去买酒，等到买酒回来却发现，草料场已经被大雪压垮了，这中间不过几个时辰的时间。林冲特别小心地查验，将火盆内的炭火检查一遍，直到被雪水浸灭才放心离开。这个情节暗示后面草料场起火不是因为林冲的疏忽，而是有人暗中纵火。注意后面的情节，林冲进入山神庙不久，草料场就燃起了大火，这个时间节点也很凑巧。那就说明，林冲的一切行动似乎有人跟踪，了如指掌。这个跟踪的人当然就是差拨。差拨应该是在林冲离开草料场之后放的火，当然他不一定知道林冲已经离开了草料场。差拨之所以会翻墙进去纵火，不妨推测两种可能，一种是草料场的大门是关着的，从外面上了大锁，进不去，自然要翻墙才能进去，林冲自然也不在里面。差拨肯定会想，你就是逃了性命，也逃不了干系，烧了草料场，你林冲也得获罪而死。另外一种可能是草料场大门是从里面锁住了的，外面自然进不去，林冲肯定在里面，这种情势差拨最希望，他可以神不知鬼不觉地翻墙进去纵火，将草料场和林冲一并烧了。问题是他翻墙纵火的时候，林冲绝对不在里面。因为小说情节交代得很清楚。林冲是"把被卷了，花枪挑着酒葫芦，依旧把门拽上，锁了，望那庙里来"。差拨翻墙纵火，他是否知道林冲在不在里面呢？这个不好说，可以肯定的是他翻墙进去的时候，草厅已经被雪压倒了。他就会想，压倒了更好，林冲就住在草厅里面啊。他之所以要四下草堆上，点了十来个火把，并说了一句话"待走哪里去"，无非两种考虑，林冲要是在里面，并且逃脱出来，熊熊火海也会把他烧死。林冲即便不在里面，烧了草料场，他也脱不了干系，还得要被判死罪。所以，他纵火，点了十来个火把，让所有草堆烧起来，也让即便有可能活着的林冲也被烧死。纵火之后的差拨自然是翻墙出来，外面有陆谦和富安在接应，他们可是里应外合，里面的负责纵火，外面的负责警戒，配合得天衣无缝，无懈可击。可惜，人算不如天算，林冲早先几步离开草料场。三位恶人绝对会往山神庙逃来。陆谦和富安是东京人，不熟悉草料场附近的情况。差拨是牢城营的，算是当地人，对草料场和山神庙都比较熟悉，事情完了之后自然也是他来带头撤离，往山神庙方向赶去。山神庙的设置就显得异常重要。先来为林冲御寒过夜逃难提供庇护，后来为恶人纵火、观火、议火、避风雪提供场所，前后交织，导致冲突发生，或者说使得小说明暗两条线索交汇。

依据以上阐述来看，差拨一行应该是觉察庙里有情况，林冲或许就在里面。他们的反应不是站着观火，自我吹嘘，得意忘形，而是立马逃跑，以防庙里的人冲出来几下干掉了他们。他们很清楚，三个人无论如何是干不过林冲的。仅仅是推动那块堵住庙门的石头就可以看得出来，林冲是轻轻地拨动，这个"拨"字用得好，具有四两拨千斤的意味，而三位恶人却是使劲推也推不开庙门，三人合力远没有林冲一人强大，林冲的力量由此可见。小说设计的情节显然不符合生活真实。那么，我们要追问，何以出现如此破绽呢？一方面是智者千虑必有一失，另一方面可能与这个小说的诞生过程有关系。《水浒传》是文人创造的话本小说，是在大量民间说书、戏曲、故事、传说的基础上加工创作出来的，难免存在这样一种情况，情节精彩，口耳相传，听众也好，说者也好，都忽略了细节的真实和一些关键情节的真实性。当然，要是严格按照生活真实来设计故事情节，可能就没有戏看了，我们就看不见三位恶人绘声绘色的表演，听不见他们得意忘形的吹嘘，觉察不到他们险恶而歹毒的用心，当然我们也看不到林冲由忍让到反抗的转变关键。

我们知道，《林教头风雪山神庙》中堵住庙门的那块大石头，可是一个重要的道具，一个关键的细节。整个小说写到这块石头的就前后两次。先是林冲买酒回来，看到草料场被压倒了，便转身投奔山神庙而来，"入得庙门，再把门掩上。旁边只有一块大石头，拨将过来靠了门。"一块大石头到底有多大多重，我们可能没有多少感知，但是林冲只是"拨将过来"，这就见出林冲的力量巨大，搬动这块石头轻而易举，不太费力。林冲为何要搬动石头堵住庙门呢？一来要避风雪，御严寒，二来要保安全，防不测，因为这个地方"团团看来，又没邻舍，又没庙主"，荒郊野外，风雪肆虐，唯恐发生不测。林冲还是保持高度警惕，何况草料场已经倒了，更是不敢大意。一个"拨"字具有四两拨千斤的意味，写出林冲力量巨大的特点，也道出林冲谨小慎微的做事风格。后来，三位恶人纵火草料场之后，也是冒着风雪投奔山神庙而来，他们是有目的的，不能纵火之后就离开，而要找一个适当的地方，继续观察火势，观察林冲的下落，最佳的也是唯一的地方就是山神庙，作品这样写道："当时林冲就拿了花枪，却待开门来救火，只听得外面有人说将话来。林冲就伏门边听时，是三个人脚步响，直奔庙里来；用手推门，却被石头靠住了，再也推不开。三个人在庙檐下立地看火。"三个恶人也要御寒，也要过夜，竟然合力推门而不开，可见石头巨大，林冲之力更大。因为推不开，所以只能站在庙檐下看火，所以他们绘声绘色的话语全被林冲听见了，所以才让林冲了解了他们密谋陷害自己的真相，所以才激发林冲的冲天怒火，奋勇杀敌。小说第三次写这块石头是"林冲轻轻把石头掇开，挺着花枪，左手拽开庙门，大喝一声"，杀将出去。注意是"轻轻掇开石头"，无需用力，力量自然很大，另外也不要惊动恶人，给他们一个措手不及，张皇失措吧。一块石头，三次出现，既推动情节发展，又凸显人物性格，还前后关联，折射人物关系，可谓一石三鸟，意味深长。

林冲那把短刀也值得研究。课文插图似乎不妥当，这幅插图放在文中哪个情节比较恰当呢？插图短刀外露，霸气飞扬，合适吗？

林教头为何要买下这把解腕尖刀，目的当然是为了报仇，杀死追踪到沧州要置林冲于死地的恶人。问题是，他随身携带的花枪本来就很合适啊，发现恶人一枪刺死不就得了。比较一下花枪和解腕尖刀，二者有别。林冲要是用花枪刺杀，痛快则痛快，也很容易暴露自己，甚至很可能是公开杀人，一个罪囚服刑沧州，竟然当众杀人，岂不死路一条？解腕尖刀，形制小巧，刀刃锋利，套上刀鞘，便于携带，不易被发现，适合林冲四处辗转，寻找敌人。一旦发现目标，可以出其不意，克敌制胜，也可以跟踪其后，相机下手。这种解腕尖刀长得如何模样，查阅网上资料，有这样的描述：解腕尖刀是在古代较普遍的刀具，一般尖长、背厚、刃薄、柄短；类似匕首，但是单刃。解腕尖刀小巧，容易携带，使用方便，其主要功能是刺和肢解而非劈砍。解腕，另有说法，是没有护手之意。带有护手的刀不方便携带与隐藏，解腕尖刀就是没有护手的方便携带的刀。这个"腕"指刀柄处的护手，一般是圆盘形的，去掉护手，把刀藏在身边就不容易被发现。可见，林冲那把解腕尖刀应该是没有护手的。小说高潮部分写林冲手刃仇敌，这把解腕尖刀就派上了用场，"劈胸只一提，丢翻在雪地上，把枪搠在地里，用脚踏住胸脯，身边取出那口刀来，便去陆谦脸上搁着……且吃我一刀！""把陆谦身上衣服扯开，把尖刀向心窝里只一剜，七窍迸出血来，将心肝提在手里。""回头看时，差拨正爬将起来要走，林冲按住喝道：'你这厮原来也恁的歹，且吃我一刀！'又早把头割下来，挑在枪上。""回来把富安、陆谦头都割下来，把刀尖插了，将三个人头发结做一处，提入庙来，都摆在山神庙前供桌上。"一把解腕尖刀针对三个人，作用各个有别。对于陆谦，先是搁在脸上，震慑住他，然后气愤宣判陆谦虚死罪，"吃我一刀"，再就是用刀往心窝一剜，"七窍流血"，最后又割下人头。有板有眼，有理有据，光明正大杀人，义愤填膺除恶。读过文字描述，你会觉得陆谦该杀，不杀不足以护正义，不杀不足以护法律，不杀不足以护道德，不杀不足以护天理。三次用刀，痛快淋漓，大快人心。对于差拨，原以为一枪搠倒，没曾想到这人还活着，而且将要爬起逃命，林冲自然不可原谅，补一刀不只是让他死得痛快，而且是出手狠毒，竟然割下头颅。这一刀毫不犹豫，狠准快捷，不给差拨半点喘息的机会。对于富安，已经死去，躺在地上，林冲仍不解恨，还要割下其头，并将三个人头扭结一起，摆到供桌之上，敬奉神灵，也算是终于除了一口憋闷了很长一段时间的恶气。事情发展到这个地步，林冲才是林冲，豹子头也才是豹子头，用这种血腥残忍的复仇方式，向世界宣告，林教头已经不是林教头，换了个人！风风火火，大雪纷飞，林冲提了花枪，丢下其他，单枪匹马，闯荡江湖去也。至于投东而去，去往何方？又遭遇了什么？林冲不知道，我们也不知道，只能祝福林冲好运。这把刀终于插在地上，丢下了，完成了神圣使命，不需要了。有人说，这把刀子也可以防身自卫，也可以随身携带，也可以走江湖上梁山。是的，带上无妨，便于隐藏，但是，罪囚杀人，毁了草料场，逃到哪里去，都有千万只眼睛盯梢，这把刀还是证据呢，何必呢？有它是负担，无它更安全。走吧，干干净净，轻装上阵，出发，向黑夜，向风雪，也向明天。

再说课本上那幅插图，林冲挥舞花枪，腾身跳跃，衣衫飞舞，气势非凡，好一个飒爽英姿的江湖好汉。那把刀长而弯，刀鞘外露，高挑上扬，似乎想见透过刀鞘透露寒光。显然，整幅插图，栩栩如生，活力四射，还原了英雄豪气，烘染出风雪严寒。但是，不要忘记了那把刀，太过外露，豁人眼目，惊世骇俗，要是作案之后的林冲，如此霸气、如此豪纵地出现在市井村镇、街坊大道，不被官府缉拿才怪呢？这把刀应该是揣在怀里，或藏在袖间，不能暴露，这是安全所需。我问同学一个问题，将这幅插图放回原文情节当中去，你觉得会放在哪个地方最合适呢？一问激起千层浪，议论纷纷好活跃。有人觉得放在去买酒的路上，风大雪大，得到了一份好差事，还可以买到酒喝，好事啊，心情爽，情不自禁要起舞呢。有人觉得放在回来的路上，尚未到达草料场，刚刚喝了酒，店家请他吃一盏，自己又吃几盏，还买了一葫芦酒和两大块熟牛肉，酒壮声威，酒壮胆魄，不能自已，自然要起舞，要要弄几下花枪呢。两说相比，后一种理解相对好一些。英雄也有得意的瞬间，只是可惜，这个瞬间之后就是蓄谋已久的人生悲剧。

《装在套子里的人》教学三题

一、改标题：激疑增趣

《装在套子里的人》是经典篇目，外国小说，有的版本把它译为"套中人"，我们的语文教材则采用"装在套子里的人"，请同学比较一下这两个标题，有何异同？教材选用的标题又有什么特殊含义？此问设计导入新课，目的有二：一是激发学生的探究问题的兴趣，活跃课堂气氛，一下子抓住学生的心理；二是引导学生从细节入手，比较思维，深入思考，发现问题。学生议论回答后，教师在此基础上适当总结。两个标题的相同之处是，两个标题表达的意思相同，指称对象一致，都是偏正结构的名词短语，中心词都是"人"，点明了小说的主人公。不同之处：一是"套中人"比"装在套子里的人"简洁凝练，契诃夫说过，"简练是才能的姊妹"；二是两个标题强调的侧重点不一样。套中人，可以作两种理解：一是当作偏正结构的名词短语，意思是"装在套子里的人"；二是当作动宾结构的动词短语，意思指人被套子套中了，套子是某人设下的圈套或陷阱，对另外一些人具有限制或束缚的作用。两种理解哪一种更符合课文的思想内容？这要阅读小说之后才能确定；而且亦可断言，读完小说之后，同学对此肯定是见仁见智，莫衷一是。其实两解都有合理之处，都可以自圆其说，教师不必统一，这种思考、阅读、再思考、再判断的过程，已经是对学生思维探究能力的一种综合训练，目的已经达到，过程比结果更重要。"装在套子里的人"表意单纯明了，不会产生歧义，标题突出一个动词"装"字，意味深长，惹人联想：谁把这个人装在套子里？是他自愿的还是别人强制的？装进套子之后，他过着怎样的生活？他又是怎样把自己装进套子里的？其间发生了哪些故事？这个装在套子里的人最后的命运如何？如此发散思考，不是漫无边际，而是立足动词"装"和名词"套子"，极大地调动了学生的主观能动性，培养了他们的探究意识和质疑问难的能力。当然学生也由此理解，标题"装在套子里的"暗藏悬念，吸引读者，是个好标题，故而教材编者选之。

二、看插图：比较品评

《装在套子里的人》附了两幅插图，是苏联伟大的艺术家库克雷尼克塞的作品，分别截取故事主人公别里科夫的两幅生活图景入画，设色考究，风格简明，造型夸张，构思新颖，是帮助同学理解故事情节、把握人物思想的重要资料，教学时不可轻易错过。我在备课时，针对如何利用这两幅插图，设计了两种方案，一是先让学生观察插图，抓住关键细节，用自己的语言来描述插图内容，先别看课文，描绘之后，再来阅读文本，比较自己的观察和文本的叙述有何差别。二是先安排学生阅读文本，再观察插图，并结合插图来复述文本相关内容。特别值得注意的是，不要忽略或遗漏重要的细节情景。第一种方案比第二种对学生而言，难度稍大一点。两个方案设计的目的是训练学生的眼力，培养他们的观察能力、表达能力和探究能力，同时也想借助插图这一生动直观的艺术形式引导学生细读文本，深思文本，而不仅仅是停留在漫画上，让学生明白，伟大的艺术家也是伟大的读者，库克雷尼克塞如果不是谙熟小说情节内容，如果不是对人物思想性格有足够深刻到位的理解，他也不会创作出如此成功的漫画。任何时候，阅读文本对于学生学习语文来说，都是第一位的。另外，文、画相通，学生如果通过仔细观察，品评比较，发现了漫画的匠心所在，其实也是一种收获，这与理解契诃夫创作该篇小说的匠心应是一致的，两者相融。再说，学生对漫画比较感兴趣，设计这个环节，也有激发兴趣、活跃课堂气氛、引发不同争论的考虑。

教学的时候，我还是选用第二种操作方案，先看文，再说图，文、图印证，加深理解。发现学生兴趣浓，热情高，理解到位。不足之处，是遗漏重要细节，不能比较思考。先看课本上左边那幅插图吧。学生能够轻易地说出别里科夫穿着雨鞋，带着雨伞，套着暖和的棉大衣，戴着圆圆的帽子，小心翼翼地往前走。他们忽略了这样几个颇有深意的细节。别里科夫的身影表明阳光明媚，天气暖和，只有在这种最晴朗的天气，别氏这一身全副武装才显得怪异反常，惹人发笑，具有讽刺效果；如果换在寒冷的冬天，这种装扮就是再正常不过的了。别氏棉衣的衣领高高竖起，团团围住，加之宽大圆帽罩在头上，别氏的头部，我们看不到脖子，看不到头发，只看到头部将近三分之二的面孔。加之那副黑色眼镜（不是用来遮阳，而是用来掩饰自己，让外界看不见自己的真正表情和内心世界），给我们留下这样一个印象，别氏想方设法把自己严严实实遮掩起来，不看外界，也不让外界看见自己。别氏的左手深深插在衣袋里，几乎看不见，是怕冷吗？天气暖和！是他的一贯动作，掩藏自己。别氏的姿态是弯腰驼背，加上一副苍白的面孔，还有一小撮胡子，整体给人的印象就是一个糟糕老头的模样。不像那种高大魁梧、健壮有力的人，别氏身上，我们看不到力量和激情，看不到生命和意趣。这个人像一具行尸走肉，完全暴露在阳光之下。另外，画面的左前方，一栋房子的前面，两个俄罗斯人坐在长凳上聊天，他们好像聊得很开心，沐浴在暖和阳光之中，或者说他们在享受普通人的阳光和生活，和别氏的弯腰曲背，低头前行，雨伞作杖相比，不难发现，别氏生活在自己包裹起来的黑暗之中，别氏生活在自己的套子之中，阳光照不进，内心充满了恐惧和不安，他是与阳光无缘的人，他不懂得享受光明健康的生活，他也不配享受这种普通人的幸福生活，种种有形无形的套子早已把他驯化成一架机器，一具封建僵尸。他的身体是弯曲的，他的人格是扭曲的；他的全身是黑色的，他的内心也充满了黑暗；他的个体力量是微不足道的，但他所代表的那种封建专制思想却非常阴险可怕。这就是别氏，一个老态龙钟、不堪一击的人，但他凭借套子式的思想和强大的威权后台，把整个中学乃至整个城市足足辖制了十五年！

再看课本右边那幅图，学生能够说出，画面左前方有两个年轻人在骑自行车，他们的背影渐渐远去，他们的姿态在阳光下、地面上投下一片阴影。画面的主体靠右，是别里科夫的背影，他挂伞立定，目送年轻人远去的背影。学生难以读出这两类人的精神风貌。先看骑自行车的华连卡和柯瓦连科，戴着遮阳帽，穿着轻便服装，华连卡还穿着飘飘洒洒的长裙，两个人动作轻快、姿态逍遥地向前奔去，阳光勾画出他们美丽的背影，他们身上有的是青春和热情，他们热爱阳光，热爱生活。他们崇尚自由，热情活泼，他们身上有使不完的劲，他们骑着自行车，沐浴在暖和的阳光下，奔驰在生活的跑道上。他们对别里科夫不屑一顾，远远把他丢在身后。显然，他们是新事物、新力量和新思想的代表人物。和他们相比，别里科夫的表现就令人捧腹大笑，感到可憎可怜。别氏依然是那幅套子式的全身装扮，挂着雨伞，立定左转，侧目远视年轻人的方向，右手张开五指，做出一副很吃惊的样子。我们完全可以猜测得到别氏大惊小怪、瞠目结舌的样子，那种惊骇不已、不知所措的样子，显然，他看不惯年轻人骑自行车在阳光下奔驰，他看不惯男性和女性一块狂奔、一路欢畅的情景，他不适应新生事物和新生思想，骑自行车，男女同行，又是姐弟，年轻人郊游，这在日常生活中是再自然不过、正常不过的了，可是别里科夫就是看不顺眼，因为政府没有规定年轻人可以这样做，这些年轻人这样做就会给社会带来不良影响。教师骑自行车，学生就会变坏，学生只能倒过来用脑袋走路，这就是别氏的逻辑！别氏代表了一种迂腐守旧、顽固不化的封建专制思想，一切唯官唯上，不敢越雷池半步，只有政府明确规定可以做的，他才敢去做，并且在这里面还充满了许多猜疑和担心，非但如此，别氏还用这种套子式的专制思想去辖制别人，学校的老师和全城的市民，以至人们什么也不敢做，整个生活一潭死水。别氏的可怕，不是他的身体力量如何威猛，而是他的专制思想特别阴险狠毒。这幅画同样运用了对比手法，展示两种力量、两种思想的较量，浓缩了作品巨大的现实批判内容，的确是不可多得的伟大作品。附带一提的是，两幅画均是明暗对比，别氏一身黑，是主体，其余灰白明亮是背景，黑色隐喻别氏所代表的沙俄专制体制的黑暗、冷酷、污浊。背景之明亮似乎又暗示着阳光的明媚灿烂，完全有可能暴露黑暗，吞噬黑暗。这种色调的对比，颇能引发人们的联想。

三、拟标题：拷问灵魂

课文的核心情节是别里科夫的终身大事，即文章第五自然段至文章结尾，大致又可以分为五件小事，依次概括为，"相识相恋"，漫画事件，骑车事件，滚楼事件和别氏丧葬。研习这一部分内容，目的是让学生通过恋爱这一最富激情、最能看出人物的生活态度和思想观念的事件来理解主人公别氏的性格和灵魂。我设计了几个问题让学生来思考，研讨：（一）这一部分叙述了哪几件事，请分别是用四五个字来概括说明。（二）给这部分内容拟一个小标题，下列三个选取一个并说说你选择的理由：恋爱事件，婚姻大事，终身大事。（三）试以其中一件事的细节描写为例说说契诃夫的讽刺艺术。第一个问题，学生看完书以后很容易概括出来。这部分内容共写了五件事："相识相恋"，漫画事件，骑车事件，滚楼事件和别氏死亡。有同学把"滚楼事件"概括成"忠告事件"，是抓住了别里科夫和柯瓦连科在辩论的过程中，别氏以长者的身份对年轻人的提醒和劝导，诚然不错，但是随着这种对话交锋的深入发展，当别氏警告柯瓦连科对领导要尊敬时，当别氏临别说有必要把他们两人谈话的内容报告给校长时，柯瓦连科终于忍无可忍，大打出手，把别氏推下楼去。显然前面一系列的忠告内容均是后面矛盾激化的铺垫，小说的情节发展一般也总有一个高潮，因此，把第四件事概括为"滚楼事件"更形象，也更具有概括力。教师点拨一下，学生不难理解。第二个问题是非常关键的一个问题，学生的意见不统一，要使自己的看法说服众人，必须联系文本来分析。先看别氏的相恋，不是自己出于对爱情的渴望，对美好生活的憧憬，也不是说他与华连卡有多么深厚的感情基础，主要由于校长太太的尽力撮合，同事和同事的太太们极力游说，别氏昏了头，才决定要结婚。如此消极被动，如此随意凑合，这哪里像恋爱？这根本不是恋爱，结婚不是别氏内心的强烈渴盼，生命的冲动，激情的勃发，而是他人的怂恿和游说的结果。自由、幸福和爱情对他来说太遥远了，他根本没有，也不配享有，他已经沦为一架机器人，一具行尸走肉，对爱、对感情、对生活、对世界表现出出奇的冷淡和麻木，他只相信现存的秩序、制度和条例，他只担心千万别出什么乱子，他已被封建专制思想折磨得人不像人，冷血，机械，僵化，老朽，不懂爱，没有温情，人性被套子戕杀，生命被观念囚禁，这样的人会恋爱吗？因此，别氏不配享有甜蜜美好的爱情。不能送给他"恋爱"这项殊荣。

再看别氏的漫画事件，漫画内容不过就是滑稽可笑的别里科夫挽着华连卡散步，漫画者是想借此嘲弄、讥笑别里科夫，这样的人也配恋爱？在一般心智健全的人看来，不过微微一笑，不在话下，走自己的路，让别人去说吧。真正喜欢华连卡，真正敢爱敢当，又何必在意别人飞流短长的议论和无中生有的漫画攻击呢？这实在没有什么，可是，你看可怜的别里科夫，脸色发青，比乌云还要阴沉，嘴唇发抖，难堪极了，说"天底下竟有这么歹毒的人"，后来又向柯瓦连科澄清事情的真相，表明自己和漫画中的人毫无关系，自己是一个在各方面都称得起是正人君子的人，如此胆怯、懦弱，如此经受不了生活的丁点刺激，如此狭隘迂腐，哪里有一星半点的担当精神？哪里有一个正常男人的责任心？这样的人当然也是不配享有家庭和婚姻的，因为结婚意味着一个男人要为家庭、为妻子承担责任，要有一副坚强的肩膀来支撑这个家。这些别里科夫都没有，一张漫画就把他吓得半死，这样的人，你能要求他拥有责任心来承担家庭、保护婚姻吗？因此我们拒绝给他婚姻和家庭，他不配。用"婚姻大事"这个标题也不恰当。

鉴于以上对相恋事件和漫画事件内容的分析，我们认为，该部分内容，用"终身大事"这个比较中立、不带感情色彩的词语来概括比较恰当。第三件事是骑车事件，在前面的教学环节已经分析，不再重复，只强调这件事反映了两种思想观念、两种力量的冲突即可。第四件事是小说矛盾冲突的高潮，引导学生去分析这件事涉及了哪些人？运用了哪些细节描写？各自表现出人物怎样的思想性格？把这些问题弄清楚即可，由学生说，教师提醒他们要抓细节。先看柯瓦连科，作者只用了一"抓"一"推"两个动词，就把这个年轻人怒不可忍、大发雷霆的性格展示出来了。他向来讨厌别里科夫，特别是当别里科夫居高临下教训他的时候，他终于爆发了。这是一个敢于反抗，敢于斗争，具有冲击力和杀伤力的年轻人，他代表着新生力量。华连卡在别氏滚下楼梯时也来到了现场，纵声大笑，肆无忌惮，这一笑，笑出了华连卡果敢爽朗、胸怀大度的性格，笑出了华连卡敢爱敢恨、我行我素的处世风范；更重要的是，这一笑，宣告了别氏婚姻的破灭，把别氏推向死亡的坟墓。她和柯瓦连科一样，是新生力量的代表。再看主人公别里科夫，文中有两个细节很关键，一是他滚下楼去的描写："楼梯又高又陡，不过，他滚到楼下却安然无恙，站起来，摸了摸鼻子，看了看他的眼镜碎了没有。"把"安然无恙"改为鼻青脸肿或者什么摔断了胳膊腿儿，别里科夫叫苦连天，是否可以？学生一想，就会发现，从又高又陡的楼上摔下来，居然能够毫发无伤，可见套子有多么严密厚实，套子具有魔术般的保护作用啊！别氏一身上下，包裹了一层严严密密、厚厚软软的套子，关键时刻，这全副武装的套子竟然发生了意想不到的作用，多么神奇！多么具有讽刺意味！改成摔伤了这个情节，就远没有这种引人发笑，饱含讽刺的效果。另外，别氏从地上站起来之后，为什么要先摸摸鼻子，而不是摸屁股或别的什么部位？最关键是看看的他的眼镜摔碎了没有，他把眼镜看得比他的身体受伤与否，比生命安全更重要，因为眼镜对别氏而言，不仅仅是观察外面世界的一个工具，更是把他与外界隔绝开来的一道黑色的屏障，他可以戴着宽大的墨镜，抱着成见打量外面的世界，外界的人却不能透过墨镜看清他的眼睛和心灵，看清他的性格和思想。眼镜客观上起到了一种掩遮自己、自绝于世的作用，再一次传神地揭示出别氏封闭保守，担惊受怕，不堪一击的脆弱本质。你看别氏对华连卡的笑声，也是胆战心惊，毛骨悚然，他情愿摔断脖子，也不愿被人识破真相，露出丑态，他要脸面比生命还重要，这就是别氏、虚伪、虚弱，毫无反抗之力的可怜虫！

改换标题品人物

——海明威《老人与海》教学漫谈

教学海明威的小说《老人与海》，安排一个课时，想长文短教，选点深教，想巧设问题，激活讨论，我主要从三个方面着手，实施教学。先是导入课文环节，讲究一个"趣"字，吸引学生关注、专注课堂和课文。我的开场白是：有一位作家，去世之后，墓碑上镌刻这样一句话"恕我不再起来"，请问他是谁？这句话是什么意思？学生能够说出美国作家海明威，但是这句话的意思，学生就不一定说得准确而全面。有同学说，原谅我不能继续创作，奉献社会更多更好的作品。有的说原谅我不能继续战斗，我要休息了。有的说，我忍受不了病魔折磨，我要走了，再见，生活。有的说，这句话体现出海明威坚强、乐观、积极进取的生活态度。有的说，我将长眠于此，永别了，亲爱的人们。但是学生没有意识到，这句话关联海明威的创作习惯。我告诉学生，这句话一语双关，除了点明作家安眠于此，不再起来之外，还暗示作家的一种写作习惯。海明威喜欢站着写作。这对自己的精力和体能都是一种考验，写作必须追求语言的简洁凝练，含蓄有力，意境深远，意蕴丰富。海明威的文风人称"电报体"或"新闻体"，无非就是说他的语言文字精练传神，言简意赅，意味丰富，极具表现力。同时，海明威有一个著名的创作理论，即"冰山理论"，就是说，一座浮游在大海里的冰山，露出海面的只有八分之一，深藏海里的却有八分之七。创作也一样，要通过八分之一的文字，去表现八分之七的意蕴。这个课时，我们就来学习海明威的代表作、中篇小说《老人与海》。

教学的第二个环节，结合作品内容，讨论标题的意义与妙处。问题是，既然海明威的创作属于电报体，又贯彻冰山理论，那么，我们来看小说的标题"老人与海"四个字可否删改，可否调整？分别蕴含怎样的意思？先将标题改为"海与老人"，如何？不行。两个标题意思相同，语序相反，前者强调、突出"老人"，兼顾"海"，后者强调、突出"海"，兼顾"老人"，作品主人公是老人，主题也是通过老人与鲨鱼的搏斗表现出来，所以不能改成"海与老人"。

其次，讨论标题四个字的意蕴。让学生自由言说，教师适时点评。"老"字，不仅暗示老人年迈体弱，饱经风霜，更与大海的强大无比，凶险无比形成巨大的反差，吸引读者阅读文本。"老"字也暗示一个人经历人生的大灾大难、大风大浪之后所表现出来的沉稳、练达、坚强与勇敢的品格。小说中的老人桑迪亚哥就是这样一副形象。这让我们想起曹操的诗句："老骥伏枥，志在千里；烈士暮年，壮心不已。"不妨设想，将标题中的"老人"改为"小孩"，比较一下两者的表达效果。"小孩与海"更多带有好奇、刺激、冒险的味道，充满了童话般的梦幻色彩。"老人与海"则庄重、严肃，引人深思，启迪智慧。将"老人"改为"中年人"呢？身强体壮，力量十足，比老人更容易战胜困难，战胜灾难，难以凸显人的品格、精神、意志、信念。越是老人，越是在与危险、灾难的较量之中才能彰显出风骨来。常言道"沧海横流方显英雄本色，烈火焚烧才见铁血意志"，唯有将老人扔到充满巨大危险的茫茫大海之中，才能凸显他身上最闪光、最宝贵的精神品格。"老人"身上不仅体现出一个渔夫搏击风浪、挑战困难、超越自我、永不言败的精神意志，更是凸显人类在极端恶劣的环境面前所表现出来的力量、精神、意志与尊严。老人是人类高贵尊严、精神意志的生动写照。作品要展示的正是"人"

与自然、与自己、与命运的搏斗，将"人"置身于漆漆黑夜、茫茫大海，面临诸多困难和考验，通过紧张、激烈的矛盾冲突，凸显"人"的力量与尊严。"海"字固然交代了老人与鲨鱼搏斗的特定环境，也暗示了风浪滔天、黑夜无边、鲨鱼成群、危险重重的境况，烘托出一种恶劣、凶险、危急、紧张的氛围。老人孤立无援，孤舟漂泊，不时遭遇鲨鱼袭击，此情此景，令人担惊受怕，令人不寒而栗。"老人"与"海"，一边是势单力薄，疲惫不堪，伤痕累累，武器简陋，一边是波涛汹涌，黑夜漆漆，暗藏陷阱，凶险莫测，一弱一强，一小一大，两相对比，反差巨大，造成张力，紧紧抓住读者的心，吸引读者阅读小说，关注人物命运。可以设想，如果将老人捕鱼的环境改为"大江大湖"或是山塘野水，势必大大降低了困难与危险的程度，也极大地削弱了人物的意志与力量。更多则是一种渔夫钓鱼，逍遥山水，怡情养性，快然自得的情趣。有情趣却无力量，多安逸却少搏斗，见和缓却乏张力。题中"与"字最重要，揭示"老人"和"大海"之间的关系，大海是老人的活动空间，给老人带来幸福与满足，也给老人带来危险与恐怖。老人通过征服大海与鲨鱼彰显自己永不言败、永不放弃的精神意志，大海的凶险成就了老人的意志，老人的搏斗增强了大海的精彩。从小说情节内容来看，主要就是描述老人与鲨鱼在茫茫大海上搏斗的过程，标题中的"与"字揭示了两者的关系，概括了主要的情节和内容。

再次，研讨小说的标题的深层意义。小说显然运用了象征的表现手法（或构思方法）。"老人"身上体现出人类的力量，人生的意志，人物的信念，人的尊严与精神。"大海"象征着自然与社会的苦难与挑战。老人与大海的较量，与鲨鱼的搏斗，实际上隐喻着人与困难的抗争、博弈。人不介意抗争的结果如何，更在意抗争的过程所体现出来的尊严、力量、意志与精神。从物质层面来讲，老人捕获的1500多磅的大马林鱼被吃掉了，他空手而归，彻底失败了。从精神层面来说，老人凭借自己的勇敢、智慧与意志，与鲨鱼战斗，杀死许多鲨鱼，充分展现自我的力量与信念，他又是胜利者。老人凭什么战胜险恶的环境与诸多的困难呢？总结起来，大概有这些内容：坚强的意志，狮性的尊严，高贵的自信，不败的生命准则，直面未来的勇气。这些品格实际上就是人类的作为宇宙的精华、万物之灵长的最可宝贵的东西。老人与大海、与鲨鱼、与自身的挑战，实际上就彰显出人作为人的尊严与力量。这是小说标题的深刻的象征意义，也是作品所要传达的永恒主题。当然，从海明威的国别来看，老人桑迪亚哥的形象还是美利坚合众国民族性格的写照。

基于对小说情节内容、人物精神和主题思想的理解，请同学们以第一人称的口吻对老人桑迪亚哥说一句话，表达对老人某种精神品格的崇敬。设计如此环节，主要目的是想让学生进一步深入文本，领会硬汉精神。比如：一、当困难来临时，你毫不畏惧——与鲨鱼斗争；当失败降临时，你漠然视之——保持乐观。二、没有什么可击垮你，没有什么能伤害你，一个成功的失败者，一个失败的英雄。三、黑夜的孤独摧不垮你的意志；寒冷的海风扳不倒你的身躯；凶猛的鲨鱼打不败你的傲骨。四、你的信念、你的毅力、你的勇敢、你的智慧，让你站着千年不倒，倒下千年不死，死后永世不朽。五、您是一位铁骨铮铮的硬汉。您智斗鲨鱼，勇斗鲨鱼，百折不挠，您用您的冒险过程，告诉我们人要顽强斗争，夺取胜利，也要勇敢面对失败的态度！六、您认为，人生的使命是奋斗，是与命运作不懈的抗争。您身上表现出了无与伦比的力量和勇气，不失人的尊严。您是精神上的胜利者，更是世界文学长廊里面一个光芒四射的人物！七、猛烈的海风掀起了波涛浪涌，凶猛的鲨鱼卷起了万丈深渊，倔强的您奏响了硬汉之歌。桑地亚哥，您用您顽强的意志书写了一段海上传奇！如果要用作品中的一句话来概括人物的思想性格，你会想到哪句话？同学齐声朗读："人不是生来要给打败的。你尽可把他消灭掉，可就是打不败他。"桑地亚哥的这段独白，是对硬汉子精神的高度概括。海明威在他的作品中，塑造了一系列著名的"硬汉子"形象，他们大都是斗牛士、拳击家、渔夫和猎人。这些人在面临困难与绝境时，都表现得无所畏惧、不拼搏到底决不罢休。这位诺贝尔文学奖的获得者，正如他所塑造的人物一样，一直是人们心目中不屈不挠硬汉精神的象征。

最后一个环节，研讨海明威小说硬汉形象的由来。海明威在《老人与海》中成功塑造了一个硬汉子形象，这与他的人生传奇与硬汉子性格密切相关。有人用"现代英雄神话"来概括海明威传奇的一生。他痴迷拳击而永久伤害了一只眼睛；他两次参加世界大战，获过十字军功章、银质奖章、勇敢奖章和铜星奖章。他因膝盖被打碎而开过12次刀，取出237块碎弹片；他擅长钓鱼，曾钓过7米多长的大鱼；他喜欢冒险，斗牛、打猎样样在行，去非洲打猎时飞机失事，成为生前能读到自己讣告的极少数作家之一；因为后来难以忍受病痛的折磨，他毅然决然地用心爱的双管猎枪对准了自己的下巴。这就是海明威的人生和个性。他用自己的一生及作品诠释着"硬汉"的含义。

欢声笑语见情义

——孙犁《荷花淀》对话片段教学

教学孙犁短篇小说《荷花淀》，抓住诗化小说特点与《荷花淀》主要内容，导入教学：莎士比亚在名著《哈姆雷特》当中有一句名言："脆弱啊，你的名字叫女人！"中国有一部电影《战争，让女人走开》。无论是莎士比亚的名言，还是中国的电影，前者将女人界定为脆弱、软弱、懦弱，后者让女人远离战火硝烟、枪林弹雨。可是，阅读孙犁的小说《荷花淀》，我们却看到了一群经受战火洗礼、日渐成长起来的劳动妇女，他们热爱生活，热爱劳动，热爱家乡，热爱丈夫，用青春谱写了一曲充满诗情画意，充满美好情趣，也充满光明希望的乐章。同学们预习了课文，写下了自己的第一感觉，有人读到了诗情画意，有人读到了轻松愉快，有人读到了生活情趣，有人读到了真情挚爱，有人读到了惊险刺激，等等，这些感受很宝贵，很重要。老师也要告诉大家，读了这个小说，老师的感受就是两个字"趣""笑"，所写生活内容，风趣好笑，轻松愉快。完全不见战争题材作品所渲染的战争的恐怖、杀伐的凄惨、感觉的沉重。这个课时，我们将通过一个一个的生活场景（或者片段），体会人物对话，揣摩人物心理，理解人物性格、情感，理解小说的主题思想，感受小说的整体气氛。

先看小说第一个场景：

女人们到底有些藕断丝连。过了两天，四个青年妇女集在水生家里来，大家商量：

一、"听说他们还在这里没走。我不拖尾巴，可是忘下了一件衣裳。"

二、"我有句要紧的话得和他说说。"

三、水生的女人说："听他说鬼子要在同口安据点……"

四、"哪里就碰得那么巧？我们快去快回来。"

五、"我本来不想去，可是俺婆婆非叫我再去看看他，有什么看头啊！"

于是这几个女人偷偷坐在一只小船上，划到对面马庄去了。

教学环节分两步走，第一步将五位妇女的对话打乱顺序，让学生理清思路，辨明关系，重新排列，并说明这样排列的原因，关键是要找出上下语境、前后文句、关键词语之间的关联。第二步是要求学生说出每一个句子所蕴含的情意态度以及折射出怎样的人物性格，在此基础之上比较人物性格、情态的异同。关于第一步，同学能够梳理出来。五个妇女讨论一个问题：要不要去？如何去？时隔两天不见丈夫，她们都很想念自己的丈夫，但是不便直说，而是找了借口，俏皮表达，或含蓄，或直接，或风趣，或沉稳，多姿多彩，引人入胜。第一个句子的"听说他们还在这里"，呼应上文的"四个青年妇女集在水生家里来"，"这里"和"水生家里"遥相呼应，也与前文马庄的亲戚告诉她们"水生他们昨天夜里刚走的"的之类的话语呼应，所以第一个句子要放在首位。第三、四、五几个句子要放在一起，第三句是水生女人说的话，相对比较冷静、沉稳，但是被打断了，她的本意是劝大家暂时不去，因为鬼子在同口安了据点，比较危险。她是水生的女人，水生是游击队的组长，曾经告诉她敌人安了据点的情况，她知道，别的四个妇女不知道。第四个句子"哪里就碰得那么巧？我们快去快回来。"承接水生嫂的话语而来，她主张要去，而且快去快回，这是一个心直口快、急不可耐的妇女。话语折射出她的急切思念和深挚爱恋。第五个句子承接第四句而来，说"去"的事情，表面说不想去，去了也没有什么看头，说是婆婆非叫她去，全是假话，全是遮掩，全是借口，此地无银三百两，说不去，其实真想去！这个人说话也很有意思。正话反说，口非心是，情真意切，装模作样。第一个句子，暗示我们三点信息，一是"听说他们还在这里没走"，我们赶紧去，还来得及；二是"我不拖尾巴"，我积极上进，不甘落后，还是大力支持丈夫的抗日大事的。"我不拖尾巴"，暗示大家都不拖尾巴，都热忱支持丈夫们的大事。三是"可是忘下了一件衣裳"是借口，到底还是想去，还是挂念丈夫。第二个句子"我有句要紧的话得和他说说"，要紧的什么话呢？能说出来不，当然不能当作大家的面说出来，那是属于她和她丈夫之间的话啊。所以含蓄，所以深沉。但是，相比那些找借口的人，她又是直接的、干脆的。综观以上五个人的话语，热情、活泼、生动、风趣、深情、好玩，给我们留下了轻松愉快的感受。

再来看第二个片段：

几个女人有点失望，也有些伤心，各人在心里骂着自己的狠心贼。可是青年人，永远朝着愉快的事情想，女人们尤其容易忘记那些不痛快。不久，她们就又说笑起来了。

一、"你看说走就走了。"

二、"可慌（高兴的意思）哩！比什么也慌，比过新年、娶新娘——也没见他这么慌过！"

三、"拴马桩也不顶事了。"

四、"不行了，脱了缰了！"

五、"一到军队里，他一准得忘了家里的人。"

六、"那是真的，我们家里住过一些年轻的队伍，一天到晚仰着脖子出来唱，进去唱，我们一辈子也没那么乐过。等他们闲下来没有事了，我就傻想：该低下头了吧。你猜人家干什么？用白粉子在我家影壁上画上许多圆圈圈，一个一个蹲在院子里，托着枪瞄那个，又唱起来了！"

　　研读、学习这个片段，主要也是通过理清句间关系、排列语句顺序和品读人物话语体会人物心理的方式来促进学生的思考与理解。纵观这几个句子，大约是从议论子弟兵离开，到不可阻挡，再到到了部队以及到了部队干些什么这样一个时间顺序来安排的。句子排序不困难。要体会句子的情意，需要细致，深入，反复咀嚼。第一个句子，是承接前面的内容而来的，上文说他们走了，这里才有寻夫不遇的不快与说笑，"你看说走就走"，正好吻合上文情境，言语之间也流露出嗔怪与埋怨，但是，内心还是兴奋的、自豪的。第二、三、四句要放在一起，都是说丈夫们离开的开心与欢快，那种激动、高兴、幸福的情绪深深感染了妇女们，以至于她们说出来，生动有趣，快乐好玩。第二句三次运用方言"慌"，可见丈夫参军有多高兴、多激动，甚至比娶媳妇还幸福。这种幸福很有感染力，会传递给热爱生活、热爱家乡的每一个人。第三、第四句是形象夸张丈夫们的兴奋与幸福的状态，说得很风趣、很形象。一个说拴马桩也不顶事了，丈夫就像一匹野马，得用拴马桩拴马绳索牢牢套住，可是现在竟然套不住了。一个说丈夫离开，就像脱缰的野马，挣脱了，奔走了，挡不住了，侧面烘托出丈夫们心急火燎投入部队的心情，也从夸张而形象的话语中传递出妇女们的开心与自豪。她们不是要阻挡丈夫，她们以丈夫参军为自豪，她们热爱这样的丈夫，想念他们，眷恋他们。第四句程度比第三句更深更重。第五句表面是嗔怪，实际上是夸奖，是自豪。第六句是叙说自身见闻与经历，流露出钦赞、羡慕、无限向往之意，这也表明这些妇女具有不甘落后、知晓大义、积极上进的思想。这为后来她们成长为抗日力量作了铺垫。六个句子，五个人说话，其中一定有一个人说了两句话，到底是哪两句话是一个人说的呢？这个问题很有意思，可以讨论一下。可能第三句、第四句是一个人说的，两句表达情意是一样的，两句表达风格是一样的，都很形象。第五句和第六句不是一个人说的，因为第六句说"那是真的"是承接前面一种情况而来的，是两个人你言我语的对话。

学习第三个片段：

她们轻轻划着船，船两边的水哗，哗，哗。顺手从水里捞上一棵菱角来，菱角还很嫩很小，乳白色。顺手又丢到水里去。那棵菱角就又安安稳稳浮在水面上生长去了。

一、"现在你知道他们到了哪里？"

二、"管他哩，也许跑到天边上去了！"她们都抬起头往远处看了看。

三、"唉呀！那边过来一只船。"

四、"唉呀！日本鬼子，你看那衣裳！"

五、"快摇！"

小船拼命往前摇。她们心里也许有些后悔，不该这么冒冒失失走来；也许有些怨恨那些走远了的人。但是立刻就想，什么也别想了，快摇，大船紧紧追过来了。

探讨这个片段，注意整体思路的梳理与说笑氛围的变化，五个人的说话，思路清晰，表意明确，比较好辨识。第一、二两句都是说丈夫到哪里去的问题，第三、四、五句都是说鬼子发现了如何逃命的问题，五个句子分为两类，再稍做梳理，即可排列出语句顺序。要强调的是第一个句子，为何要放在首位呢？词语"现在""哪里"和前文关联，前文是说她们寻夫未遇，满心懊恼，第一句是有人主动问起他们的去向的问题，前后呼应，第一句理应放在第一个位置。第四句与教材语文相比多了一个"鬼子"，比较一下，是

"日本"好，还是"日本鬼子"好？有人说"日本鬼子"好，骂人明显，语气强烈。也有人说"日本鬼子"好，表意明确且完整。还有人发现，这里的情况十分紧急、危险，要用短句，相比而言，"日本"比"日本鬼子"短促，更符合当时逃命的紧急状况。还有同学说，"鬼子"比"日本"更好，因为"鬼子"含有骂人的意味，"日本"没有。又因为后面的句子"你看那衣裳"，明显是暗示她们看得很清楚，追击她们船只的不是别人，是日本鬼子。所以，用"鬼子"，既显得音节短促，又回应后面的内容。从这个文段整体来看，由两部分组成，前面两句是说丈夫去向的问题，比较生动，甚至夸张、好笑，凸显了这几个妇女轻松、愉快的心情。后面三句则是被敌人追击之后的紧张与焦急。从轻松平和到紧张逃命，起伏波折，富于变化，也算是比较冒险而刺激的情节。相比前面第一、二、四三个场景，这个场景则相对刺激，富于变化，也增强了作品的艺术魅力。

　　文段当中有两个细节必须关注，一个是妇女"顺手"捞起菱角，又"顺手"扔下，这反映出她们寻夫不遇的懊恼、郁闷与无聊。这是一个下意识的动作，折射出人物的微妙心理。另外一个是妇女们摇船的时候，"船两边的水哗，哗，哗"，这水声响亮，有节奏，富于音乐美，折射出妇女们轻松、悠闲的心态。可以和后面的一个句子比较："后面大船来得飞快。那明明白白是鬼子！这几个青年妇女咬紧牙止住心跳，摇橹的手并没有慌，水在两旁大声哗哗，哗哗，哗哗哗！"前面的"哗，哗，哗"是从容淡定，悠游自在，后面的"哗哗，哗哗，哗哗哗"是语速加快，节奏加快，情势紧急。不同的拟声词，呈现不同的人物心态。由此拓展开去，这个小说中还有几个地方的表达很有意味，值得品鉴。

　　一、水生笑了一下。女人看出他笑得不像平常。"怎么了，你？"
　　二、水生笑了一下。女人看出他笑得不像平常。"你，怎么了？"

同样的意思，不一样的表达，情味与重点大不一样。前一个句子问事在前，问人在后，是倒装句，变式句，强调前者，说明水生嫂最关心丈夫到底出了什么事情。后者问人在前，问事在后，属于常式句，没有特别强调，表达比较平淡。类似句子还有出自鲁迅小说《祝福》的两个句子：

一、"祥林嫂，你放着罢！我来摆。"四婶慌忙地说。

二、冬至的祭祖时节，她做得更出力，看四婶装好祭品，和阿牛将桌子抬到堂屋中央，她便坦然地去拿酒杯和筷子。"你放着罢，祥林嫂！"四婶慌忙大声说。

前一个句子是常式句，表达四婶果断阻止祥林嫂摆弄祭品、祭器的行为，因为祥林嫂嫁过两个男人，儿子阿毛又被狼叼走了，是一个克夫克子、伤风败俗、不干不净的女人，这样的女人参与祭祀，摆弄祭品，那是对祖宗的不敬，所以四婶格外提防。后面一个句子刚好倒装过来，说明四婶关心事情远胜过关心人，她是大声阻止，果断阻止，生怕祥林嫂沾染了祭祀。祥林嫂做出这个动作来是"坦然"的，因为她相信柳妈的话，用自己的血汗钱捐了门槛，供千人踩万人踏，借此可以赎清一世罪名，可是四婶和鲁四老爷绝对不会饶过她，更加果断地阻止祥林嫂劳动的权利。这就把祥林嫂逼上了绝路。一个人不能凭借自己的劳动活在世上，她的生路何在呢？

抓住关系析主旨

——沈从文《边城》（节选）教学漫谈

上午第一、二节课继续学习小说《边城》，着重探讨小说中的人情美、人性美。主要是让学生说，教师适当点评。要求学生找出小说中能够表现出人与人之间交际往来的场景，并说说其间表现出人物怎样的性格、心理和处事态度。当然上课之前，先对上一个课时的内容做一个简单的回顾与小结，上个课时，我们重点研究了小说的标题"边城"的地理意义与文化意义，与陶渊明的《桃花源记》类比，又研究了小说中的几个主要人物翠翠、天保、傩送、顺顺的名字的含义，让学生意识到名字背后蕴含文化的意义。这几个名字充分体现出古老的湘西边民对自然、对神灵、对土地的敬畏与尊重，对美好人生的期待和祝福。这些人的活动构成了小说的基本内容。没有紧张激烈的矛盾冲突，没有起伏跌宕的故事情节，没有铺张华丽的词句，就只是平淡、朴素的叙说，如潺潺流水，如缕缕清风，让人心情舒畅，心驰神往。

人际关系可以从几个方面去看：祖孙之间，恋人之间，陌生人之间。

祖孙之间，重点研究结尾两段，祖孙二人观察别人迎送新嫁娘的场面，一是看出翠翠对未来美好爱情的憧憬，二是看出爷爷对孙女终身大事的关心和牵挂。结尾写道："到了家边，翠翠跑还家中去取小小竹子做的双管唢呐，请祖父坐在船头吹《娘送女》曲子给她听，她却同黄狗躺到门前大岩石上荫处看天上的云。白日渐长，不知什么时节，守在船头的祖父睡着了，躺在岸上的翠翠同黄狗也睡着了。"研读这段文字，思考三个问题：一是祖父为何要吹《娘送女》这个曲目？二是祖父吹曲目的时候，翠翠为什么要看天？内心状态如何？三是一家三口"睡着了"，给你怎样的感觉？能不能借用白居易的《琵琶行》中的诗句来描述这种状态？（别有幽愁暗恨生，此时无声胜有声。东船西舫悄无言，唯见江心秋月白）

关于恋人之间，重点研究翠翠与傩送的初次见面。这个场面可以看出二人的性格和当时的人际关系。翠翠天真、单纯、敏感、诚实、可爱。傩送善良、热情、厚道、幽默。人与人之间坦诚相待，了无机心，简单、淳朴。二老说了一句话，成了翠翠几年不忘的心结。"你不愿意上去，要待在这儿，回头水里大鱼来咬了你，可不要喊救命！"二老为何说这句话，有什么意味在里面？表面是吓唬吓唬翠翠，实际上是劝翠翠到楼上去歇会儿，为了翠翠的安全着想。幽默俏皮当中透露出内心的热忱与善良。这句话在文中出现了几次？分别是在什么情境下出现的？出自谁的口？又有什么含义？请同学们找出来，说说它们的意思。师生一道研究小说后面出现的与傩送这句话有关联的话语的意味。

一、翠翠不理会祖父，口中却轻轻地说："不是翠翠，不是翠翠，翠翠早被大河里鲤鱼吃去了。"这是翠翠赌气回答爷爷的话语，爷爷没有按时来接翠翠，翠翠不理解爷爷；另外一个方面，翠翠心中默念着二老这句话，说明她对二老留下了深刻的印象，已经产生朦胧的好感。

二、那人一看是守渡船的，且看到了翠翠，就笑了。"翠翠，你长大了！二老说你在河边大鱼会吃你，我们这里河中的鱼，现在可吞不下你了。"翠翠一句话不说，只是抿起嘴唇笑着。傩送的伙计说这番话，当然是开玩笑，一个善意的玩笑，一方面是夸奖翠翠长大了，成了一个水灵灵的姑娘了，另一个方面是故意勾起翠翠的心事，其实也是暗示翠翠到了自己做主该要寻找一个合适人家的时候了。对于这一番提醒和暗示，翠翠听起来，心头感到甜蜜和温暖，出于矜持与羞涩，一句话也不说出来。

三、祖父明白那话里意思，又说："千年还更有趣，你一个人在河边等我，差点儿不知道回来，天夜了，我还以为大鱼会吃掉你！"祖父和孙女开玩笑，玩笑开到孙女的心事上，故意提起傩送那句话，试探孙女，说明祖父对孙女的关心和忧虑。

四、"我人老了，记性也坏透了。翠翠，现在你人长大了，一个人一定敢上城去看船，不怕大鱼吃掉你了。"祖父说这番话，与傩送的伙计所说一致，表面上是开玩笑，夸奖翠翠长大了，实际上是暗示翠翠到了谈婚论嫁的年纪，应该寻找一个合适的归宿了。祖父不便直说，而是通过玩笑暗示孙女。这是对孙女的关爱和牵挂。换一种表达方式，直截了当说出来，可能会伤害孙女敏感的心。综合起来看，几个句子均与傩送的话有关联，形成一个整体，充分揭示出少女翠翠敏感而朦胧的爱情。

陌生人之间。爷爷和翠翠以摆渡船为生，爷爷是一位恪尽职守、高度敬业、重义轻利、古道热忱的人。端午节带孙女去城里看赛龙舟，看热闹，想到代替他看守渡船的老人也要来城里看一下热闹，爷爷便回去替换那位孤独的老人。祖父想到是过节，要翠翠先上岸去，自己却守在船边，因为过节，明白一定有乡下人来城里看龙船，还得乘黑赶回家去。摆渡客人的时候，与客人因为付钱的事情发生争执，一边硬要给钱，一边硬是不肯要，最后祖父让翠翠和黄狗拦住商人，将钱塞给客人，并搭上一大束旱烟。爷爷如此行为，暗示边城的人们友爱、善良、重义轻财、古道热肠。相比现代社会，那个时候的人际关系何等简单、淳朴、和谐、美好。边城的船总顺顺，"凡帮助人远离患难，便是入火，人到八十岁，也还是成为这个人不可逃避的责任"，也是有力证明了边城人们的道义、淳朴。

4

第四辑　情理练达文

澄清谬误明主旨

——《以工匠精神雕琢时代品质》教学漫谈

教学新闻评论《以工匠精神雕琢时代品质》，笔者精心设计导语，就近切入，即兴发挥。前几天，老师刚刚检查了大家的字帖练习，绝大部分同学坚持练字，态度认真，心思投入，依照规则，一笔一画，练字练性，养气养神，非常不错。但是，老师也要指出，整个练字过程中存在三种普遍心态，影响了练习效果。一是心浮气躁的心态，沉不住气，静不下心，不能全神贯注、一心一意练字，出现连笔潦草、乱涂乱画、字体歪斜、笔画轻佻、结构不端、布局不匀等情况；一种是急功近利、投机取巧的心理，练字不是为了自己的书写整洁美观，不是为了自己字体端庄大气，而是为了应付老师的检查，应付科代表的登记，应付众人的目光，练字变成了一种取悦、苟同外界压力的行为，不明白练字的目的与意义所在；三是认识不到位，态度草率马虎，没有将练字放在每天必须认真完成的作业当中来。要改变这些心态和态度，必须要学习"工匠精神"。这个课时，我们就来学习一篇文章《以工匠精神雕琢时代品质》。

这是一篇新闻评论，属于议论文，但是，新闻评论与一般的议论文又不同。不同就在于"新闻"与"一般"两个词语。所谓新闻评论，就是作者针对新近发生的新闻事件，也就是社会事件或现象，进行评议、分析，发表看法，提出主张，表明立场。而不是对"旧闻"发表议论，也不是毫无针对的评议。所谓一般议论文，就是对某种社会现象或事件发表议论，提出自己的看法，阐明某个道理，生发某种智慧。既是一般，大多放之四海而皆准。没有新闻评论那种鲜明的针对性和强烈的现实感。回到"新闻评论"，简单地说，就是社会、时代以及生活其中的人们生病了，犯错了，或思想上，或精神上，或心理上，或态度上，需要治疗，需要矫正，需要纠偏，作者站在一定的立场，秉持相应的原则，对特定新闻事件发表议论，提出见解，目的在于给人们的思想、精神、心理、认知治病纠错。那么，这篇《以工匠精神雕琢时代品质》是基于怎样的社会现状或时代风气而写作的？或者说，作者这篇新闻评论是针对当今社会与时代哪些问题来发表议论的？请大家阅读文本，从中找出相关的句子来分析说明。

从赞叹工匠继而推崇工匠精神，见证着社会对浮躁风气、短视心态的自我疗治，对美好器物、超凡品质的主动探寻。

这句话表明当今社会人们普遍存在心浮气躁、急功近利、目光短浅的思想毛病，不能够沉下心来，认认真真、扎扎实实做事。

工匠精神并不以成功为旨归，却足以为成功铺就通天大道。

这句话包含两层意思：一层是工匠精神为成功铺就通天大道，也就是说，要成功就必须坚持和发扬工匠精神；另一层是，不管成功与否，我们做事都要发扬工匠精神，生活中很多人认为工匠精神以成功为旨归，也就是坚持和发扬工匠精神的目的就是一定要追求成功，要是不成功的话，就没有必要发扬工匠精神了。显然以成败论工匠精神，这是极其错误的认识。

我们不必人人成为工匠，却可以人人成为工匠精神的践行者。

这句话暗示人们普遍存在一个错误的认识，那就是工匠才需要坚持和发扬工匠精神，我们不是工匠，就没有必要坚持和发扬工匠精神。这也是极端错误的观点。

工匠精神从来都不是什么雕虫小技，而是一种改变世界的现实力量。

这句话暗示，当今社会人们普遍认为工匠精神是小打小闹，微不足道，不屑一顾，十分看不起这种精神，这种身份。作者旗帜鲜明地批评这种观点。

职业没有高低贵贱之分，但人与人却从来都有职业品质、专业精神的差别。

这句话暗示，人们普遍认为，职业有高低贵贱之分，工匠低人一等，备受歧视。

崇尚工匠精神的国家，一定是一个拥有健康市场环境和深厚人文素养的国家。

这是一个判断句，"一定是"属于将来时态，而不是"过去时"和"现在时"，也就意味着我们国家的发展尚未形成健康市场环境，也欠缺深厚人文素养。要达到目标，还需继续努力。

这固然是工匠精神，但工匠精神的内涵又远不限于此。

这句话暗示很多人对工匠精神的理解和认识只是局限在"一门技术掌握到炉火纯青"，其实，工匠精神的内涵十分丰富和深刻。

别人可能觉得他们同世界脱节，但方寸之间他们实实在在地改变着世界。

这句话指出一些人对工匠的错误认知与印象，表面上他们似乎与世界脱节，实际上他们痴迷技艺，聚精会神，物我两忘，实实在在地改变着世界。

坚守工匠精神，并不是把"拜手工教"推上神坛，也不是鼓励离群索居、"躲进小楼成一统"，而是为了擦亮爱岗敬业、劳动光荣的价值原色。

这句话暗示，有人以为坚持工匠精神，就是把"拜手工教"推上神坛，就是鼓励离群索居、"躲进小楼成一统"，与世隔绝，不问世事。这是错误的认知。所谓"擦亮""原色"，言外之意就是原色不亮，蒙上了一层灰尘，也就是给"劳动光荣"蒙灰。

我是真的希望工匠精神可以变成我的墓志铭。

这句话中"真的"起强调作用，暗示着企业家的认知，很多人做企业，并没有高度重视工匠精神，自己也需要不断努力。企业家将工匠精神当作是人生最宝贵的精神财富。

以上发言表明，作者写这篇新闻评论，并不是无的放矢，空发议论，而是立足现实，切中时弊，想要澄清人们对工匠精神的错误认识，要批评人们的错误心态，要警醒人们不要做出错误的行为，进而阐述工匠精神的时代意义，倡导人们发扬工匠精神。显然，这篇新闻评论有的放矢，有感而发，具有鲜明的时代色彩与现实意义。我们写文章，也要思考为什么要写这篇文章、意图何在、目的何在。好比这次月考写记叙文《你还在我身边》，很多同学就不明白或者错误理解写作目的，可能他认为是写一篇800字的记叙文，得到一个好分数。其实，老师认为，考试给你提供了一个表达自己生命体验、生活经历的机会，你要依托这个题目，梳理、反思在自己的生命成长中，哪些人、哪些事对你有触动，有教育意义，很有意思，你需要铭记、感恩，表达、分享、释放自己，这才是真正的写作的目的或意义所在。

寻找、研读关键句子，要善于运用一些常见的理解文句的方法，要从无疑处生疑，要从肯定方面读到否定内容，要从平易处读出深刻意思，要从呼唤句读出现实的不足，等等；要多思考，多揣摩，对语言产生敏感，产生警惕，注意深挖文字背后的丰富意味。这是一种重要的学习方法。

新闻评论属于议论文，议论文具有论点、论证、论据三个要素。就这篇新闻评论而言，作者的观点散布在五个段落当中，请你找一找作者的观点句，并将这些观点句比较辨析一下，说说哪个句子可以作为全文的中心论点、为什么。学生逐段搜寻，找到了一些句子。教师简易板书，以备后面比较、辨析。以下几个句子是学生找出来的典型观点句：

一、工匠精神并不以成功为旨归，却足以为成功铺就通天大道。

二、我们不必人人成为工匠，却可以人人成为工匠精神的践行者。

三、工匠精神从来都不是什么雕虫小技，而是一种改变世界的现实力量。

四、（我们要）以工匠精神雕琢时代品质。

五、职业没有高低贵贱之分，但人与人却从来都有职业品质、专业精神的差别。

第一句主要是说不管成功与否，我们都要发扬工匠精神。第二句是说各行各业人人都要践行工匠精神。第三句是批评人们对工匠精神的错误认识，充分肯定工匠精神是一种改变世界的现实力量。其实也是揭示工匠精神的现实意义。第五句是说人与人之间有职业品质、专业精神之差别。以上几个句子，均是批评一些错误的看法，肯定工匠精神的价值与意义，鼓励人们发扬工匠精神。但是，四个句子均没有从时代的发展、社会的进步的角度来认识工匠精神的意义，只有第四个句子，既暗含工匠精神的作用与意义，又号召人们发扬工匠精神、铸就时代品格，紧密关合时代与社会，吻合全文强烈的时代色彩与深刻的现实思考。这个句子可以作为文章的中心论点。中心论点出现的位置也很有讲究，一般是安排在开头、结尾、标题居多。站在作者的角度思考，他肯定是将他认为最重要的思想或词语放在这些位置，尤其又是标题这个特定位置。有同学提出，标题不完善，少主语，要加上"我们要"。老师反问大家，观点句的表达一定要有主语吗？什么情况之下可以不需要加主语？显然，众所周知的情况，无需主语。比如，下雨了。我们不需要说，天下雨了。这篇新闻评论的标题就表达了一个众人皆知的观点，所以主语省略了，同时也是为了表达简洁的考虑。

既然标题就是文章的中心论点，也就是说全文主要就是阐述、证明标题这个观点。如果你拿到这样一个命题作文，应该如何写？谈谈你的构思。三五个同学谈自己对这个标题的理解与阐述。"以工匠精神雕琢时代品质"，要展开阐述，必须弄个清楚几个关键概念的意思。首先是"工匠"和"工匠精神"，也就是要诠释关键概念：什么是工匠精神？然后要思考工匠精神如何雕琢时代品质，侧重于如何做的问题。或者思考工匠精神对于雕琢时代品质有什么意义（或作用），侧重为什么的问题。同时还要理解"雕琢"与"时代品质"的意义。整个来看，要写好这篇文章，要思考三个问题：什么是工匠精神？工匠精神对于铸造时代品质有什么意义？如何用工匠精神来雕琢时代品质？或者联系现实，说说在以工匠精神雕琢时代品质的过程中会存在哪些问题，该如何来解决。回答好这几个问题，文章基本上也就写好了。现在我们来看看文本，作者是否也是按照我们的思路来构思作文的。

继续找相关问题的答案。比如什么是"工匠"？什么是"工匠精神"？为什么需要坚持和发扬"工匠精神"？如何坚持和发扬"工匠精神"？依托这些问题，梳理文本结构思路，体会并掌握这篇新闻评论的核心思想与结构特色。

放出眼光，自己来拿

——鲁迅《拿来主义》教学漫谈

教学鲁迅先生的杂文《拿来主义》，不枝不蔓，从标题切入，师生谈话，渐入文本。大家观察这个文章的标题"拿来主义"，刚才发出一阵议论、喧哗，似乎对这个表达感到好奇，感到与惯常的表达不一样，那么，老师就要问了，这个表达与平常的表达不一样在哪里？要睁大眼睛，研究这四个字。看到"主义"，你会想起哪些词语？学生纷纷说出一些，比如，资本主义、社会主义、共产主义、修正主义、帝国主义、民族主义、民粹主义、沙文主义等。老师追问，这些组合表达中的"主义"到底是什么意思呢？学生说出一些接近"主义"的内容，比如原则、规定、制度、思想、主张、规律、法则等。老师顺势总结，"主义"应该是指某种思想体系或理论主张，它属于一个庄严、宏大的话题词语，我们叫它做"大词"，恢宏大气，庄重严肃。既然有"大词"，当然也就有"小词"（学生异口同声地说），那么在这个标题之中，"拿来"就是一个小词，顾名思义，所谓"小词"大概就是指平实、普通的词语，"拿来"就是指一个普通的动作行为。明了这两个词语的意义之后，我们再来观察"拿来主义"这个表达，有何奇妙之处呢？奇妙之一是将一个大词与一个小词组合在一起，反常搭配，令人生奇，平常的表达多半是大词和大词放在一起，小词和小词放在一起，现在是大小搭配，认人耳目一新。奇妙之二是，在作者鲁迅的心目中，"拿来"很重要，重要到什么程度呢？几乎到了"主义"的程度，也就是说，在对待某种现象、某种问题的时候，鲁迅先生强烈主张要"拿来"，要高度重视"拿来"，而不是其他。奇妙之三是，以"拿来主义"为标题，说明它非常重要，是全文的中心，是作者这篇文章要集中阐述的重点话题，实际上也暗含作者的立场和观点，即鲁迅是主张"拿来主义"的。

接下来，我们进入文本。先请大家认真阅读文本，结合全文，找出一个句子来回答问题：什么是"拿来主义"？注意这里问的是"拿来主义"的内涵，而不是外延。学生阅读文本大约需要四五分钟，阅读当中，还需要适当作记号。我要求学生画出所有与"拿来"有关联的句子，从中选出一个句子来回答问题，当然要结合文意比较你所画出的这些句子，看看哪个句子最合适。有学生找到句子："但我们没有人根据礼尚往来的仪节，说道：拿来！"有人找到句子"我只是想鼓吹我们再吝啬一点，送去之外，还得拿来，是为拿来主义"，这两个句子犯了逻辑循环的错误，并没有解释什么是"拿来"，什么是"拿来主义"，显然，不可能用"拿来"来解释"拿来主义"。有同学找到结尾一段的句子"我们要或使用，或存放，或毁灭"，这个句子是说我们"拿来"之后的三种具体的处理方式，并没有解释"拿来主义"的内涵。有同学找到句子"所以我们要运用脑髓，放出眼光，自己来拿"，这个句子比较合适，用"所以"表明这是结果，前面六个自然段阐述原因，即我们为什么要实行"拿来主义"？什么是"拿来主义"呢？这个句子告诉我们，"拿来主义"有三个意思，第一要独立思考，深入探索。请问，将"脑髓"换为"脑袋""脑筋""头脑"之类的词语，是否可以，为什么？不行，后者是惯常表达，比较浅显。"脑髓"突出思考的深入、深刻，有深度，而不是停留在表层。第二，要有辨别，分清是非对错，要有自己的眼光，注意鲁迅用"眼光"，实际上是暗示我们要目光敏锐，洞若观火，洞幽烛微，要看准，认清，不糊涂，不混淆，不出错。第三，要自己积极主动去占有，去挑选，去辨别，而不是被动接受，任人宰割，不由自主。整合起来，"拿来主义"就是指我们面对西洋文化，传统文化，要独立思考，要认真辨别，要主动选取。这就是先生的主张，就是这篇文章的中心观点。和我们刚刚学过的《反对党八股》《劝学》《师说》不一样，《反对党八股》标题就是中心论点，中心论点还出现在文章结尾。《劝学》的中心论点出现在开头，"学不可以已"。《师说》的中心论点也出现在开头，"学者必有师"。这三篇文章的中心论点，要么出现在标题，要么出现在开头，要么出现在结尾，《拿来主义》的中心论点则出现在文章的中间，它不像典范的议论文，而是一篇议论色彩很特殊的杂文。

我们研读文章第一至第六自然段。这六个段落涉及三种主义，分别是哪三种呢？各有怎样的特点？鲁迅先生又是怎样剖析这三种主义的？学生很快发现"闭关主义"和"送去主义"，难以发现"送来（主义）"，教师要稍做提示，鲁迅先生用近两个自然段的篇幅来剖析"送来主义"的危害。先说"闭关主义"，特点是自己不去，别人也不许来，实质就是闭关自守，唯我独尊。根源在于骨子里的自卑或自负。危害是隔绝文明，无缘国际社会，最后造成落后挨打，丧权辱国。再说"送去主义"，提问学生，"送去主义"者到底送去什么？学生容易发现学艺上的东西，比如古董、字画、活人，但是这个回答是不准确的，要细心阅读，文中关键句子是"到现在，成了什么都是送去主义了"，句中"什么都"暗示我们"送去主义"送去的东西不只是学艺上的东西，而是"一切东西"，凡是我有的都送给你，凡是你需要的我都送给你，全都送去，送去到了极点，这就是"送去主义"。显然这是一种投降媚外、卖国求荣的行为。鲁迅先生极度厌恶，大加嘲讽。要注意体会文句讽刺意义。说送古董到巴黎去，却"不知后事如何"，有去无回，珍宝流失。"后事"又给人以不祥的联想，增添了表达的幽默色彩。说送字画，"几位大师捧着几张古画和新画，在欧洲各国一路地挂过去，叫作发扬国光"，"大师"加引号，不是大师，更像"小师"。"捧"则见出毕恭毕敬、诚惶诚恐之态，毫无尊严，更无风骨。"几张"极言其少，可怜巴巴，十分寒碜。"一路"是欧洲各国，是千里迢迢。"挂"

起来，"挂"过去，目的在于张扬，在于炫耀，在于显摆。凡此种种，称之为"发扬国光"，实则是尽显国耻，极尽讽刺。说送梅兰芳博士，并不是攻击梅博士，而是批评执政当局的文化官员讨好西方的行为。鲁迅先生说"总之，活人代替了古董，我敢说，也可以算得显出一点进步了"，"也可以"很勉强，不够格。"算得"打折扣，不是真的"是"。"显得"，显得而已，其实不是。"一点"，多乎哉，不多也，可怜至极。"进步"不进步，反而是退步，是可耻，是屈辱。如此这般，可见先生对"送去主义"极力批判、嘲讽、否定。如此批判还不够，作者还展开想象，东西对比，前后设想，进一步剖析"送去主义"的危害。先是将西方哲学家尼采与中国类比，尼采说自己是太阳，光热无穷，只是给予，不求索取，尼采疯了。中国某些人说自己地大物博，仅仅是地下的煤挖掘出来，也足以供养全世界几百年，这些人也疯了。先生进而分析，一味送去，资源流失，造成子孙后代无以为生的局面，下场非常悲惨。"则当佳节大典之际，他们拿不出东西来，只好磕头贺喜，讨一点残羹冷炙做奖赏"，这就是惨不忍睹的结局。中华民族的子孙后代无以为生，只好乞讨度日，毫无尊严，斯文扫地，国格全无！注意体味"奖赏"这个词语，谁奖赏谁，为何要奖赏，奖赏他们什么东西，施奖者与被奖者又是怎样的关系？这些问题均要细致而深入地思考。洋人"奖赏"给中华民族的子孙后代的是"残羹冷炙"，维持他们的生存，驱使他们奔走效劳，控制他们的思想精神，使他们成为无思想、无尊严、无反抗的奴才、走狗、工具。作为受奖者，你接受了对方的奖赏，你就被对方控制起来了，失去了自由和尊严。所以，这种奖赏实质上是一种利用、一种控制、一种奴役、一种驱使。

作者最后批判"送来主义"，先要区分三个概念，"抛来""抛给""送来"，所谓"抛来"是指自己不需要的东西，随意扔掉，你可以接受，也可以不接受，授受双方是平等的。这个行为当中并无任何不良目的。所谓"抛给"，与"送来"意思一样，指授予，即将某种东西送给你，你需要得接受，你不需要也得接受，这个行为当中包含险恶用心。授受双方并不平等。接受方没有选择的自由。接受了别人的东西，只能被别人驱使、奴役。那么，帝国主义者给中国人民"送来"了什么东西呢？请看文章第六自然段，"英国的鸦片"，毒害人的身心健康；"德国的废枪炮"，废而无用，骗人骗钱；"法国的香粉，美国的电影"，输来文化思想、生活方式，腐蚀中国人民的思想精神；还有日本的小东西，还印着"完全国货"，倾销商品，骗取钱财。如此送来，祸国殃民，居心险恶，好多人看不清楚，想不明白，这是非常危险、非常痛心的事情。鲁迅先生对于"送来主义"也是大加挞伐。

以上六个自然段，批判了"闭关主义""送去主义""送来主义"，这是先破，第七自然段才正面提出自己的观点，"所以，我们要运用脑髓，放出眼光，自己来拿"，这是立论，亮明作者的主要观点。文章这七个自然段，构成了因果论证，先原因，后结果。接下来，后面两个自然段，也就是第八、九自然段又是怎样展开阐述的呢？

整体上看，这两个自然段运用比喻论证，先反后正，正反对比，阐述我们如何正确对待文化遗产，也就是我们如何实行"拿来主义"。先看第八自然段，鲁迅先生用大宅子比喻文化遗产，分别批判对待文化遗产的错误态度。第一种是孱头，"怕"污染，"徘徊"不敢进去，心理紧张、害怕，想方设法逃避。这是胆小鬼。第二种是昏蛋，放一把火烧光，保存自己的清白，这是全盘否定，极端思维。第三种是废物，全盘接受，大吸鸦片。鲁迅先生写他们的神态是"欣欣然"，高兴、欢喜，又"蹩进"，躲躲闪闪走进，为何要躲闪呢？这是暗示他们做见不得阳光的事情。"大吸"则描绘他们饿狗扑食、大饱口福的丑态。几个词语足可见出先生对废物的深恶痛绝的态度。这是窝囊废。以上三种态度均是极端错误的，先生毫不留情，厉声热骂。文章第九自然段则从正面阐述我们如何对待文化遗产，主要有三种态度。首先是如何对待鱼翅，"鱼翅"比喻文化遗产中的精华部分，要吃掉，因为它有极大的营养。鲁迅先生反对两种做法，一种是将它抛在路边，拒不接受（吃掉），以显示"平民化"；二是将其宴请宾客，显示排场与尊贵。鲁迅主张要将其当作白菜萝卜一样吃掉，正常、自然、镇定、随意，这是对待文化遗产精华内容的正确态度。其次是如何对待"鸦片"，"鸦片"比喻文化遗产中的精华与糟粕并存的部分，要存放送到药房，供治病之用。鲁迅先生反对两种做法，一是将其摔在茅厕，显示革命彻底化，这种做法浅薄、昏庸而愚蠢；二是弄出"出售存膏，售完即止"，误导消费，欺骗别人。再次是如何对待烟枪烟灯，这是文化遗产中的糟粕，大可毁掉。鲁迅对此大加嘲讽，说什么是"国粹"，要背着周游世界，一定会获得欢喜，明显带有嘲讽、奚落的意味。最后是如何对待姨太太，"姨太太"比喻文化遗产中的腐朽没落，奢靡颓丧的生活方式，这是要坚决遣散、坚决摒弃的东西。第九自然段主要是从正面阐述我们如何对待文化遗产。

文章结尾一段是对全文内容思想的总结。一共由五个句子构成，每个句子回答一个问题，依次是：一、对待文化遗产，我们该怎么办？二、怎样"拿来"？三、"拿来"有何意义？四、怎样才能"拿来"？五、"拿来"的最终目的是什么？五个问题的答案依次可以概括为：一、要"拿来"；二、或使用，或存放，或毁灭；三、建设民族新文化；四、沉着，勇猛，有辨别，不自私；五、创新。文章最后一段紧密照应前面文段的内容，不可以随意调换词语的顺序。

综观全文，第一至第七自然段侧重破，批判"闭关主义""送去主义""送来主义"，属于反面论证，逼出第七自然段的观点（中心论点）："我们要运用脑髓，放出眼光，自己来拿。"文章第八与第九自然段侧重论证"如何拿来"，其中第八自然段侧重"破"，批驳面对文化遗产的三种错误态度（孱头、昏蛋、废物），第九自然段侧重"立"，阐述面对文化遗产的三种正确态度（或吸收，或存放，或毁灭），先反后正，形成对比，有力阐述我们如何"拿来"。第十自然段总结全文，呼应上文，尤其强调，唯有正确"拿来"，"主人才能成为新主人，文艺才能成为新文艺"，言外之意就是强调，实行"拿来主义"，才能构建民族新文化。

全文来看，采用杂文形式，遵循逻辑规则，借鉴文艺语言，表达鲁迅思想。不管是面对西洋文化（外来文化），还是面对传统文化，实行"拿来主义"，洋为中用，古为今用，剔除糟粕，吸取精华，都是最正确、最重要的方法。这篇杂文，实际上也是针对三十年代国民党反动政府实行崇洋媚外、卖国求荣的国策而创作的，作者的思想与动机非常鲜明，那就是要批驳这种错误的思想与行为，要树立正确的文化态度。鲁迅先生的文章是杂文，不是规范典雅的议论文，不能以严格的文体规范去苛求鲁迅先生。有人质疑，先生的文章前面七个自然段显然是针对如何面对外来文化（西洋文化）而来的，文章后面八、九两个自然段举例论证、比喻论证好像又是针对传统文化而来的，这是不是脱节了？或者说，先生的行文思路或思维转换有点不自然，给人以突然断裂、脱节的感觉。如何理解这个问题？其实，从文章实际来看，我们要明白两点：一是从行文思路与词句关联来看，上文说"所以我们要运用脑髓，放出眼光，自己来拿"，下文马上"譬如"，"譬如"什么，当然是举例，举例证明上文的观点，也就是"所以"之后的观点，也就是"拿来主义"的正确做法；二是从前文（第一至第六自然段）和后文（第八至第九自然段）的关联来看，不管是对待西方文化，还是对待传统文化，鲁迅先生均主张，我们要实行"拿来主义"，前文举出如何对待西方文化，后半部分阐述如何对待传统文化，都是例子而已，阐明的实质观点是一致的，那就是如何对待文化现象（西洋文化或传统文化），要实行"拿来主义"。当然，文章第八、九两个自然段出现的比喻更容易让人联想到传统文化，比如"继承祖上遗产"，比如"烟枪烟灯是一种国粹"，比如"大吸剩下的鸦片"，等等，但是，用之于西洋文化也讲得通畅，结合文章前面大半部分内容来看，笔者以为还是理解为针对西洋文化为好，全文而论，鲁迅先生此文主要针对如何对待西洋文化发声，既批驳了错误的主张与做法，又阐明了正确的观点与行为。促人深思，催人警醒。

秋风秋雨秋味浓

——郁达夫《故都的秋》教学漫谈

教学郁达夫先生的散文《故都的秋》，大屏幕显示赫然醒目的标题"故都的秋"，我让学生朗读两遍，说说读出了什么意味。有人说读出了秋的冷清与悲凉，有人说读出了故国失去的痛楚与凄凉，有人说读出了对秋天的怀想与思念，有人说读出了对故乡、对亲人的想念，有人说读出了对繁华都市的深切思念。思维扩散，体会多多。教师点评，关键在于"故都"这个词语的文化意义与情感意义，"故"是以前的、过去的、旧的，比如故乡、故人、故事等词语，多半含有一种对过去生活的怀念。"都"不是故乡，不是国家，应该是都城或首都之类的意思，反正是兴旺发达之地，热闹繁华之乡。"故"和"都"组合起来，表示一个地方、一座城市，应该是作家曾经生活过的地方，现在作家离开了那里，对那里的秋天情有独钟，不能忘怀，所以要写文章来表达情意。"故都的秋"令人怀念，动人情思，请问郁达夫先生文中的"故都"到底是哪里呢？请大家略读文本，指出来。同学们很快找到"北平"，题目的意思很明显了，就是"北平的秋"，老师追问，如果将标题改为"北平的秋"或是"北京的秋"，可不可以，为什么？先要区分"北平"与"北京"，两个词语折射出时代、政治意义的不同，旧中国将首都北京称为"北平"，新中国将首都称为"北京"。标题改为"北平的秋"，就缺少了想念北平犹如想念故人、想念故乡那样一种感情。要是将标题改为"北京的秋"呢？

可不可以？为什么？请同学们从教材文本中寻找答案。大家静静阅读，心思专注，气氛凝重，似乎找不到答案，不少同学露出困惑的表情。一个同学站起来回答：散文结尾告诉我们，这篇文章的写作时间是"1934年8月"，这个时候，"北京"不叫"北京"，旧中国啊，叫作"北平"，所以，从写作时间来判断，标题是不能说"北京的秋"的。老师表扬了他读书认真、勤于思考的好习惯。继续提问，还有哪个地方告诉了我们理解这个问题的线索或信息。有同学发现，课文注解，郁达夫先生的简介，他是1945年去世的，那也就是说这位作家是生活在旧中国，旧中国不把"北京"叫"北京"，而是叫作"北平"。这两个同学的回答启示我们，读书要细致，要注意细节，要多思考，要将相关信息关联起来，综合考虑，从而做出理解和判断。

接下来，我们研究第二个问题，郁达夫先生为什么要写这篇散文？或者说作家写这篇文章的目的（或动机）是什么？他想表达什么意思或感情？这个问题要从散文中去寻找答案。同学找到了结尾一段，说郁达夫想用文字留住故都的秋，要表达自己对故都的秋的深挚热爱与深情赞美。全班朗读结尾一段："秋天，这北国的秋天，若留得住的话，我愿把寿命的三分之二折去，换得一个三分之一的零头。"这个结尾传达出作家荒唐而怪异的思维，一是他想留住故都的秋天，我们知道，春夏秋冬四季轮回，这是不可逆转的，不可挽留的，可是作家想留住，他写下这篇文章，永恒定格故都之秋。二是他宁可折寿短命，也要换得故都之秋的一个短暂停留，爱秋发狂，不能自拔。这让人联想起匈牙利爱国诗人裴多菲的诗歌："生命诚可贵，爱情价更高；若为自由故，二者皆可抛。"裴多菲将自由看得比生命和爱情还要重要，郁达夫则将故都之秋看得比生命还重要，显然这是常人难以理解和接受的。这也正是郁达夫先生作为一个文人的超乎凡俗、高迈清旷的独特情思。爱秋天爱到骨髓里，爱到灵魂深处，爱到不要命的程度，的确令人惊讶、赞叹。类似感情在文章的其他地方也有表现，大家再找一找，文章哪里也表现了这种感情呢？有同学找到了散文的第一自然段："秋天，无论在什么地方的秋天，总是好的；可是啊，北国的秋，却特别地来得清，来得静，来得悲凉。我的不远千里，要从杭州赶上青岛，更要从青岛赶上北平来的理由，也不过想饱尝一尝这'秋'，这故都的秋味。"郁达夫先生千里迢迢，辗转奔波，从杭州赶到青岛，从青岛赶到北平，目的就在于饱尝这故都的浓浓的"秋味"。足以见出他对秋的执着、狂热的真情。比较一下，一般人辗转千里，多半是为了什么？或工作，或生意，或聚会，或求学，或干事业，总之是出于现实物质的考量、功利的算计、人生的发展，追求比较世俗、功利，但是郁达夫先生则是超越现实考量，更多关注心灵和精神，关注生命与审美体验。他心中有诗歌和远方。什么叫"饱尝秋味"呢？那就是要到北平，深度品味故都浓烈的秋味。要酣畅淋漓，要大呼过瘾，要全身心投入，要津津有味、忘情不已，要神魂颠倒、不能自觉。"故都的秋（味）"又有怎样的特点呢？那就是开头第一自然段的三个词语，"清""静""悲凉"。可以说，这是全文的文眼句，置于开头，总领全篇。正如朱自清的散文《荷塘月色》，开篇第一句话就是文眼句，"这几天，我的心里颇不宁静"。

研究第三个问题，文章标题是"故都的秋"，也就是说全文集中主要笔墨描绘北平的秋景风俗，但是，我们发现文章一些地方却写了南国之秋，大家再读文本，找出集中描写南国之秋的文字，说说南国之秋有何特点，说说作者为何要写南国之秋。学生很容易发现，文章第二自然段和倒数第二自然段都写到了南国之秋。先研究顺数第二自然段。南国之秋的特点是"慢""润""淡"，"看不饱，尝不透，赏不足"，衬托出北国之秋的特点，突出作者对北国之秋的喜爱与赞美。文中有一个句子："秋并不是名花，也并不是美酒，那一种半开、半醉的状态，在领略秋的过程上，是不合适的。"如何理解这句话？欣赏名花最佳状态是半开朦胧之美，品尝美酒最佳状态是半醉半醒之美，而领略秋味则不是这样，需要全开全放之状态，需要全醉大醉之状态，也就是说要赏玩到十足，到过瘾，到兴会淋漓，到如痴如醉，到神魂颠倒，到忘情忘我，而要领略到这种滋味，非得要到北平去不可。

文章倒数第二自然段，也是将南国之秋和北国之秋进行对比，突出北国之秋的特点是色彩浓烈，味道隽永，回味悠长。尤其要理解郁达夫先生的一组排比句："（南国之秋）比起北国的秋来，正像是黄酒之与白干，稀饭之与馍馍，鲈鱼之与大蟹，黄犬之与骆驼。"换句话说，作家将"南国之秋"比作"黄酒""稀饭""鲈鱼""黄犬"，将"北国之秋"比作"白干""馍馍""大蟹""骆驼"，差别巨大，意味迥异。不妨仔细辨别一番。"黄酒"微甜、淡薄、软和、口感好，"白干"劲爆、浓烈、灼人，喝下心潮澎湃，热血沸腾。"稀饭"稀松、柔软、浅淡、不饱肚子，"馍馍"紧扎、绵实、有嚼劲、饱肚子。"鲈鱼"清淡、鲜美、细腻，肉质均匀，多做清蒸鲈鱼，下筷轻巧，吃相斯文、秀气；"大蟹"鲜美，味足，适合清蒸或红烧，拌佐料吃，要动手，要戴手套，要用力掰开，会吃得油嘴满面，滴油流汁，吃相一点也不斯文，反而显得粗犷而孟浪。"黄犬"玲珑小巧，聪明温驯，看家护院，陪伴主人，模样可爱。"骆驼"体型高大，身材威武，踏足千里，驰骋大漠。前者偏重阴柔，后者偏重阳刚。四组对比，对比鲜明，反差巨大，突出了北国之秋的浓烈滋味，也折射出作家对北国之秋的深挚而狂放的热爱之情。

显然，从文章首尾两段来看，前后呼应，结构完整。从文章顺数第二自然段和文章倒数第二自然段来看，均是写南国之秋与北国之秋，突出爱秋、恋秋之情，亦可视为前呼后应。既然北国之秋具有如此魔力，那么，具体到了北平，又是如何风景风俗呢？文章主体部分（顺数第三自然段至倒数第三自然段）依次描绘了五幅图景，分别是秋晨图、秋槐图、秋蝉图、秋雨图、秋果图，另外倒数第三自然段是议论，拓展北国之秋的意味，丰富文章的思想内容，强化作家对秋的感情。

我们再来品味这几幅秋天的景物图、风俗图，要求学生全面打开自己的生命感官（视觉、听觉、触觉、嗅觉、味觉、心觉），充分领略、体会故都的浓浓秋味，走进郁达夫的心灵天地与生命世界。请大家阅读散文，各自挑选自己有感触、有体会的片段、场景、意象来说说，说出景物文字背后的滋味与情感。

有同学说秋蝉一段，很有意思，故都之蝉遍地都是，家家都有，习以为常，是"特产"，是"家虫"，传达出对秋蝉的熟悉、怜爱、欣赏之情，尤其是"特产"，隐约流露出自豪、喜欢之情。老师提醒同学们一个词语"啼唱"，由"啼"和"唱"组成，前者给人以啼叫、哭泣、伤悲之感，后者又给人以歌唱、欢欣之感，组合起来，传达出作者对秋蝉衰残的鸣声的欣赏与喜爱。文章描写秋蝉的叫声，是"衰弱"，是"嘶叫"，给人以虚弱、衰残、悲凄之感。宋代词人柳永的词作《雨霖铃》开头写道："寒蝉凄切，对长亭晚，骤雨初歇。"用寒蝉凄切之声为恋人离别渲染气氛，真是"人未到声先闻，离在即情先悲"。老师还要补充一段经历。有一年秋天，老师随年级组同事到郴州莽山旅游，横过一道松林掩映的山脊的时候，听到一片蝉鸣，千万秋蝉，齐声歌唱，气势磅礴，震撼山林。我们鼓掌欢呼，蝉鸣寂灭，松林幽静。过了十来分钟，又有秋蝉鸣叫起来，先是少数几只，到几十只，到几百上千上万只，最后汇成气势恢宏的奏鸣曲，多声部，无伴奏，别样的热闹，惊心动魄，气壮山林。显然，这样的蝉鸣，并不衰弱，并不凄切，并不悲凉。相反，让人感到神奇，壮观，兴奋，激动。

有同学说落蕊，似花非花，铺满一地，踩上去，无声无息，无气无味；被扫走，无影无踪，不知去向。这里体现了作家的敏感与深情，对一地落蕊，投入关注，倾注真情，细致观察，充分感受，看一看，闻一闻，嗅一嗅，触一触，几乎就是将秋槐落蕊当作一道风景来观赏，当作一种生命来珍视。老师特别提醒同学们，郁达夫写"落蕊"，后面还写"落叶"，均是秋天的景观，均是"掉落"，给你怎样的感觉？你会联想到什么？"落蕊"也好，"落叶"也好，脱离枝头，凋零生命，随风飘落，不知去向，令人伤感，悄焉动容。尤其是作家写"落蕊"，落下来，铺满地，被踩踏，被扫走，寂然不见，归向腐烂，这哪里是寻常事物啊？简直就是一种生命的陨落，作家心疼，怜惜，珍爱，却又有点无奈，倍感悲凉。这让我们想到了李清照，一位写花的高手，《声声慢》写道："满地黄花堆积，憔悴损，如今有谁堪摘。"秋风一过，黄花萎谢，一地狼藉，令词人伤感不已。《如梦令》写道："昨夜雨疏风骤，浓睡不消残酒。试问卷帘人，却道海棠依旧。知否，知否？应是绿肥红瘦。"一场风雨，摧折花草，"绿肥红瘦"，无比惆怅。花朵凋谢，生命陨落，让敏感的词人想到自身，青春不再，芳华不存，生命暗淡，无比悲伤。郁达夫的描写"落蕊"被扫走，又让人联想到林黛玉葬花的情境。

那一日正当三月中浣，早饭后，宝玉携了一套《会真记》，走到沁芳闸桥边桃花底下一块石上坐着，展开《会真记》，从头细玩。正看到"落红成阵"，只见一阵风过，把树头上桃花吹下一大半来，落得满身满书满地皆是。宝玉要抖将下来，恐怕脚步践踏了，只得兜了那花瓣，来至池边，抖在池内。那花瓣浮在水面，飘飘荡荡，竟流出沁芳闸去了。回来只见地下还有许多，宝玉正踟蹰间，只听背后有人说道："你在这里做什么？"宝玉一回头，却是林黛玉来了，肩上担着花锄，锄上挂着花囊，手内拿着花帚。宝玉笑道："好，好，来把这个花扫起来，撂在那水里。我才撂了好些在那里呢。"林黛玉道："撂在水里不好。你看这里的水干净，只一流出去，有人家的地方脏的臭的混倒，仍旧把花遭塌了。那畸角上我有一个花冢，如今把他扫了，装在这绢袋里，拿土埋上，日久不过随土化了，岂不干净。"

黛玉葬花，"质本洁来还洁去，强于污淖陷渠沟"，哀悼美丽的花朵悄无声息离去，也是哀悼自己的美丽青春不知不觉流逝。

有同学说秋雨之后的都市闲人，又是另外一番滋味。一场雨后，太阳露脸，都市闲人衔着烟管，身着厚衣，往桥上一立，投下长长的斜影，用缓慢从容的语调聊天，感叹天气变凉。如此场景，表现出悠闲自在、从容不迫的心情，也流露出作家的向往之心。老师提醒，他们的语调、穿着、姿态、聊天，无一不表现出北京市民的悠游闲适的心态。特别要注意他们聊天的语调与内容，语调是缓慢悠闲，拖腔带调，平平仄仄，自有京腔京调，京韵十足。聊天的内容就一个字"凉"，想想看，你从这个"凉"字里读出了怎样的人生况味。有人说时光易逝，人生易老；有人读出饱经忧患，世事沧桑；有人读出高低起伏，悲欢离合；有人读出世事沧桑，家国变化，等等。种种感慨，蕴含"凉"中。这种感慨令人想起辛弃疾的词作《丑奴儿·书博山道中壁》："少年不识愁滋味，爱上层楼。爱上层楼，为赋新词强说愁。而今识尽愁滋味，欲说还休。欲说还休，却道天凉好个秋。"千言万语，无从说起，千辛万苦，无法表达，只用一个"凉"字道出，万千滋味，尽在其中，任凭读者去想象，去体味。郁达夫的雨后话秋凉图景传达出丰富而深沉的人生况味。

有同学说到牵牛花的颜色，"蓝色、白色"为佳，紫黑色次之，淡红者最下，这些颜色均为冷色，折射出作家内心的冷清与悲凉，也流露出作家的审美偏好。不喜欢大红大紫的色彩，更欣赏清淡冷峻的颜色。内心很冷，看到的，喜欢的，多为冷色。要是换作我们通常的生活习惯，多半崇尚热烈喜庆的红色。还有同学说到郁达夫的喜好，一个人泡一碗浓茶，坐在院子里，静静地看秋天，细数一丝一丝的日光，从槐树叶底落下来的日光。如此行为足以看出作家的闲适惬意，从容不迫，足以看出作家对秋天的喜爱与欣赏。其实，郁达夫先生只不过描写了他的一个孤独、寂寞而颇富意味的早晨，与秋天为伴，与孤独为友，津津有味，自得其乐，享受属于自己的宝贵时光。我们真的要向郁达夫学习，再繁忙，再紧张，也要抽出一点时间留给自己，让自己孤独，让自己寂寞，享受一个人的时光，聆听心灵的声音，人啊，只有在一个人独处的时候才属于自己，才能更清楚地认识自己。当然，我们享受孤独，享受独处，并不等于关闭自我，与世隔绝。相反，我们活在尘世，既有自我的丰富生命，又有联系外界的多彩生活。郁达夫不是把秋天当作一种客观的景物来描写，而是当作有灵性、有滋味的朋友来看待，他千里迢迢，辗转奔波，就是为了欣赏秋，领略秋，品味秋，秋之于郁达夫，简直就是生命，甚至比生命还重要。

老师补充一首诗歌，王安石的《北山》写道："北山输绿涨横陂，直堑回塘滟滟时。细数落花因坐久，缓寻芳草得归迟。"风雨过后，花朵凋谢，一朵一朵，诗人细数，不知不觉，忘了时间。寻找芳草，慢慢悠悠，有滋有味，忘了回家。诗人陶醉在春天的美丽景色当中，也隐约透露出淡淡的忧伤与惆怅。超脱诗歌背景与诗人境遇来看，这两句诗还给人以强烈的生命启示，人啊，慢慢走，欣赏风景，等等灵魂。多一点时间陪伴落花，陪伴芳草，让自己孤独，并享受孤独，这才是大自在，大自由。

探幽发微品情味

——朱自清《荷塘月色》教学漫谈

　　教学朱自清的散文《荷塘月色》，从专家、家长的质疑入手，《荷塘月色》是现代白话文经典，是中学语文教材的经典篇目，但是屡次遭遇专家和家长的质疑，他们认为这个作品应当移除语文教材，你是如何认识这个问题的，请阅读散文，谈谈你的看法。

　　同学大都想到家长和专家的保守与封建，指出散文引用梁元帝的《采莲赋》和文章第四自然段的句"又如刚出浴的美人"容易产生问题，家长认为这些诗文描写美女或爱情，容易引起青少年不恰当的联想，容易导致他们不健康的想法。如何看待家长的想法呢？还是静下心来，走进作品的内容才可以做出判断。

　　先看一个比喻句，"又如刚出浴的美人"，什么意思呢？什么像"刚出浴的美人"呢？当然是正在绽放的荷花，有月光映照，有荷塘映衬，荷花犹如刚出浴的美人，作家设比，想象美妙，一是荷花的美丽、纯洁、芬芳、静美类同美人的状态，二是以美人的娇羞、矜持、羞涩、典雅描写荷花之含蓄美，以美人写荷花，赋予荷花以人的动态与神韵，美轮美奂，奇妙无比，引人遐想。当然，家长和专家硬要将"刚出浴的美人"想象成为一丝不挂、俗艳裸露的形象，我们也不能拒绝。但是，我们相信一点，只要心思纯正，眼光纯正，看见美的事物一定会留下美的印象，要是心思歪斜，或是眼光不正，即便是美的事物，自然也会产生不美反丑的印象。

再看梁元帝的《采莲赋》，是描写少男少女的恋爱的，但是，具体怎样描写，诗歌又是呈现了怎样的生活图景，我们还是要进入诗歌，细细体味。请同学们朗读诗歌，说说你感受最深刻的细节。显然，"荡舟心许"，一写少男少女荡漾轻舟，徜徉荷塘，暗送秋波，顾盼生辉的情景，这是一个很有意思，也很感人的场景。"荡舟"是"从流飘荡，任意东西"，自由惬意，舒畅欢快。"心许"是传情达意，心心相印，暗示两情相悦、灵犀相通的状态。"鹢首徐回，兼传羽杯"，少男少女之所以要慢慢摇船，来回荡漾，之所以要传杯递盏，频频致意，目的只有一个，借此机会推波助澜，传情达意。"尔其纤腰束素，迁延顾步"，少女"迁延"，慢慢悠悠，不慌不忙。少女"顾步"，一边划船前行，一边回头凝视，表面上是回视自己的动作，其实是偷窥少年的模样，不敢直视，不敢大胆表达情意，借故回视，玩点小聪明，透露机灵心思。令人想起李清照笔下的美少女，"见客入来，袜划金钗溜。和羞走，倚门回首，却把青梅嗅。"（《点绛唇·蹴罢秋千》这个可爱的少女，忽见有客人来到，慌得顾不上穿鞋，只穿着袜子抽身就走，连头上的金钗也滑落下来。含羞跑开，倚靠门回头看，明明看的是客人，却要嗅嗅门前的青梅以此掩盖。多么可爱，多么机灵，又是多么热辣！读着这样的词句，心生幻想，人生是应该遇见这样一位少女的，没有遇见简直就是人生一大遗憾。"叶嫩花初，恐沾裳而浅笑，畏倾船而敛裾"，荷叶舒张，荷花绽放，少女唯恐水花溅湿美丽的衣裳而露出浅浅的微笑，担心船只颠簸而提起美丽的衣襟，既显得矜持，又见出谨慎，何等娇羞，何等可爱。一曲《采莲赋》，多少风流情。江南的旧俗，热闹的夏季，少男少女演绎了多少风流快意，演绎了多少天真自由。如此幸福、自由、快乐、天真的生活，反衬出作家当下的孤寂、落寞、惆怅与不自由。遥遥呼应文章开头"这几天心里颇不宁静"。如此理解《采莲赋》的意义与作家的构思，自然不会神经过敏，产生其他想法。

依照家长质疑，散文结尾引用《西洲曲》似乎也不可以，似乎也容易引发少儿不宜的联想。但是，为何家长又不建议要删除《西洲曲》呢？主要原因在于对于《西洲曲》的不理解，不敏感。《西洲曲》表面是描写江南女子采莲的情景，其实暗含相思爱恋之意。"低头弄莲子，莲子清如水"，"莲子"谐音"怜子"，"清如水"谐音"情如水"，巧妙表达女子对男子的思念、爱慕之款款深情，脉脉含情，如水绵长，如水清澈，如水纯洁。诗歌也是表达男女之爱，家长不质疑，不建议删除，原因在于没有看懂这首诗歌背后的微妙情意。

综上可见，专家也罢，家长也罢，心思敏感，缺少审美的眼光，缺失艺术的心态，指责作家，抨击编辑，其实是不理解朱自清，不能走进《荷塘月色》的唯美境界。作家就是要用纯美的意象，纯情的描写，奇妙的想象，生动描绘，诱人联想，引人入胜，让读者领略到奇妙而美丽的画面。

如何走进朱自清的心灵世界呢？又如何感受作家笔下的纯洁、美丽、空灵、素雅的荷塘月色呢？教学朱自清散文《荷塘月色》，不妨选取文章两个片段，设计一些问题，引导学生深入思考，教会学生一种阅读文本的方法或思维习惯，那就是"探幽发微，品味词句"，也就是要对语言保持足够的敏感，要对关键词句深入品味，仔细咀嚼，体会出文字背后的意味，体会出字里行间的滋味。同时，绝对不能孤立地理解关键词句，要紧扣语境，勾连前后，理解词句。先看第一个片段：

沿着荷塘，是一条曲折的小煤屑路。这是一条幽僻的路；白天也少人走，夜晚更加寂寞。荷塘四面，长着许多树，蓊蓊郁郁的。路的一旁，是些杨柳，和一些不知道名字的树。没有月光的晚上，这路上阴森森的，有些怕人。今晚却很好，虽然月光也还是淡淡的。

比较以下两种表达，体会意味不同：

一、今晚却很好，虽然月光也还是淡淡的。

二、虽然月光也还是淡淡的，今晚却很好。

第一句强调"月光也还是淡淡的"，第二句强调"今晚却很好"。又如，"我虽然及格了，但是只考了61分"与"我虽然只考了61分，但是及格了"，前句强调"考了61分"，后句强调"及格了"。朱自清的《荷塘月色》采用第一句的表达，表明作者喜欢并强调"月光也还是淡淡的"。

再研究："今晚却很好"，今晚的什么很好？好到什么程度？好到哪里？请结合关联文段和全文语境来思考，谈谈你的理解。

学生说"月光很好"，杨柳很好，荷塘月色很好，等等。这些回答均没错，但是，结合这个句子所在段落来看，恐怕这些答案不一定最佳。还是要求学生朗读上面一个文段，并分析文段的描写对象与特点。全段由六个句子组成，第一个句子描写小路的形状（曲折）、材料（小煤屑），第二句描写位置（幽僻）、氛围（寂寞），第三句描写路边的树木，第四句交代小路一边的树木名称，第五句描写人的感觉（阴森、怕人）。可见，前面的句子均是描写荷塘小路的诸多特点，所以，后面一句的主语应该是"小路"或"路"。

这条路不就是清华荷塘的普通小路吗？朱自清"日日走过"，从以上描写来看也看不出好在哪里啊，作家为什么说它"今晚却很好"呢？到底好在哪里？任由同学自由言说。有人说心情好，所以小路好。今晚的心情很好，一个人沐浴月华，独游荷塘，自由自在，无忧无虑，暂时摆脱了诸多烦恼和压力。心情获得一个短暂的放松，心情好，所以小煤屑路也很好。有人说，好在景色美，文章第四、五、六三个自然段描写荷塘月色，格调清新，意境优美，如诗如画，如梦似幻，简直把人带入梦幻世界。景色宁静、朦胧、清幽、雅致、优美。有人说月色很美。朱自清喜欢"淡淡的月光"，文章描写月色的句子也比较多，我们已经品鉴过了，比如"月光如流水一般，静静地泻在这一片叶子和花上"，"塘中的月色并不均匀；但光与影有着和谐的旋律，如梵婀玲上奏着的名曲"，"薄薄的青雾浮起在荷塘里"，"叶子和花仿佛在牛乳中洗过一样，又像笼着轻纱的梦"，等等文句，均是描绘月色之美。老师就此追问，朱自清为何喜欢"淡淡的月色"，这个"淡淡的月色"到底烘托出作家怎样的心情？同学很快意识到"淡淡的喜悦和淡淡的哀愁"。再追问，哪些景物描写，或者说，哪些词语透露出"淡淡的哀愁"呢？ 同学陆续找到一些。比如"淡淡的云层"，"斑驳的黑影"，"峭楞楞如鬼一般"，"树色阴阴，乍看像一团烟雾"，无精打采的路灯，"是渴睡人的眼"，这些词句均隐隐约约透露出作家内心的惆怅、失落、压抑、孤寂、冷清的状态。也就是说，"淡淡的月色"其实也烘托出作家淡淡的哀愁。还有同学抓住"今晚"深入思考，"今晚却很好"暗示出以前不好，小路以前不好，今晚才好，心情以前不好，今晚才好一点。综上所述，"今晚却很好"，好在多方面：小径好，心情好，月色好，景物好。

再研究第二个片段：

——这样想着，猛一抬头，不觉已是自己的门前；轻轻地推门进去，什么声息也没有，妻已睡熟好久了。

一、破折号起什么作用？请结合语境分析、理解。

二、体会"猛"与"不觉"的意味。

三、分号改为句号，可不可以，为什么？

关于破折号的作用的理解，需要梳理清楚破折号前后的内容，破折号之前是描述"这样想着"，想着哪些内容呢？《采莲赋》里面描写少男少女采莲嬉游的情景，《西洲曲》里面描绘的采莲女子对意中人的缠绵相思，作者对于江南家乡的惦念，作者感慨"可惜我们现在早已无福消受"，等等内容。这是想象中的内容与感慨，给作者带来自由、快乐、幸福。破折号之后则是回到现实，回到家里，暗示作者心情可能又会变得"不宁静"。从想象到现实，破折号表示话题的转换，其实也是作家从个人的心灵世界转向紧张的现实社会，破折号关涉作家心情的转换。文中的"猛"是突如其来，不期而遇，是来得很快，很突然，让自己感到惊讶错愕。"不觉"是不知不觉，悄然而至，说明作者沉迷荷塘月色，沉醉采莲旧俗，沉迷江南天地带给自己的自由、幸福、快乐的境地之中。这些词语带出两个核心意象，"荷塘"和"家"，前者是暂时安顿心灵的境界，后者是安顿自己身体的天地，前者是心灵的精神的理想世界，后者是现实的家园的天地，两者对立又统一。从荷塘回到家里，代表着作者从理想回到现实。所以，荷塘月色是一片美景，更是一片心灵自由的生动写照。作家徜徉荷塘，获得短暂的宁静与自由，很快又跌入现实的繁杂与压抑，故有"淡淡的喜悦与淡淡的哀愁"交织一体的体验。

句中分号不可以改为句号。分号表示并列关系，前后句子意思有关联，不独立。句号表示意思表达完整，前后各自独立，关联性不强。依据文中情境，用分号为好，前后两件事情联系紧凑。一位同学提出，可以改为句号，并且另起一段表达。理由是作家回到自己家门口，还不想一下子推门进去，还留念荷塘月色美景以及江南采莲旧俗，还想自己待一会儿，然后才进屋去。如此理解，很有个性，也合情合理。特别点赞。

生命从轮椅上站起来

——史铁生《我与地坛》（节选）教学漫谈

　　教学史铁生的散文《我与地坛》，我导入新课，从过去的一年开始，从2021年的最后三天入手。过去的一年，12月的最后三天，我们送走了姚鼐，但是他却给我们留下了一座令我们仰望、惊叹的泰山，也留给我们一种人生精神，那就是无惧风雪，挑战困难，百折不挠，迎难而上，终于攀登人生的泰山，终于领略到人生的日出，终于活出了人生的风采。今天，2022年1月4日，我们迎来了新年，也迎来了一位新朋友他就是史铁生，当代著名作家，和姚鼐一样，他的人生旅途当中，也有一座泰山，他也是奋勇拼搏，挑战自我，终于活出了生命的风采，那么，他的泰山是什么？他又是以怎样的意志和精神攀登人生的泰山的呢？这个课时，我们就来学习史铁生的散文《我与地坛》，注意作者的名字"史铁生"，似乎冥冥之中暗示人的精神，一个"史"字固然是人物的姓氏，但是，我更愿意看作是历史的长河，人生的命运，时间的历程，也就是史铁生的一生，史铁生的有限岁月；一个"铁"字，给人以坚硬冷酷的印象，它象征着史铁生意志坚定，刚毅如铁，不可屈服，不可打败；一个"生"字意味着生机活力，无限希望，无限光明，意味着前景辉煌，人生看好。那么，史铁生的人生命运是不是如名字"史""铁""生"所隐喻的，所象征的那样美好，那样昂奋呢？我们还是走进散文看看。

　　散文标题很有意思，"我与地坛"，"与"字最关键，它揭示"我"与"地坛"的特殊关系，"我"是主人公，"地坛"是"我"活动的环境或舞台或特定空间。要是将标题改为"地坛与我"，和原标题比较一下，意味有何区别呢？"我与地坛"强调、突出"我"，即"我"是主人公，是重要的人物，"地坛"是背景，是次要的，是"我"活动的环境或舞台。"地坛"因为"我"的艰难或精彩而具有意义。"地坛与我"则是强调、突出"地坛"，"我"倒在其次，不太重要了。以此方式分析，散文两个部分，可以依次命制小标题为"我与地坛""我与母亲"，同样第二部分"我与母亲"可不可以改为"母亲与我"呢？看了散文，你就知道，第二板块主要写了两方面的内容，我到院子里溜达、思考，母亲到院子里寻找我，显然，"我"在前，母亲在后，正是因为"我"的行为，才导致母亲的寻找，所以，"我"是原因，母亲是结果，这部分的小标题应该是"我与母亲"，而不是"母亲与我"。

请大家阅读散文，思考这两部分内容描述了一个怎样的"我"，怎样的地坛，怎样的母亲。画出文中相应句子，等会朗读品味，与大家分享，经由对这些句子的品味，大家一起来走进史铁生的生命世界。

怎样的"我"呢？文章第一部分有相关描述。比如"我活到最狂妄的年龄忽地残废了双腿"，"我摇着轮椅进入园中，它为一个失魂落魄的人把一切都准备好了"，"自从那个下午我无意中进入了这园子，就再没长久地离开过它"，"两条腿残废后最初几年，我找不到工作，找不到去路，忽然间几乎什么都找不到了，我就摇着轮椅总是到它那儿去，仅仅为着那儿是可以逃避一个世界的另一个世界"，"记不清都是在它的哪些角落里了，我一连几个小时专心致志地想关于死的事情，也以同样的耐心和方式想过我为什么要出生"，等等，这些内容告诉我们，我是一个陷入绝望，找不到出路，精神极度颓丧的人。

怎样的"地坛"呢？文章第一部分也有相关描述。"一座废弃的古园"，"荒芜冷落得如同一片野地"，"地坛在我出生前四百多年就坐落在那儿了"，

"它一面剥蚀了古殿檐头浮夸的琉璃，淡退了门壁上炫耀的朱红，坍圮了一段段高墙，又散落了玉砌雕阑，祭坛四周的老柏树愈见苍幽，到处的野草荒藤也都茂盛得自在坦荡"，等等，可见园子的历史悠久，景象萧索，繁华凋零，建筑破落，几乎成了一座荒废的园子。

怎样的"与"（我与地坛的关系），用史铁生的话来说就是两个词语"缘分""宿命"，文中有描写："地坛离我家很近。后者说我家离地坛很近。""地坛在我出生前四百多年就坐落在那儿了，而且从我的祖母年轻时带着我父亲来到北京，就一直住在离它不远的地方——五十多年间搬过几次家，可搬来搬去总是在它周围，而且是越搬离它越近了。我常常觉得这中间有着宿命的味道：仿佛这古园就是为了等我，而历尽沧桑在那儿等待了四百多年。"我和我们一家三代人都与地坛保持着神秘的缘分，似乎是冥冥之中的命运安排。地坛在我最失落，最绝望的时候接纳了我，地坛用无声的一切启迪了我，地坛也是我磨砺心志，参透生死的地方。或者说，地坛是我生命成长、蜕变的精神家园。

第二课时，学习《我与地坛》第一部分，着重研究一个问题，也就是文章最后一句话；"所以我常常要到那园子里去。"结合该部分文字内容，请同学们说说看史铁生为什么要到园子里去。阅读，交流，发言，各自找出许多文句，许多理由，也有许多理解。有人认为是我双腿残疾，地坛近便，我可以摇着轮椅到园子里活动。有人说，地坛荒芜、寂静，少有人去，适合我逃避现实世界，逃避严峻人生，适合我一个人静静地冥想。有人说，我在最疯狂的年龄上忽然双腿残疾，跌入人生低谷，这种状况与地坛由曾经的辉煌兴旺沦落到今天的破败萧索的状况类似，我的人生境遇与地坛的状况存在某种生命的契合与相通。这位同学朗读文段："它一面剥蚀了古殿檐头浮夸的琉璃，淡退了门壁上炫耀的朱红，坍圮了一段段高墙，又散落了玉砌雕阑，祭坛四周的老柏树愈见苍幽，到处的野草荒藤也都茂盛得自在坦荡。"曾经是

"浮夸的琉璃""炫耀的朱红""一段段高墙""雕栏玉砌""苍幽的老柏树"，代表着豪华壮丽，大红大紫。如今却是"剥蚀琉璃""淡退朱红""坍圮高墙""散落雕栏""野草旺盛"，足够萧条、破败，足够荒芜、衰败。如此变化，对于一个双腿残疾的青年人来说，自然容易引发感伤、悲凉、沉痛之感。自然容易产生共鸣、悲叹。老师表扬这位同学极富创造性的理解，也肯定同学从景物描写中透视人物境遇与心态的读书方法。有人说，文中有这样的句子："记不清都是在它的哪些角落里了，我一连几小时专心致志地想关于死的事，也以同样的耐心和方式想过我为什么要出生。"这样想了好几年，终于想通了。由此可见，作者到地坛去，是呆坐，是冥想，是探索生与死的问题，最后终于参透生死，走出人生低谷。有的同学说，到我到地坛去，是去思考"怎样活着"的问题。这让我们联想到哈姆莱特的人生之问，"活着还是死去，这是一个问题"，文本中出现这样的句子："这却不是在某一个瞬间就能完全想透的，不是能够一次性解决的事情，怕是活多久就要想多久了，就像是伴你终生的魔鬼或恋人。所以，十五年了，我还是总到那古园里去，去它的老树下或荒草边或颓墙旁，去默坐，去呆想，去推开耳边的嘈杂，理一理纷乱的思绪，去窥看自己的心魂。"用一句话来概括，我之所以到园子里去，主要是想"窥看自己的心魂"。老师抓住这个关键句追问同学们，我的心魂是什么？我看见了什么？请找出文中关键语句来回答、分析。有人找到后面一个句子"十五年中，这古园的形体被不能理解它的人肆意雕琢，幸好有些东西是任谁也不能改变它的。"也就是说，我到园子里，的确是看见了一些没有改变的东西，这些东西或许与我的"心魂"有关联。那是些什么东西呢？文章后面写了许多个"譬如"，也就是作者经常见到的景观。让同学来选择性朗读自己最有感触的"譬如"句，分析关键意象。"譬如祭坛石门中的落日，寂静的光辉平铺的一刻，地上的每一次坎坷都被映照得灿烂"，寂静的光辉将坎坷照得光明灿烂，顿时眼明心亮起来。喜欢这种意境，这种感受，寂静，享受，若有所悟。"譬如在园中最为落寞的时候，一群雨燕便出来高歌，把天地都叫喊得苍凉"，虽然苍凉、落寞，但是，雨燕高歌，这不给我们带来一份生机，一份欢悦吗？高歌啊，纵情歌唱，歌唱生活，歌唱未来，歌唱生命。"譬如冬天雪地上孩子的脚印，总让人猜想他们是谁，曾在哪儿做过些什么，然后又到哪儿去了"，看见孩子的脚印，也许想到自己的童年，自由嬉戏，活蹦跳跃，也许想起了现在的自己，失去双腿，活动不便，也许增强向往，向往美好、自由的生活，也许心有所动，猛然觉悟到人生不也应该像孩子们一样，给世界留下一串串脚印？"譬如那些苍黑的古柏，你忧郁的时候它们镇静地站在那儿，你欣喜的时候它们依然镇静地站在那儿，它们没日没夜地站在那儿，从你没有出生一直站到这个世界上又没有你的时候"，苍老的古柏，一直站在这个世界上，不惊不喜，不宠不辱，风雨相伴，冰雪不改，站成了一道风景，站出了一种尊严，一种风骨。人活着，不也应该向一棵树学习，不也应该站成一种生命意志，一种生命精神吗？总结这些"譬如"，不难看到，作者观察园子里的景物，从坎坷处看见灿烂，从落寞中听见高歌，从雪地里想到生命自由，从古柏身上看到风骨精神，从人生的山谷中窥见太阳升起。这或许是作者文中所说的"窥见自己的心魂"。老师提醒同学注意，作者待在园子里，面对熟悉的景物，生发丰富的联想，许多景物在他的笔下呈现出独特的意蕴与生机，实际上也流露出作家的生命觉悟。文章第五自然段有这样的文字："蜂儿如一朵小雾稳稳地停在半空；蚂蚁摇头晃脑捋着触须，猛然间想透了什么，转身疾行而去；瓢虫爬得不耐烦了，累了，祈祷一回便支开翅膀，忽悠一下升空了；树干上留着一个蝉蜕，寂寞如一间空屋；露水在草叶上滚动，聚集，压弯了草叶，轰然坠地，摔开万道金光。""满园子都是草木竞相生长弄出的响动，窸窸窣窣窸窸窣窣片刻不息。"这些句子都写得很细腻，很优美，传达独特的生命觉悟。比如写蜜蜂，像一朵小雾，既轻盈飘逸，又美丽如花，令人怜爱，心生快乐。比如写蚂蚁，摇头晃脑，猛然觉悟，转身疾行，灵动，有趣，好玩，给人以生机勃勃之感。比如下蝉蜕，脱壳而去，生长翅膀，轻盈飞举，自由自在。是生命活力的写照，是破壳成蝶的化身。"寂寞如一间空屋"，表面看来是空洞、寂寞，实质上是暗示生命的诞生与飞举，增添无限活力。尤其是文段中写露珠，一连串的动词的运用，将露珠坠地的过程写得活灵活现，并且给人以奇异闪光的感觉。凡此种种，均是史铁生眼中、笔下、心中的所见所写所感，道出了生命的觉醒与启示。换句话说，观察景物，参透生命，也是史铁生经常到园子里去的重要原因之一。

第三课时学习《我与地坛》第二部分"我与母亲"，文后有这么一句话："年年月月我都到这园子里来，年年月月我都要想，母亲盼望我找到的那条路到底是什么。"我就抓住这句话设问，读罢这部分文字，你认为这条路到底是什么？史铁生找到了没有？你是如何理解的？请结合原文谈谈你的看法。有同学紧扣该句话出现的文段语境来理解，发现前面有一个句子"我用纸笔在报刊上碰撞开的一条路，并不就是母亲盼望我找到的那条路"，这句话否定了我的最初的简单而世俗的想法，创作获奖并不能指引我走向最合适的幸福，并不是母亲要指引我走的道路。后面又有一句话，"母亲生前没给我留下过什么隽永的哲言，或要我恪守的教诲，只是在她去世之后，她艰难的命运，坚忍的意志和毫不张扬的爱，随着光阴流逝，在我的印象中愈加鲜明深刻"，这句话清晰地揭示了母亲留给我的最为宝贵的精神遗产，也是指引我走出人生绝望，走向人生幸福的道路，那就是坚忍的意志和毫不张扬的爱。母亲用她的行为与神色，用她的挣扎与煎熬，教育我，启示我，要坚强，要勇敢，要战胜苦难，要爱人生，爱生活，爱世界。母亲就是史铁生的人生导师，精神导师。这条道路，作者找到了，并且努力探索践行。关于母亲"艰难的命运、坚忍的意志、毫不张扬的爱"在文中何从体现，学生可以找出很多描述，朗读、体会，并与大家分享。结尾一句"多年来我头一次意识到，这园中不单是处处都有过我的车辙，有过我的车辙的地方都有过母亲的脚印"，园子的角角落落都留下了我的车辙，那是痛苦与磨难的印记，也留下了母亲的脚印，那是煎熬与挣扎的印记。我走到哪里，母亲就找到哪里，我走过的车辙，都要被母亲走过一遍，我没有走过的车辙，母亲也要走过一遍，她不能没有儿子，她不能看不见儿子和儿子的未来。母亲和儿子就是这样，踩着你踩过的脚印，走着你走过的道路，彼此陪伴，陪伴一段岁月，陪伴到园子的尽头。

抓住纲目理思路

——《实践是检验真理的唯一标准》教学漫谈

教学理论文章《实践是检验真理的唯一标准》，知道学生对这类政治性强、思想教育意味浓的文章兴趣不大，我将教学重点定位为梳理文章的结构思路，训练学生的逻辑思维，教会学生快速读写构思的方法。具体做法是，从标题入手，引导学生整体把握与局部分析文意。先剖析文章标题"实践是检验真理的唯一标准"，采用连续追问的方式进行思维训练。

一、这是文章的中心论点，哪个词语最重要？为什么？"唯一"最重要，揭示了实践的必要性与重要性，强调它是检验真理的重要且唯一的标准，除此以外没有其他标准。

二、中心论点之中出现了两个关键概念是什么？暗示我们构思行文需要关注哪方面的问题？关键概念是"实践"和"真理"，要弄清楚什么是"实践"，什么是"真理"，更要思考"真理"和"实践"之间具有怎样的关系？这是行文的一个重要内容。

三、如果你拿到这样一个标题，你想解决一个怎样的问题？或者说这是文章的中心论点，你要证明这个观点是成立的，你需要在哪个问题上深入思考、分析？答案是"为什么说实践是检验真理的唯一标准"，或者说展开行文重点要回答"实践是检验真理的唯一标准"的原因是什么。

四、看到这个标题，你能猜到作者为什么要写这篇文章吗？（写作动机）可能是社会中有些人对于实践的重要性，实践与真理之间的关系，真理与谬误的区别等问题存在错误的糊涂的认识，作者写作此文目的在于澄清人们的思想错误。这个问题的追索其实启示我们，写文章要看对象，要切实解决问题，而不是空对空地进行理论说教。

然后列举该篇文章的四个小标题，打乱顺序，让学生重新排序，并说明其间的逻辑关系。具体题目是这样设置的：请以"实践是检验真理的唯一标准"为中心论点，以下四项内容为行文展开的层次，请给下列层次内容排序，并说明理由。中心论点：实践是检验真理的唯一标准。展开层次如下。

一、革命导师是坚持用实践检验真理的榜样。

二、检验真理的标准只能是社会实践。

三、任何理论都要不断接受实践的检验。

四、理论与实践的统一，是马克思主义的一个最基本的原则。

四个层次的顺序应该是二、四、一、三。分论点二排在第一个层次，因为它直接表明中心论点，或者说是中心论点的另外一种表达，其中"只能"呼应中心论点中的"唯一"，这一层次要阐释"检验真理的标准只能是社会实践"的原因，属于证明论点。排在第二位的是四，从马克思主义的基本原则角度论证分论点。二、四两层属于理论论证。排在第三位的是一，以革命导师的例子来证明分论点。排在最后的是二，从认识发展的角度来论证分论点。全文整体思路就是：首先提出中心论点"实践是检验真理的唯一标准"，然后从四个方面来论证中心论点，或是从四个角度来阐述原因。从认识论的角度来论证中心论点二，从马克思主义基本原理来论证中心论点四，从革命导师的实践角度来论证中心论点——从发展变化的角度来论证中心论点三。

接着引导学生细读文章第一部分与第三部分，要求画出每个自然段的关键句（或中心句），梳理该部分的结构思路。具体做法是，先安排学生阅读文本，划记关键句。再请学生朗读关键句子，最后梳理并概括行文思路。找出关键句不难，方法是关注每个自然段的首尾，也要注意每个自然段的特殊情况。比如第一部分第三自然段是举例子，就没有中心句，但是从第二自然段结尾处可以找出一个句子作为概括第三自然段文意的关键句。以第一部分为例，关键句分别是：

小标题：检验真理的标准只能是社会实践

一、一个理论，是否正确反映了客观实际，是不是真理，只能靠社会实践来检验。

二、实践不仅是检验真理的标准，而且是唯一的标准。

三、科学史上的无数事实，充分地说明了这个问题。

四、马克思主义之所以被承认为真理，正是千百万群众长期实践证实的结果。

五、检验路线之正确与否，情形也是这样。

六、毛泽东思想是马克思列宁主义普遍真理与革命具体实践相结合的产物。

论证思路可以描述为：提出论点"检验真理的标准只能是社会实践"→以马克思主义认识论的基本原理来证明→以科学史上的无数事实来论证→以社会实践对马列主义思想路线的检验来论证→以社会实践对毛泽东的思想路线的检验来论证。

第三部分关键句子是：

小标题：革命导师是坚持用实践检验真理的榜样

一、马克思和恩格斯对待他们所共同创造的著名的马克思主义科学文献《共产党宣言》的态度，就是许多事例当中的一个生动的例子。

二、毛泽东一贯严格要求不断用革命实践来检验自己提出的理论和路线。

三、革命导师这种尊重实践的严肃的科学态度，给了我们极大的教育。

四、正是革命导师的这种坚持实践是检验真理的标准的辩证唯物主义立场，才保证了马克思主义的不断发展，并使其永葆青春。

论证思路可以描述为：提出分论点"革命导师是坚持用实践检验真理的榜样"→列举马克思和恩格斯对待《共产党宣言》的态度→列举毛泽东的一贯态度→正面分析革命导师的正确做法带给我们的启示→ 小结实践是检验真理标准的意义。

如此教学，着重训练学生理解文意、提炼要点、梳理思路、分析关系的逻辑思维能力，对接高考非连续性文本阅读试题第四小题，要求梳理行文的脉络或论证思路。将高考能力要求与知识点落实到平常的课堂学习之中，让教、学与考巧妙联系起来。

深入肌理探逻辑

——张岱年《修辞立其诚》教学漫谈

　　教学《修辞立其诚》，第一课时阅读文本，理清结构思路。第二课时，进入文本，研读局部文段内在逻辑关系。第一课时开门见山导入新课，这个课时我们来学习著名哲学家张岱年先生的哲学小论文《修辞立其诚》，教师板书课题或是大屏幕呈现课题，教师提问，请同学们说说看到这个标题的第一感受或是疑难困惑之处。有同学说，不太懂得题目意思。有同学说，"诚"是真诚、诚信、实诚的意思，不确定"修辞"是不是指修辞手法。有同学说，这篇文章大概是说做人做事要讲诚信吧。有同学说"修辞"就是说一个人要讲究言语表达。教师顺势引导，既然大家似懂非懂题目意思，其实题目也就是文章的中心论点，那么就有必要在写文章的时候全面而准确地解释标题的意思，尤其要弄清楚概念之间的逻辑关系。本文写于1992年，当时，中国市场经济蓬勃发展，然而人心浮躁，甚至一些学者文人也因生活所需，急功近利，言辞浮夸。张岱年有感于此，写了《修辞立其诚》一文，呼吁作文、为人都要"立其诚"。"修辞立其诚"出自《周易》："君子进德修业。忠信，所以进德也；修辞立其诚，所以居业也。"意思是君子致力于培育品德，增进学业，以忠信来培养品德，以修饰言辞来建立诚信，这是发展自己事业的立足点。"修辞"本指注重文化修养，后指修饰词句。"修辞立其诚"指文章修辞要服从于内容的真实。

确立中心论点之后，如何来展开文章呢？也就是说要分析说理，让大家信服你的观点，让你的观点站得住脚。"修辞立其诚"就是要求人们言说、论文、做事要诚实守信，要言行一致，表里一致，名实一致，我们要追问，为什么要做到"诚"呢？换句话说，为什么要做到三个一致呢？或者说，做到"修辞立其诚"有什么必要性、重要性？我们还会追问，如何做到"修辞立其诚"呢？只有说清楚了这些问题，文章才能折服人心。整理一下思路，为了论证"修辞立其诚"，我们可以分三步走。首先提出中心论点"修辞立其诚"，并解释题目的含义，这属于"是什么"部分。对于题目的理解，尤其要注意"修辞"与"诚"的关系，前者是手段，是条件，后者是结果，是目的。讲究修辞的目的是达到"立诚"。然后分析"修辞立其诚"的必要性（或重要性），这部分要分层展开，确保分析说理充分而深刻。这是属于"为什么"的问题。最后要联系现实状况，指出"怎么做"。整体思路就是：提出观点（是什么）——分析问题（为什么）——解决问题（怎么做）。这是我们拿到这样一个标题（其实就是中心论点）的常规构思，那么，张岱年先生写这篇文章是不是遵循这样一个思路呢？请大家阅读文本，梳理思路，比较我们的构思与作者的构思是否一致，如有差异，差异又在哪里。张岱年先生的文章第一自然段引用古语，提出中心论点——"修辞立其诚"是发言著论写文的原则，并概述"立其诚"的含义，这与我们构思议论文开篇提出观点是一致的。张岱年先生在文章第2至第5自然段解释"立其诚"的三层含义，回答"是什么"的问题，这与我们的构思也保持一致。张岱年先生在文章第6自然段至第10自然段主要从三个角度阐述"修辞立其诚"的必要性（或重要性），回答"为什么"的问题，与我们的构思一样。当然，这一部分当中，也包含了"怎么做"的问题，也就是我们要如何做才能达到"诚"，而我们的构思是把"怎么做"这一部分单独成段，我们的处理与张先生的安排稍有不同。张先生在文章的最后一段总结全文，升华主旨，而我们的构思则是提出怎么办，属于解决问题部分。由此可见，拿到一个论题或论点，围绕论点展开思维，遵循"提出问题（是什么）——分析问题（为什么）——解决问题（怎么办）"的思路行文，是普遍规律。大家读写都要高度关注。

第一课时主要是通过对比作者的结构思路与我们的猜想，引导学生从整体上把握行文思路，把握主要观点与内容。第二课时主要通过设计几个问题，对接高考命题，训练学生的逻辑思维与分析理解能力。

问题一：从文中看，应如何认识客观世界？

哲学与科学的目的在于追求真理，追求对于世界的正确认识。首先，正确认识客观世界应力求避免主观的干扰；其次，发挥主体性，应以认识的客观性为前提。

老师请同学阅读文本三四分钟，然后点名朗读找到的答案要点，当场评分。一个要点2分，两个要点4分。

学生回答中存在的主要问题是：找不到"认识世界"的内容区域（文章第7、8两个自然段），找到了其他文段句子；找到了文段之后，又找不到关键句（或段落的中心句）；找到了关联句子之后，又不能够提炼压缩，读出了很长的表达。现场评分这种方式很好，能够极大调动学生的阅读、思考、回答问题的积极性。找不到答题区域的原因主要是不认真审题，题目中的"如何认识客观世界"，其实明示学生，你应该找到阐述"认识世界"的文段。不少同学没有考虑到这一点，寻找关键句不注意首尾句子，不注意关联词。教师引导分析，提醒学生要学会抓住关联词，帮助我们理解句子意思，甚至把握文段主要内容。这是一个好办法。其实第7、8两个自然段的关键句都是首句，都是首句之中"但是"之后的句子。

问题二：阅读文段，找出四个关键词，并依据文意选出一个最重要的词组。

多年以来，人们强调主体性的重要，这是正确的。但是，发挥主体性，应以认识的客观性为前提。这里有一个改造世界与认识世界的关系问题。人类的主体性，主要在于能改造世界，但改造世界应以正确的认识为依据。只有正确地认识世界，才能有效地改造世界。有时在改造世界的过程中也能加深对世界的认识，但是对于世界的正确认识还是改造世界的基本条件。

学生能够找出来四个高频出现的词组：主体性、客观性、认识世界、改造世界。但是，哪一个词组（或词语）最重要，却各有各的选择，并不能够很快确定"认识世界"是最重要的词语，原因在于对于段落之内各个句子的意思以及句间关系的梳理不到位，不清晰。教师引导学生分析段内句间关系。第一个句子"多年以来，人们强调主体性的重要，这是正确的"，突出"主体性"重要。第二个句子"但是，发挥主体性，应以认识的客观性为前提"，强调"认识的客观性"重要，它是发挥主体性的前提（或条件）。所谓"认识的客观性"就是客观而正确地认识世界，换句话说就是"认识世界"很重要。第三句话"这里有一个改造世界与认识世界的关系问题"承接第二句话，指出"改造世界"与"认识世界"有关系，而且似乎暗示有重要关系。第四句话"人类的主体性，主要在于能改造世界，但改造世界应以正确的认识为依据"是一个转折关系的复句，重点在于"但是"之后的分句"改造世界应以正确的认识为依据"，说明"认识世界"是"改造世界"的前提，突出"认识世界"之重要。第五句话"只有正确地认识世界，才能有效地改造世界"表意非常直接，强调"认识世界"是条件，很重要。第六句话"有时在改造世界的过程中也能加深对世界的认识，但是对于世界的正确认识还是改造世界的基本条件"是一个转折关系的复句，重点同样在于"但是"之后，强调"认识世界"是"改造世界"的"基本条件"，还是突出"认识世界"之重要。综上所述，四个关键词语当中，"认识世界"最重要。

要分析某个词语最重要的原因，揣摩句子之间的逻辑关系。

问题三：阅读文段，找出作者论证"修辞立其诚"的必要性的角度。

"修辞立其诚"，包含端正学风的问题。据《汉书·儒林传》记载，齐诗的经师辕固曾对公孙弘说："务正学以言，无曲学以阿世。"所谓"曲学阿世"即是哗众取宠，曲解经典的原义以讨好于时尚，也就是背离了原则而顺风转舵，这就违反了追求真理的学术宗旨。"修辞立其诚"应是端正学风的首要准则。汉代经师所遵从的是儒家的原则，我们今天则应强调社会主义的基本原则。

所谓论证角度主要就是指作者从哪个角度切入展开论证，要理解这个问题，需要细致分析文段中各个句子的含义与句子之间的关系。第一句是段落关键句，指出"修辞立其诚"暗含学风端正的问题。第二句引用《汉书》话语，对比两种学风，倡导"正学以言"，反对"曲学阿世"，重点批判"曲学阿世"的错误所在与严重性质。第三句话正面强调"端正学风"。最后一句话则强调儒家原则的当代意义。综合来看，都是在谈学风问题，所以这个文段着重从"端正学风"的角度进行论证。要分析论证角度，明了作者引用古人话语的用意，以及提倡什么学风、反对什么学风。

问题四：阅读文段，分别具体说说文段中每个关联词语所表达的逻辑关系，据此指出该段文字的论证角度。

如果要加进一个关联词语"因为"，你会加进哪个位置，为什么？请给这段文字划分层次，并说明划分的理由。

（一）揭示客观真理确非容易，但是表达自己的真实思想应该并非难事。（二）然而，千百年来，由于世事的错综纷繁，说真话、讲实话，却是不容易做到的。（三）人们常常把真实的思想感情隐藏起来。（四）这是复杂的不正常的社会关系所造成的人心的扭曲。（五）然而，把自己的真实意见表达出来，这应是"修辞立其诚"的起码要求。

第一个句子关联词是"但是"，表示转折关系，前一个分句是说揭示客观真理不容易，后一个分句是说表达自己的真实思想相对容易，前后意思相反。第二个关联词是"然而"，表示转折关系，前面复句是说表达自己真实意思容易，后一个分句是说"说真话、讲实话"不容易，前后相反。第三个关联词是"然而"，表示转折关系，前面说由于社会关系复杂，一个人要说真话不容易，后面分句是说表达自己的真实意见是起码要求，应该容易达到，前后意思相反。这个自然段所有句子均是在说现实社会中由于种种原因，说真话、讲实话不容易。所以，这一个自然段的论证角度应该是"现实社会"，也就是说，作者是从"现实社会"的角度来论证"修辞立其诚"的必要性。

要加到（三）之前，因为前面（二）句是结果，后面（三）（四）均是表明原因。（二）（三）（四）三句话之间是因果关系。要是加到（四）之前，孤立地观察这两个句子，似乎也可以。但是，联系前后文（或上下文整体）来看，句（二）与句（三）（四）之间是因果关系。就整个文段来看，可以划分为两个大的层次，以句（五）的"然而"为标志，前面四句是说人们讲真话、说实话由于各种原因而变得不容易，后面一句话是说表达自己真实的意思是"修辞立其诚"的起码要求，换句话说就是说真话讲实话很容易，要求不高，是起码的、基本的、底线的要求，前后之间构成转折关系。第一层次又可以细分为两个更小的层次，以句（二）的"然而"为标志，之前是说表达自己的真实思想很容易，之后是说表达自己的真实意思不容易。之后包括（二）（三）（四）三个句子。

阅读文段，思考：文段中划线文句是否可以删掉，为什么？

名实一致即是言辞或命题与客观实际的一致。一般言辞的内容包括许多命题。哲学命题与科学命题都是表示客观事实或客观规律的。哲学命题与科学命题都可称为理论命题，理论命题符合于客观实际，就是真理的揭示。文学不是表示客观事实或客观规律的，然而也必须对于事物现象的本质有所显示，才能够感动人心。

不可以去掉。因为这一段的论点就是第一句话，"名实一致即是言辞或命题与客观实际的一致"，意思就是说言辞和实际要保持一致。后面从哲学命题、科学命题、文学命题三个角度来展开阐述，要是去掉了文学命题一句，这论证不够严谨，不够完备。另外对于一般读者来说，很容易产生错误的认识，以为文学就是虚构、想象的艺术，就是主观感情非常强烈的艺术，不真实，不符合客观实际。其实，作者认为，文学反映社会是从另外一些角度来抵达真实，是比现实生活更真实的真实，是通过想象、虚构来抵达更深刻的本质真实，是言辞与客观实际保持一致的，这句话具有现实针对性，增强了文章的现实意义。

墨写的谎言掩不住血写的事实

——鲁迅《记念刘和珍君》教学漫谈

教学鲁迅先生的散文《记念刘和珍君》，用臧克家的诗歌《有的人》的片段导入课题。学生朗读大屏幕展示的《有的人》，老师讲解：臧克家将两类人进行对比，一类人骑在人民头上，盛气凌人，作威作福，他们活着就是不让老百姓好好活着；另外一种人则俯下身子，全心全意为人民服务，"横眉冷对千夫指，俯首甘为孺子牛"，这种人活着就是为了让多数人更好地活着。鲁迅就是这样的人。今天这个课时，我们来学习鲁迅先生的散文《记念刘和珍君》。看看鲁迅先生又是怎样让更多的人好好活着，有尊严地活着的，看看鲁迅先生笔下的热血青年刘和珍等人参与了怎样的革命活动，又是怎样想让大家好好活着的。

当然，如何理解一篇散文的思想内容，诚如鲁迅先生所言，要"知人论世"，我们先来了解一下作者以及作者笔下的人物，还有作者写作这篇文章的时代背景。作者、时代背景，以及作者笔下的刘和珍三项资料均播放课件，学生阅读浏览即可。其中重点突出三·一八惨案发生之后，反动文人的污蔑与流言的攻击，以及鲁迅写下的一篇文章《无花的蔷薇之二》，该文中有这样一个句子，让全班同学齐声大声朗读："这不是一件事的结束，而是一件事的开头。墨写的谎言，决掩不住血写的事实。血债必须用同物偿还。拖欠得愈久，就要付更大的利息。"同时点评学生的朗读，声音不够大，气势不够充沛，重音不够突出，尤其是未读出血债血还的满腔愤怒。不能微微弱弱，有气无力。要求同学们再读一遍。效果明显改变。然后，师生一起研究这个标题"记念刘和珍君"，先看这个"记念"，一般写作"纪念"，鲁迅后面一篇散文也是写作"记念"，这就很有意思了，是错别字，还是写作态度不够认真，都不是，为什么呢？请同学们看教材注解（1）和课文最后，请结合相关信息来思考这个问题的答案或是合理的推测。学生默看教材，睁大眼睛，感到好奇。这哪里有答案啊？怎么回事呢？正当他们思而不解、读而不悟的时候，老师请一个学生说出这篇文章的写作日期：1926年4月1日。这个日期属于20世纪初期，我们知道20世纪初期，中国历史上发生了一场翻天覆地的思想解放运动，那就是新文化运动、五四运动，当时的知识分子喊出了一个响亮的口号，呼唤科学与民主，反对封建专制，提倡白话文，废除科举制，兴办新学堂。鲁迅、胡适、刘半农等一批作家都勇敢探索白话文写作，鲁迅第一个白话文短篇小说是《狂人日记》。那个时候，白话文的运用是不规范的，处于尝试阶段，当时的"纪念"就是写作"记念"，后来随着语言运用的规范，人们才统一用"纪念"。所以我们不能用后来的标准去要求白话文初始运用阶段的作家。当然，编者选录这篇文章的时候，保留语言文字运用之原貌，也是对历史、对作家的一种尊重。这种使用文字的现象在鲁迅作品中比较多。

接着看看这个标题还有哪个字很有意味。同学们说出"君"字，传达一份礼貌与尊敬。老师补充，鲁迅是一个大作家、大学者、大先生，刘和珍是鲁迅的学生，北京女子师范大学的学生，一个22岁的青年学子，按理说，一般是晚辈对长辈，学生对师长，下属对领导，才需要讲究尊敬与礼貌，这里是鲁迅称呼刘和珍为"刘和珍君"，一个大先生称呼一个"小"学生，称呼一个普通的学生，竟然用"君"字，里面充满了虔诚、庄重、崇敬的感情，也就是说，在鲁迅心目中，作为学生的刘和珍占有重要而崇高的地位。请同学们快速浏览课文，逐节找出先生评价学生的句子，或者说能够体现学生在老师心目中处于崇高地位的句子，并朗读。学生默读三分钟，纷纷站起来朗读。有些句子师生稍加点评。如此一个环节，将学生快速拉进文本，让他们快速了解鲁迅先生对学生的深深悼念与崇高评价。课堂气氛变得肃穆庄重，非常吻合学习这篇散文所需要的气氛。

梳理一下，全文七节，几乎每一节均有包含感情的评价。第一节结尾一句："我将深味这非人间的浓黑的悲凉；以我最大的哀痛显示于非人间，使它们快意于我的苦痛，就将这作为后死者的菲薄的祭品，奉献于逝者的灵前。"对于逝去的青年，表现出最大的哀痛，表现出无上的供奉，表现出无比的歉疚，这充分说明刘和珍君在作者心目中无比崇高。第二节第一句："真的猛士，敢于直面惨淡的人生，敢于正视淋漓的鲜血。这是怎样的哀痛者和幸福者。"盛赞刘和珍是"真的猛士"，英勇无畏，大义凛然，在鲜血淋淋的屠杀面前，在黑暗残酷的现实社会，挺起高昂的头颅。第三节开头一段："我应该对她奉献我的悲哀与尊敬。她不是'苟活到现在的我'的学生，是为了中国而死的中国青年。"一个22岁的弱女子，用稚嫩的肩膀扛起民族独立、国家自由的大任，顶天立地，气贯长虹。这一段还有句子："我平素想，能够不为势利所屈，反抗一广有羽翼的校长的学生，无论如何，总该有些桀骜锋利的，但她却常常微笑着，态度很温和。"外表微笑温和，和蔼可亲，平易近人，但是骨子里却是桀骜不驯，威武不屈，不惧权势，勇于斗争，体现出一种大无畏的革命精神。第五节有句子："当三个女子从容地转辗于文明人所发明的枪弹的攒射中的时候，这是怎样的一个惊心动魄的伟大呵！"冒着枪林弹雨，互相救助，殒身不恤，用鲜血和生命谱写了一曲感天动地的英雄赞歌！第七节有句子："至于这一回在弹雨中互相救助，虽殒身不恤的事实，则更足为中国女子的勇毅，虽遭阴谋秘计，压抑至数千年，而终于没有消亡的明证了。"将刘和珍等人临危不惧、殒身不恤、互相救助、勇敢坚毅的精神放在中华民族几千年的历史长河中来评价，凸显其精神熠熠生辉，彪炳千秋。刘和珍等人的光辉形象犹如历史夜空几颗点亮的星子，给人以光明，给人以希望。如此等等，足以见得，在鲁迅的心目中，刘和珍占据着崇高甚至神圣的地位。所以，文章的标题"记念刘和珍君"，称之为"君"，为文"记念"，感情深挚，地位崇高，意义重大。

继续教学《记念刘和珍君》，上个课时，我们留下了一个作业，要求同学们细读、通读、深读文本，给每个部分拟定一个小标题，不超过六个字，最好运用四个字，既要简明精要，又要高度概括主要内容。这个课时，我们围绕问题展开讨论，熟悉文章的内容，理清文章结构思路，理清文章的感情线索。

教师先检查同学的作业完成情况，其实也是督促学生细读文本，理解内容。让学生将自己的小标题写在黑板上，每一节安排两个同学上来写小标题，七个章节共计14个小标题，每一节两个小标题。学生写好之后，师生一起讨论。

第一节，答案大约有"写作目的""菲薄的祭品""奉献菲薄祭品""沉痛哀悼"，应该说，后面三个概括部分涉及作者对遇难青年的缅怀、哀悼之情，但是，很不够，忽略了文章的其他感情。从该部分在全文的位置（或地位）来看，从作者构思行文的逻辑来看，"写作目的"似乎好一些。但是，写作目的是说为什么要写这篇文章，第一节和第二节写到了三个"必要"，什么意思呢？就是必要性，就是作者写这篇文章的目的所在，我们不妨一个一个地朗读、品味。第一个必要："我也早觉得有写一点东西的必要了，这虽然于死者毫不相干，但在生者，却大抵只能如此而已。"这个"必要"是针对前面程君当面提醒我而言的，我应该写一点东西来纪念、缅怀刘和珍君。即便程君不提醒，我也早就有此想法。第一节实际上交代了先生写作的缘由。第二个"必要"："我们还在这样的世上活着；我也早觉得有写一点东西的必要了。"显然，这个"必要"是针对"这样的世上"而言的，那么，"这样的世上"又是怎样的世上呢？答案需要从与之紧密相连的前一自然段中去寻找。这样的世上就是"似人非人"的世上，也就是说不适合人生存、生活的世界，是不公平、不合理的社会。这样的社会哪里出问题了呢？一方面是段祺瑞执政府卫队制造了震惊中外的杀人惨案，竟然动用大炮、枪弹等对付手无寸铁的青年学生，致死伤200多人。另一方面，反动文人散布阴险论调，颠倒黑白，混淆是非，助纣为虐，毫无底线。还有社会存在大量庸人，庸庸碌碌，浑浑噩噩，愚昧麻木，不是反抗，毫无觉悟，他们的沉默纵容了坏人的作恶，客观上起到维持这个似人非人的世界的作用。如此世道，如此罪恶，如此嘴脸，如此状态，必须揭露、批判与控诉。第三个"必要"："离三月十八日也已有两个星期，忘却的救主快要降临了罢，我正有写一点东西的必要了。"这个"必要"主要是针对人们（主要是庸人）的麻木健忘而言的。注意这个"救主"的运用，一般我们说谁谁落水了，有人救助，落水者感到幸运，感激不已，谢天谢地谢救命之恩。这里鲁迅说"忘却的救主"，将"忘却"比喻为"救主"，意思就是说，对于那些糊里糊涂过日子的庸人来说，忘却三·一八惨案，犹如有人救命一样高兴，一样备感幸运。正是因为他们麻木健忘，所以作者才要写点东西（这篇文章）来警醒他们，不能忘记以往的血案血债，要觉悟，要警醒，要反抗，要斗争。"救主"之说暗含强烈的讽刺意味。综合一二两节的三个"必要"，其实不难看出，这两节是文章的第一大部分，交代写作目的（三个"必要"）。

第三节，学生概括为"初见印象""交往过程"。前一个"初见"不对，文中不只写了"初见"，还写了后来多次见面。相对而言，"交往过程"比较好。第四节学生概括为"黑暗现状""刘和珍君遇难""噩耗传来"。辨析一下，"黑暗现状"比较宽泛笼统，"噩耗传来"不太准确，不太到位。"刘和珍君遇难"修改为"遇难概况"比较合适。对应的第五节则概括为"遇难详情"。

第六节最难概括，有的说"经验教训"，有的说"历史意义"。此节两个自然段，前一段反思惨案，指出意义"寥寥"；后一自然段指出影响，浸润开去，永存"旧影"，也就是说影响长久。所以这一节的标题要概括全面，拟定为"教训与影响"比较好。第七节学生概括为"赞颂刘和珍君"或"意义作用"，教师适当引导他们分析赞颂刘和珍君的什么精神，或者说刘和珍君等人的壮举有何意义。比较而言，选用"意义作用"比较合适。如此拟定小标题，概括文段内容，主要目的有两个，一是督促学生细读文本，梳理内容；二是训练学生的语言概括能力。最后将全文的结构关系梳理一下，得出共识：

第一部分：写作缘由；第二部分：写作目的。（为什么写）

第三部分：交往过程；第四部分：遇难概况；第五部分：遇难详情。（写什么）

第六部分：经验教训；第七部分：意义影响。（有何作用）

作者的感情线索是"悲痛——愤怒——反思"。

第三课时如何上呢？确定一个核心问题或是找到一个切入点。又将散文读了一遍，寻找对接与深入的教学点。上一课时我和同学们梳理了散文七个部分的内容与结构，梳理了三大板块之间的关系，接着到今天的课时，就应该进入文本具体内容，进入人物的生命世界了。是依照传统的教法，让学生梳理鲁迅先生所写刘和珍的点滴事迹，还是另寻新的角度，我不知道，也很苦恼。读着读着，我突然产生一个想法，刘和珍总是微笑着，很和蔼，很亲切的样子，这个表情描写鲁迅在文中重复出现了六次，为什么呢？这与人物的思想、性格、精神有关系吗？这与鲁迅先生所写的刘和珍的其他事迹有关联吗？我觉得这个问题很有意思，似乎也没有人这么想过，我很快就发现，如此重复，大有深意，也颇具情趣，而且与其他事件有密切关联。于是，我设计一个核心问题：这个课时，我们师生一道走进刘和珍君的生命世界，我想问问大家，你读完全文以后，对刘和珍君留下了怎样的印象？能不能从文章之中找出一个字（或词）来描述，并说说你的理解。学生对此感到新奇，兴致勃勃，急急忙忙翻阅课文，私下议论。有同学发言，一个"勇"字，"勇毅"的"勇"很好，一方面刘和珍作为一个弱女子、小女子勇于反抗一向广有羽翼的校长，不为势力所屈，桀骜锋利；另一方面，她带领学生走上大街游行、请愿，无惧段祺瑞执政府卫队的枪炮刀棍屠杀，英勇无畏，大义凛然，体现出热血青年的大无畏革命精神。有同学说，刘和珍的脾气、性格、为人都很好，可以用一个"好"字来概括他的品质。老师让她找出具体的句子来，她读出这个句子："于是见面的回数就较多，也还是始终微笑着，态度很温和。"老师抓住这个线索，让她继续找找，文章当中还有哪些地方重复出现了类似描写。她带着大家找出了另外五个地方。如此看来，散文追忆、缅怀刘和珍君六次写到她的"温和""微笑""和蔼"，这绝对不是简单的重复，一定大有深意。能不能提炼出一两个字来描述刘和珍在人们、在作者、在读者、在你心中留下的鲜明印象。这会儿她意识到了，可以用这个"笑"字来描述。是的，一个"微笑"重复多次，给我们留下深刻印象，微笑是刘和珍的招牌表情，犹如一朵花，开在她二十二岁的青春岁月里，散发出光芒，照亮我们的眼睛，温暖我们的心灵。这个课时，我们就从这个"笑"字切入，透视刘和珍其人的思想、性格、精神、态度。请同学们研读、思考、讨论课文六次描写的"笑"各有怎样的含义，各是在怎样的情况之下描写的，折射出人物怎样的性格思想。

第一次"笑"（微笑）："我平素想，能够不为势力所屈，反抗一广有羽翼的校长的学生，无论如何，总该是有些桀骜锋利的，但她却常常微笑着，态度很温和。"此处内外对比，表面看，刘和珍年轻、文弱、温和、善良，思想里却是桀骜不驯，敢于反抗，百折不屈，颇具大丈夫气概，属于外柔内刚，外表的温顺柔弱反衬出性格的刚毅勇敢。

第二次"笑"："待到偏安于宗冒胡同，赁屋授课之后，她才始来听我的讲义，于是见面的次数就较多了，也还是始终微笑着，态度很温和。"这里写她的日常，对老师、对同学、对生活、对社会，"始终微笑着，态度很温和"，足以见出她的善良、正直、温和。而且，从鲁迅的回忆中，我们还感受到她的可爱、单纯、清澈、美好。越是这样的姑娘，越是不可能干出暴虐之事，三·一八惨案之后，政府污蔑她们是"暴徒"，请愿过程中竟然被活活打死。这就令人愤怒，当局卫队是何等残暴、何等卑劣？刘和珍等人又是何等悲惨、何等不幸？她的"微笑""温和"有力反衬出当局卫队的凶残、狠毒。

第三次"笑"："况且始终微笑着的和蔼的刘和珍君，更何至于无端在府门前喋血呢？"鲁迅没有料到，不会相信，也不愿意接受，如此温和柔弱的女孩会在政府门前流血牺牲，但是，事实却是刘和珍牺牲了，有她自己的尸骸为证。不得不信，满腔愤怒，无比痛心。一边是微笑、温和、亲善、可爱可敬的神情，一边是血流成河、惨不忍睹的现状，对比鲜明，反差巨大，有力反衬出反动派的狠毒残暴。

第四次"笑"："始终微笑的和蔼的刘和珍君确是死掉了，这是真的，有她自己的尸骸为证。"该处描述了一个令人心痛，也让人无法接受的残酷事实，一个好端端的、爱国无罪的、温柔善良的、和蔼可亲的姑娘，不应该死去，不应该遭遇残暴，不应该流血牺牲，还是花季年华啊，生命之花正在绽放，美好的人生刚刚开始，却因为这场斗争结束了。鲁迅强调"确是死掉了""这是真的""有尸骸为证"，铁板钉钉，千真万确，让人不得不信。再次描述"微笑""和蔼"，透出心头之痛，喷射满腔怒火。

第五次"笑"："至少，也当浸渍了亲族、师友、爱人的心，纵使时光流逝，洗成绯红，也会在微漠的悲哀中永存微笑的和蔼的旧影。"这是说刘和珍的音容笑貌永远存在人们心中，亲人、师长、朋友、爱她的人，与她志同道合的爱国的人们，将会永远记得她。她永远活在人们心中。这个"微笑"折射出人们对她离去的永远的、深挚的缅怀与思念。

继续走进刘和珍君的生命世界，只是这个课时我们将换一个角度，请同学思考：如果刘和珍君知道这次游行请愿会威胁到自己的安危，如果知道北洋政府布下了罗网，她还会继续前往吗？请结合文章相关内容说说你的看法。这个问题其实主要是指向对人物思想精神的感受与理解。和上一个课时我们抓住重复出现的"微笑""温和"的细节来理解人物一样的。但是，换了一个提问角度，有一定意思，耐人寻味。当然，问题的理解有一定难度。教师的设计目的在于激发探讨兴趣，激发疑问思考，促进深度阅读。

有同学说刘和珍君要是知道这一切的危险，她就不会去，因为她很聪明，很冷静，会分析利害，尤其是自己带领同学们去游行请愿进而带来流血牺牲，她会于心不安。有的同学说，她不会去，因为她办事沉稳冷静，会仔细思考这个事情做得做不得，证据就是文章第五部分，她和同学们冒着枪林弹雨互相救助、殒身不恤、从容不迫的表现充分说明她是一个比较理性、比较沉稳的人，不会贸然行事。对于这两种看法，老师引导同学们具体分析。处于反动当局的枪林弹雨之中，她和姐妹们的行动态度说"沉着"比较合适，说"沉稳"不太准确，后者主要是说办事有经验，稳当，成熟，偏重思想性格，前者偏重面临紧急状态不畏惧，不慌乱，从容自若，泰然无事。结合文章所写情况来看，刘和珍君等人应是想不到也无所畏惧，沉着应对，这个细节恰恰说明刘和珍君无惧屠杀，不怕流血，高昂头颅，直面残暴的英雄本色。或者用个成语来说，就是为了革命事业（或正义事业，或理想信念）赴汤蹈火，万死不辞。这样的性格精神的人，天不怕，地不怕，撞到南墙不回头，流血牺牲无所谓，她认准的事情，她是会不顾一切奋勇拼搏的。也就是说，明知山有虎偏向虎山行，"知其不可而为之"，决不贪生怕死，决不胆怯退缩。我们不妨仔细阅读文章第五部分，思考一个问题，刘和珍君是死于"误杀""乱杀"，还是"谋杀"？请从文中找到证据来解释说明。学生容易识别是蓄意谋杀，但要找到具体证据并不乐观。有人找到"自然，请愿而已，稍有人心者，谁也不会料到会有这样的罗网"，"罗网"就是陷阱、圈套，就是反动政府的阴谋诡计。老师追问，"这样的罗网"具体又是怎样的"罗网"呢？（或者说"这样"具体指哪样？）问题有难度，答案不在这一段，要阅读前一节（第四节），反动政府卫队动用刀枪棍棒枪杀击打手无寸铁的请愿学生，当局污蔑她们是暴徒，反动文人说她们是受人利用。有同学说，刘和珍君受到枪击这个细节证明是"谋杀"，"从背部入"说明是放冷枪。"斜穿心肺"，对准要害部位，试图一枪置人于死命。开枪的人可能混在游行队伍里面，是便衣之类的。很可能是近距离射击，不然，不会这样准确。也有人提出另外的看法，刘和珍她们可能是撤退的时候，往后跑，敌人从前面开枪。这个推测也有一定道理。还有同学发现，刘和珍君被枪击之后，张静淑君、杨德群君前仆后继紧急救援，均遭枪击，还有一个兵"在她头部及胸部猛击两棍"，"于是死掉了"，这就说明敌人将刘和珍君作为主要攻击对象，一定要置人于死地，也是要一并枪杀另外两位学生。老师提醒学生一个细节，"同去的张静淑君想扶起她，中了四弹，其一是手枪，立仆"，为什么是"四枪"？说明什么？反动卫队的凶狠残暴！如此危险，如此流血牺牲，还能不顾安危，互相救助，场面惊心动魄，精神震撼人心。有这种性格、精神的人，才可以不怕死，敢于冲在最危险的地方，敢于去做自己想做的事情。

有同学说，刘和珍君在北京女子师范大学学生反抗校长的运动中也表现出了这种英雄气概。她作为学生自治会领导被开除，后来又被刘百昭率领的男女武将强拖出校，足以见得她不为势力所屈，桀骜锋利，敢于反抗，勇于斗争，表现出丝毫不亚于男子的强悍刚毅的性格。当然，这样的人，外表常常是温和、微笑的，可谓外柔内刚。

一个人之所以能够在关键时刻做出重大决定，尤其是像刘和珍君这样带领同学们上街游行、请愿，这绝不是头脑冲动，意气用事，这背后一定有她的思想基础。我们不妨细读文章第三部分，再看看刘和珍的思想。有同学发现："待到学校恢复旧观，往日的教职员以为责任已尽，准备陆续隐退的时候，我才见她虑及母校前途，黯然至于泣下。"一个青年学生想到母校前途，竟然伤心流泪，这充分说明这个学生心中装下了学校，装下了同学的未来，具有使命感和担当精神，诚如雅礼校歌所唱"及时奋发精神，好担当宇宙"。老师要补充解释一个背景情况。北京女子师大曾因学生造反而关闭校园，驱离学生，学生后来就租房到宗冒胡同上课，一些支持学生、倾向革命的教师也到宗冒胡同去免费给学生上课，鲁迅即在其中之列。后来学生取得胜利，校长下台，学校复学，一些思想进步、追求真理的教师陆续隐退，这个时候刘和珍才担心母校的前途：没有这些教师，学校会怎么样？学生会怎么样？

教师继续追问，刘和珍君的思想从女师大风潮中可以看得出来，其实从文章第一节所叙事件中也看得出来。大家阅读文段："这是我所知道的，凡我所编辑的期刊，大概是因为往往有始无终之故吧，销行一向就甚为寥落，然而在这样的生活艰难中，毅然预定了《莽原》全年的就有她。"文中"这"是指什么？（上文的"刘和珍生前就很爱看先生的文章"）"这样的生活艰难"具体指什么意思？（有始无终，销行寥落，也就是说杂志办得艰难，断断续续，销售不好，不是指生活清贫艰苦。）"莽原"是什么意思？（原野上长满野草，疯狂生长，生机勃勃，隐喻鲁迅等人以《莽原》作为平台，播种思想文化之种子，助推它们生长、开花，传播开去。）鲁迅办《莽原》的宗旨就是开展"文明批评""社会批评"，撕下旧社会的伪装，揭露、批判封建制度与思想，倡导、呼唤新思想、新风气。这在当时是很危险的，段政府疯狂打压、封杀，编辑危险，阅读该刊物的人也危险，在这样的危险当中，刘和珍君竟然不怕，竟然预订全年《莽原》，而且是毅然，毫不犹豫啊，可见其追求进步，倾向革命，追求真理。这是她乐于、敢于带领、组织学生参加游行、请愿的思想基础。

由此可见，刘和珍是一个渴求真理，富有斗争精神，而又和蔼、善良，有思想，有远见，富有责任感的革命青年。

教学鲁迅散文《记念刘和珍君》第四课时，重点是引导学生细读文章第六、七两部分，思考鲁迅先生对三·一八惨案的理性反思。我设计的问题是，阅读文章第六、七两部分，结合文本具体说说鲁迅先生对刘和珍君等人游行请愿、流血牺牲的态度与看法。提出这个问题之前，我还想到了另外一个问题，你对鲁迅先生的主张是否赞同，为什么？后来想想，这个问题超越了文本，关涉更多更丰富的内容，与课时教学重点有所游离，还是回到前面一个问题。上课具体做法是，先安排学生朗读第六节，然后让学生说说鲁迅的主张。学生基本能够说出来，鲁迅不认可这种斗争方式，文中多处词句充分证明了这一点。比如，"至于此外的深的意义，我总觉得寥寥"，"但请愿是不在其中的，更何况是徒手"。老师追问学生，前一个句子的"此外"当中的"此"指代什么，学生基本能够说出来，指代前面的两种情况，"供无恶意的闲人以饭后的谈资"，"给有恶意的闲人作流言的种子"，也就是说，刘和珍君等人的流血牺牲，充其量只能给无恶意的闲人提供茶余饭后的谈笑话题，给有恶意的闲人以造谣诽的由头或话柄，别的意义似乎没有。这是第一层意思。鲁迅先生在此基础之上，说到中国历史前进的情况，"人类血战前行的历史，正如煤的形成，当时用大量的木材，结果却只是一小块"，这里运用类比，将人类血战前行的进程比作煤的形成，用大量的木材，经过漫长的沉淀与演变，结果只能形成一小块煤，同样，人类进程也是如此，付出巨大的流血牺牲，结果只能推进人类一小步的前进。最后鲁迅将话题转移到刘和珍君此次行动上来，"但请愿是不在其中的，更何况是徒手"，鲁迅否定了请愿这种斗争方式，指出它没有作用，不值得肯定，给人的感觉是醍醐灌顶，豁然开朗。鲁迅就是鲁迅，不玩折中，不和稀泥，他觉得这样的请愿无意义，因为牺牲了大量生命，也就是付出了巨大的代价，结果不能推进社会进步一小步。言外之意就是我们要保存实力，爱护生命，讲究斗争的策略，争取更好的实绩。与刘和珍君等人的斗争方式不一样，鲁迅主张什么呢？换句话说，鲁迅主张怎样和敌人斗争呢？那就是"壕堑战"，用鲁迅文章的话来说，就是如下两段内容：

对于社会的战斗，我是并不挺身而出的，我不劝别人牺牲什么之类者就为此。欧战的时候，最重"壕堑战"，战士伏在壕中，有时吸烟，也唱歌，打纸牌，喝酒，也在壕内开美术展览会，但有时忽向敌人开他几枪。中国多暗箭，挺身而出的勇士容易丧命，这种战法是必要的罢。但恐怕也有时会迫到非短兵相接不可的，这时候，没有法子，就短兵相接。

我的作品，太黑暗了，因为我只觉得"黑暗与虚无"乃是"实有"，却偏要向这些作绝望的抗战，所以很多着偏激的声音。其实这或者是年龄和经历的关系，也许未必一定的确的，因为我终于不能证实：惟黑暗与虚无乃是实有。所以我想，在青年，须是有不平而不悲观，常抗战而亦自卫，荆棘非践不可，固然不得不践，但若无须必践，即不必随便去践，这就是我所以主张"壕堑战"的原因，其实也无非想多留下几个战士，以得更多的战绩。

以上两段文字均选自鲁迅的《两地书》，充分说明鲁迅主张"壕堑战"的原因与意图。不难看出鲁迅的斗争策略与生存智慧。需要特别注意的是，鲁迅先生对青年的关怀与爱护，他认为青年是希望，青年必定胜过老年，他愿意俯下身子，给青年当牛做马，让他们踩着自己的肩背前行，其诗句"横眉冷对千夫指，俯首甘为孺子牛"就是表达这个意思。鲁迅对青年可以说是情有独钟，关爱有加。他说"肩住黑暗的闸门，放他们到宽阔的光明的地方去"，他还说过：

我一向是相信进化论的，总以为将来必胜于过去，青年必胜于老人，对于青年，我敬重之不暇，往往给我十刀，我只还他一箭。然而后来我明白我倒是错了。这并非唯物史观的理论或革命文艺的作品蛊惑我的，我在广东，就目睹了同是青年，而分成两大阵营，或则投书告密，或则助官捕人的事实！我的思路因此轰毁，后来便时常用了怀疑的眼光去看青年，不再无条件的敬畏了。然而此后也还为初初上阵的青年们呐喊几声，不过也没有什么大帮助。（《三闲集·序言》1932年）

一段时间，鲁迅先生深受进化论的影响，坚信青年胜过老年，他愿意竭尽一切所能让青年人前进，但是后来看到时代变化，社会复杂，青年也发生变化，也会出现青年不可靠，青年会变坏的情况，进而改变了自己的思想。但是与刘和珍君交往的那段时间，鲁迅的进化论思想是非常强烈的。阿累散文《一面》写了鲁迅先生赠书给青年的工人的故事，唐弢散文《琐忆》写到鲁迅给文学青年补鞋子的事情，这些故事充分说明了鲁迅对青年的爱护与关怀。其实就是在二十年代北京女子师大风潮事件之时，鲁迅也是劝阻许广平参加游行请愿的。鲁迅真心以为，青年学生流血牺牲不值得，代价太大，无助于社会的变革与历史的进步，对于刘和珍君这样的爱徒更是关爱有加。所以，在文章之中，他冷静地指出了煤的形成的历史，暗示人们要战斗，就要改变一种方式，就要保存宝贵的生命。这是鲁迅超出同时代很多人的地方。

另外一个方面，鲁迅也指出了这次活动的意义所在，一方面是血痕扩大，浸渍亲族、师友、爱人的心，永存"微笑的和蔼的旧影"，甚至像陶渊明的诗歌所言"亲戚或余悲，他人亦已歌，死去何所道，托体同山阿"，刘和珍君等人的精神与青山同在，与日月同辉，万世永存，万古不朽！

　　文章第七节，更进一层，将刘和珍君等人的行为放在久远的历史背景之中来考察，突出她们百折不挠、干练坚决、沉着勇敢、殒身不恤的大无畏革命精神。中华民族几千年的历史，正因为她们几位的存在，才熠熠生辉，光照千古。句子"至于这一回在弹雨中互相救助，虽殒身不恤的事实，则更足为中国女子的勇毅，虽遭阴谋秘计，压抑至数千年，而终于没有消亡的明证了"，要重点分析，从结构、意义、表达等方面入手，关键是引导学生体会和理解鲁迅心目中刘和珍君等人遇难的历史意义。第七节最后写道："苟活者在淡红的血色中，会依稀看见微茫的希望；真的猛士，将更奋然前行。"这是对刘和珍君遇难的意义的深刻评价，人虽然死了，但是精神与思想必将激励同道奋勇前进，一往无前。这是一个光明的结尾，给人以激动，给人以憧憬，更给人以力量。所以，鲁迅对于三·一八惨案，有一个冷静而客观的思考与评价，体现出先生的深刻思想与超前智慧。

称谓里面看命运

——夏衍《包身工》教学漫谈

教学夏衍报告文学《包身工》第二课时，我将教学重点锁定为经由解读、品鉴包身工的别称（或绰号）来感受包身工的悲惨境遇，感受报告文学的文学性。上课开始，直奔主题，抛出核心问题，请同学们快速浏览文本，找出文中所有关于包身工的称谓（或绰号），并说说每一个称谓后面蕴含怎样的情意和滋味，体现出作者怎样的态度。这个问题简单，很容易找到答案，但是文本太长，短时间要全面找出来，也不容易。我给学生想招，四个同学一小组，一个组找几个，找到之后互相交流，这样就大大缩短了搜寻时间，可以多多讨论、交流各种称谓之间蕴含的情感态度。另外，还有一些称谓，不直接，不明显，可能是蕴含在作者生动形象的表达当中，需要特别留心。

有同学找到两个词"芦柴棒"和"猪猡"，芦柴棒骨瘦如柴，惨不忍睹，毛骨悚然，吓人吓到什么程度呢？用文中"抄身婆"的话来说，"骷髅一样，摸着她的骨头会做噩梦"。文中还写到一个细节，"（打杂的）一脚踢在她的腿上，照例第二、第三脚是不会少的，可是打杂的很快就停止了。后来，据说，因为'芦柴棒'露骨地突出的腿骨，碰痛了他的足趾！""打杂的恼了，顺手夺过一盆另一个包身工正在揩桌子的冷水，迎头泼在芦柴棒的头上。""瘦"得令人不敢踢她，"瘦"得令打杂的暴怒。何以如此"瘦弱"呢？吃不好，穿不好，住不好，劳动强度大，劳动环境差，食物营养差。"猪猡"

是不将人当人看待，骂作猪，侮辱人格，言语粗暴。老师追问，我对"猪猡"这个词语比较感兴趣，你能否结合文本说说，包身工的境遇和猪相比怎么样。学生马上意识到，住的条件极为恶劣，宿舍狭窄，臭气熏天，空气潮湿，乱七八糟。还有吃的是"乡下人用来喂猪的豆渣"，吃的和猪一样，的确是"猪猡"。老师追问，猪的境遇和包身工的境遇比较一下，如何？猪天天吃饱喝足，慢慢养大身子，供人宰杀，没有受到打骂、欺凌，没有受到压榨，不需要劳动，白吃白喝，日子过得安逸。只是结果悲惨。包身工的工作面临三大威胁——噪声、尘埃和湿气，面临三大惩罚——殴打、罚工钱、停工，还有关黑屋子、吊打等。人就像猪，人不如猪！有位同学在谈到包身工猪狗不如的住宿环境的时候，找到了这个句子："成人期女孩所共有的害羞的感觉，在这些被叫作'猪猡'的生物中间，已经很迟钝了。"说她们是"生物"，不是人。说她们羞耻迟钝，几乎麻木，已经人将不人，少羞寡耻。老师追问，人之所以是人，有一个明显的标志，那就是懂得羞耻，现在她们竟然在屋里小便，半裸体开门，"拎着裤子争夺马桶，将身体稍稍背转一下就会公然地在男人面前换衣服"。何以如此？长期的猪狗不如的生活造成了这种人不像人、人不如猪的麻木与迟钝的状况。

有同学找到句子："揍你的！再不起来？懒虫！等太阳上山吗？"骂她们是"懒虫"？一凶二恶，话语爆粗，既是厉声催促，又是侮辱人格。老师追问一下，你觉得她们懒吗？学生马上意识到不懒，不但不懒，还很勤劳，很辛苦，早上四点一刻起床，四点半早餐，五点上班，下午六点才回到宿舍，每天工作12个小时，午餐时间只有一刻钟，比我起床早多了。一点也不懒。所以这个"懒"是污蔑，是诽谤，是无端指责，是毫不讲理。

有同学找到句子："他们是顺从地替带工赚钱的'机器'。"为什么说她们是机器呢？机器的特点是不知疲倦，机械单调，不要休息，长时间运转；她们是血肉之躯啊，工作起来如同机器，机械重复，枯燥单调，无休无止，很少休息，可见劳动强度之大、劳动程度之重。在带工眼中，她们就是赚钱的机器、工具，而不是人。人在这种环境中工作，在这种管控之下劳动，差不多已经异化了。人不像人，沦为机器！

有同学找到句子："所以包身工是一种'罐装了的劳动力'。可以'安全地'保藏，自由地使用，绝对没有因为和空气接触而起变化的危险。"说她们是"罐装的劳动力"，被严严实实管控起来，与世隔绝，毫无反抗之力，任人宰割，被人使用，不会给老板增加危险。要是不隔绝，有机会与外人联系，那就可能出现反抗，出现暴动，这对资本家来说是非常危险的。后面说了一个包身工的故事，因为托一个外头工人写了一封家信，被老板截获了，放工回来被一顿暴打、辱骂，还关黑屋子一个晚上。"鲜血和惨叫使整个工房的人都怔住了，大家都在发抖！"

有同学找到句子："红砖头的怪物，已经张着嘴巴在等待着它的滋养物了。"将工厂比作怪物，对于包身工来说，犹如妖魔鬼怪。将成百上千的包身工比作"滋养物"，被吸食，被吞噬，被压榨，被欺凌，被剥削。似乎让人想到一个画面，工厂犹如恶魔，张开血盆大口，随时准备吞噬这些可怜无助的弱女子。

有同学找到句子："红砖罐头的盖子——那一扇铁门一推开，就好像鸡鸭一般地无秩序地冲出一大群没有锁链的奴隶。"说她们是鸡鸭，任人驱赶。说她们是奴隶，任人奴役，毫无觉醒，更无反抗。何以如此呢？这是长期生活在一个与世隔绝的近乎地狱的世界里的结果，被严厉管控，被羞辱打骂，被欺凌压榨，被剥夺自由，被万般折磨，从肉体上、生理上、心理上、精神上、意志上全面摧残、打压，才造成了她们奴隶一样的人生。所谓"奴隶"就是奴性十足，隶属于人，毫无自由，毫无尊严，猪狗一般地活着。

有同学找到了文中关于墨鸭和渔夫的故事，作者类比包身工与墨鸭，墨鸭每天吃得饱饱的，脚被吊住，下水捕鱼，整天捕鱼，卖鱼得的钱却是船夫的。船夫并没有虐待墨鸭，还有一点施与的温情。但是，包身工的境遇就远远不及墨鸭。没有光，没有热，没有温情，没有希望。没有法律，没有人道。包身工连墨鸭都不及。

教师稍做小结，同学们找到了一系列的称谓，并品读其中意味，不难看出，包身工是芦柴棒，是猪猡，是懒虫，是生物，是机器，是滋养物，是乌贼，是罐装的劳动力，是试验工，是养成工，是鸡鸭，是泥土，是弯弓，是死人，是没有锁链的奴隶，是生活在20世纪却活得像16世纪封建制度下的奴隶，就是不是人，就连猪狗鸡鸭都不如，这些称谓让我们看到了她们受管控，受欺压，受剥削，受辱骂，受折磨，受蹂躏，无尊严、没自由的悲惨处境。这些称谓传达出一股浓浓的悲凉气氛，让人不寒而栗，胆战心惊。同学们再想想，再找找，文章当中对她们的称谓有没有比较温情一点、比较和善一点、比较人性化的？

有同学发现了"乡下姑娘"这个称谓，文中有两处，一处是："四点半之后，没有线条和影子的晨光胆怯地显出来的时候，水门汀路上和弄堂里面，已被这些乡下姑娘挤满了。"另外一处是："门房里置一个请愿警和门外钉一块'工房重地，闲人莫入'的木牌，使这些'乡下小姑娘'和别的世界隔绝之外……"这是作者的叙述，作者称呼这些小女孩为"乡下姑娘""乡下小姑娘"，饱含尊重和悲悯，倾注了关注与同情。夏衍是一位很有担当精神和社会使命感的作家，他深入包身工生活、工作的地方，多渠道了解第一手材料，对包身工的悲惨境遇高度关注，对中外资本家联合起来压榨、剥削包身工的累累罪恶深恶痛绝，对这个不合理、不人道、不公平、无人权、无法无天的人间地狱极端愤慨，因此写了这篇报告文学，表达对底层劳动者、弱女子的深切同情，替她们鸣不平，对万恶的旧社会和资本家给予强烈的控诉与批判。

也有同学找到另外两处"小姑娘"，一处是："总得你帮忙，照应照应。

咱的小姑娘有什么事情，尽管打，打死不干事，只要不是罚工钱停生意！"另外一处是："这个小姑娘坏得很，懒惰！"前一处是带工头讨好"拿摩温"的话，一方面说小姑娘，似乎显得亲切温和，善心善意，似乎对小姑娘有关爱呵护，似乎就像对待自己的子女一样，目的在于彰显自己对她们的管辖权与控制权，也就是说她们的事情我做主。这是为了讨好拿摩温，不让拿摩温停小姑娘的生意，或是罚工钱，如果那样的话，带工老板也赚不到钱。后面的"尽管打，打死不干事"完全暴露了他们的丑恶嘴脸和冷酷心肠。所以，带工老板口中的"小姑娘"流露出的不是真心实意，不是好心好意，而是虚伪、装模作样、别有用心。后一个"小姑娘"是东洋婆说的，她是在拿摩温领会她的心意之后惩罚小福子时候说这句话的，显然不是怜惜、疼爱小姑娘，而是假装文明、慈祥，似乎亲切温和，其实是虚伪的、冷酷的，还带有嘲讽、奚落、挖苦小姑娘的意味。"坏得很，懒惰"，这些词语完全暴露了东洋婆的伪善的面孔。

综上所述，我们只是从包身工的称谓这个角度，多侧面、多层次了解了包身工的悲惨境遇，也感受到了作者的满腔怒火与无限深情。这就是一个称谓、一个形象，生动有力地表现出人物的命运。这是文学的表达，这是文学的魅力。报告文学的文学性从包身工的称谓之上不难窥见。

矛盾、反常藏深意

——夏衍生《包身工》教学漫谈

学习夏衍的报告文学《包身工》，教学目标是依凭文本的几个片段，抓住矛盾冲突与生活形态，引导学生梳理人物关系，深入人物内心，感受包身工的悲惨命运，理解报告文学的文学特色与思想意义。新课导入从前一次月考的一道文学作品阅读试题开始：小说中的矛盾冲突通常涉及人与人、人与环境以及人物内心等三个方面。请以这篇小说中房间内的男孩和《哦，香雪》中的香雪为例，对此做简要分析。对于小说来说，人物冲突可以推动情节发展，塑造人物形象，揭示社会问题，凸显主题思想。一般而言，人物冲突分为三类：人与人的冲突，人与环境的冲突，人物内心的冲突。小说是虚构的艺术，报告文学则是纪实性的新闻体裁，其文学性也体现在人物冲突之上，这个课时，我们就从人物冲突入手，梳理并分析夏衍的报告文学《包身工》的矛盾冲突。其实，也是分为三类——人与人，人与环境，人物内心。先请同学们阅读文段：

譬如讲芦柴棒吧，她的身体实在瘦得太可怕了，放工的时候，厂门口的"抄身婆"也不愿意去接触她的身体：

"让她扎一两根油线绳吧！骷髅一样，摸着她的骨头会做噩梦！"

但是带工老板是不怕做噩梦的！有人觉得太难看了，对她的老板说：

"譬如做好事吧，放了她！"

"放她？行！还我二十块钱，两年间的伙食、房钱。"他随便地说，回转头来对她一瞪：

"不还钱，可别做梦！宁愿赔棺材，要她做到死！"

请指出这个文段描写了哪类矛盾冲突，分析具体冲突内容。学生细读文本，基本能够说出文段描写了芦柴棒与抄身婆、带工老板之间的冲突。具体而言，芦柴棒下工离开厂房的时候，当然希望畅通无阻，理直气壮地离开，不希望受到任何刁难、阻挡，不希望受到怀疑、侵扰，这是她作为一个人所具有的尊严与权利。但是，抄身婆却要对所有的包身工（也包括芦柴棒）进行搜身，完全、彻底，里里外外，从上到下，非常严酷的检查，这是不信任她们，更是对她们的人身侵扰，人格侮辱，两者之间发生了冲突。有人建议带工老板放过芦柴棒一把，其实芦柴棒也希望被放过一马，希望能够幸运地离开这里，但是带工老板不同意，他一定要求检查芦柴棒的身子，绝对不能让她扎了一两根油线绳出去。一定要让芦柴棒劳动到死为止，为什么呢？他需要追回芦柴棒欠他的二十块钱，需要芦柴棒为他赚钱，他将钱看得比芦柴棒的生命金贵千万倍。由此可见他的心狠手辣，铁石心肠，毫无人性，其冷酷到了无以复加的程度。抄身婆与带工老板之间也有矛盾冲突。抄身婆因为芦柴棒瘦如骷髅，不愿也不敢检查她的身体，宁愿让她扎两根油线绳出去，可是带工老板却是绝对不答应，绝对不放她走，他要追回与芦柴棒订下卖身契的时候付给她家的二十块卖身钱，他要逼迫芦柴棒为他赚钱直到死去为止。种种矛盾，均揭示出芦柴棒的境遇之悲惨，惨不忍睹，耳不忍闻。也展示出带工老板的歹毒与凶狠。含蓄表达了作者的同情与控诉。这个生活场景之中，哪些细节是反常的呢？梳理一下，不难发现，芦柴棒瘦如柴棒，形如骷髅，极为少见，这是反常之态，我们可以称之为异态（或者变态，即变化的特殊形态），此其一。其二，一般人见到芦柴棒这样的身形，多半会感到毛骨悚然，会吓得飞跑，会晚上做噩梦，这是常态；但是，带工老板却不害怕做噩梦，不怕检查芦柴棒的身体，这是异态（或变态）。两种变态均是生活的真实形态，足可揭示出包身工的悲惨境遇。令人同情，也令人愤慨。高明的作家在记录生活，其实也是在揭示罪恶，反映矛盾，引起人们对万恶旧社会的控诉与批判。

再看片段二：

一个很冷的清晨，芦柴棒害了急性的重伤风而躺在"床"上了。……她真的挣扎不起来，很见机地将身体慢慢地移到屋子的角上，缩做一团，尽可能不占地方。很快地，一个打杂的走过来了。……芦柴棒的喉咙早已哑了，用手做着手势，表示身体没力，请求他的怜悯。

"假病！老子给你医！"

一手抓住头发，狠命地往地上一摔，芦柴棒手脚着地，很像一只在肢体上附有吸盘的乌贼。一脚踢在她的腿上，照例第二、第三脚是不会少的，可是打杂的很快就停止了。后来，据说，因为芦柴棒"露骨"的突出的腿骨，碰痛了他的足趾了。

这个片段展示了芦柴棒与打杂的之间的矛盾冲突，芦柴棒因为急性重伤风而躺在"床"上，费尽力气也挣扎不起来，全身无力而气息奄奄，希望得到打杂的宽恕与怜悯，希望得到一点照顾与关怀，但是打杂的见到躺在地上，不能起来干活，很快露出凶狠的嘴脸，几下功夫就是一顿拳打脚踢，似乎发泄深仇大恨一般。从这个场景来看，芦柴棒内心也有冲突，一方面她希望自己能挣扎起来，让出空地，尽量不占大家吃饭的地方，尽量勉强劳动，避免遭受毒打；另一方面，她几经努力，又站不起来，全身无力，喉咙沙哑，手势求情，只能等待一段恶毒的打骂。她的内心充满了焦虑、无助、无奈。这个打杂的内心也充满矛盾。一方面，他狠狠地踢打芦柴棒，毫不留情，十分歹毒；另一方面，后来他又停止了踢打，原因是他踢到芦柴棒"露骨"地突出的腿骨上，碰痛了他的足趾。想打又不敢打，内心也是矛盾的。这个场景也有一些反常的内容。一般而言，生病了就需要休息，需要得到照顾与关心，但是芦柴棒得不到，反而遭到一顿毒打。这是反常。一个彪形大汉凶狠踢打一个弱女子，一般不会停下手脚，不会遭遇反抗，但是，芦柴棒实在太瘦了，腿骨竟然碰痛了打杂的足趾，这也是反常。作品就是这样描写反常的场景，达到深刻揭示人物境遇与心态的目的。

第三个片段：

七尺阔、十二尺深的工房楼下，横七竖八地躺满了十六七个被骂做"猪猡"的人。跟着这种有威势的喊声，充满了汗臭、粪臭和湿气的空气里，很快地就像被搅动了的蜂窝一般骚动起来。打呵欠，叹气，叫喊，找衣服，穿错了别人的鞋子，胡乱地踏在别人身上，在离开别人头部不到一尺的马桶上很响地小便。女性所有的那种害羞的感觉，在这些被叫作"猪猡"的人们中间，似乎已经很迟钝了。她们会半裸体地起来开门，拎着裤子争夺马桶，将身体稍稍背转一下就公然在男人面前换衣服。

这里展示了人与环境的矛盾、人与人的矛盾。前者体现在包身工与居住环境的关系上，人数多，空间狭窄，臭气熏天，乱七八糟。后者体现在包身工与正常人的关系之上，正常人会感到羞耻，不会做出"在离开别人头部不到一尺的马桶上很响地小便"，"半裸体地起来开门，拎着裤子争夺马桶"，"将身体稍稍背转一下就公然在男人面前换衣服"，包身工却习以为常，不知羞耻，近乎麻木，这当然不是她们的错，而是东洋资本家和半封建半殖民地买办资本家合力欺压、禁锢的结果。人和生物的区分的标志之一就是人懂得羞耻，而生物不会。作家通过包身工的群体麻木，无羞无耻，既揭示了她们非人的境况，又有力控诉了包身工制度的罪恶。这个文段也是描写了生活的常态与异态，常态是一般十五六岁的女孩子当然知道羞耻，不可能做出包身工们所做出的行为；异态势是这些包身工竟然不羞耻，麻木不仁，这大大超出了常人的认知与预期。读者不禁要质问，是什么力量造成包身工如此凄惨、如此人不像人的精神状态？作品批判的矛头所向也就十分明确了。

第四个片段：

只有两条长凳——其实，即使有更多的板凳，这屋子里面里也没有同时容纳三十个人吃粥的地方。她们一窝蜂地抢一般地盛了一碗，歪着头用舌舔着淋漓在碗外边的粥汁，就四散地蹲伏或者站立在路上和门口。添粥的机会除了特殊的日子——譬如老板老板娘的生日，或者发工钱的日子之外，通常是很难有的。轮着揩地板、倒马桶的日子，也有连一碗也轮不到的时候。洋铅桶空了，轮不到盛第一碗的人们还捧着一只空碗，于是老板娘拿起铅桶到锅子里去刮一下锅焦、残粥，再到自来水龙头边去冲一些清水，用她那双才在梳头的油手搅拌一下，气哄哄地放在这些廉价的、不需要更多维持费的"机器"们面前。

"死懒！躺着死不起来，活该！"

文段描绘了人与人的矛盾，人与环境的矛盾。人与人的矛盾又分为两类，一类是包身工与包身工之间的矛盾，她们"一窝蜂"地争抢早餐，互相挤压，混乱不堪，原因在于人多粥少、空间狭窄。另外一类是包身工与老板娘的矛盾，包身工因为轮到揩地、倒马桶，吃不到第一碗粥，端着空碗，饥肠辘辘，当然希望吃到粥，并且吃得饱，起码也要像那些吃到第一碗粥的人一样；但是她们这个愿望落空了，老板娘用锅焦、残粥、清水搅拌，加进她那双刚刚梳头的满手油腻，制成了所谓的"粥"，还连气带骂地放到这些廉价的、不需要更多维持费的包身工面前。她并不关心包身工的饥饿与死活。尤其要注意她还辱骂包身工，"死懒！躺着死不起来，活该！"包身工并不懒啊，也不是躺着不起来，而是轮到干活去了，可见老板娘的叱骂是诬陷、诽谤，是侮辱与欺凌，毫无人性，冷酷至极！人与环境的矛盾主要体现在包身工与用餐空间的矛盾，包身工与饭食粗糙低劣的矛盾。另外，这个场景中，也有异常形态的生活内容，那就是老板娘对吃不到第一碗粥的包身工，不是关怀照顾，而是粗制滥造令人恶心的"粥"，并幸灾乐祸地辱骂包身工，如此奇葩做法，的确令人震惊，愤怒！

第五个片段：

看着这种饲养小姑娘营利的制度，我禁不住想起孩子时候看到过的船户养墨鸭捕鱼的事了。和乌鸦很相像的那种怪样子的墨鸭，整排地停在船舷上，它们的脚是用绳子吊住了的，下水捕鱼，起水的时候船户就在它的颈子上轻轻地一挤！吐了再捕，捕了再吐，墨鸭整天地捕鱼，卖鱼得钱的却是养墨鸭的船户。但是，从我们孩子眼里看来，船户对墨鸭并没有怎样虐待，而现在，将这种关系转移到人和人的中间，便连这一点儿施与的温情也已经不存在了！

作者由包身工制度联想到了船户饲养墨鸭的故事，比较两者的异同，相同在于无论是老板还是船户都是欺压、剥削、敲诈对方来赚取利益，无论是包身工还是墨鸭都被禁锢起来，失去了自由。不同在于，船户对墨鸭还有温情，还有照顾，并无虐待，可是资本家和带工老板对包身工这是身体和精神的双重欺压、凌辱，毫无温情与人性。可见，包身工的境遇远远不及一只墨鸭。这是人与物的矛盾。这段文字读起来比较压抑、沉重，也令人震惊、愤怒。但是有一个词语比较温暖，那就是"小姑娘"，不妨将它改为"包身工"，比较品鉴一下。文段中的"小姑娘"是作者对这些可怜的乡下小女孩的称呼，包含着同情与尊重、关注与怜爱，其实作者写这篇报告文学，目的就是要展示出包身工的悲惨命运，控诉与鞭挞1930年代那种不公平、不合理的包身工制度。要是换作"包身工"，则是对她们身份的一种如实交代，缺乏同情与怜悯。类似这样的"小姑娘"，文中还有一些。比如，"这个小姑娘坏得很，懒惰！"这是东洋婆对小姑娘的奚落与嘲笑，称她为"小姑娘"，貌似亲切，其实虚伪，这个称呼折射出东洋婆的冷酷与伪善。又如带工头对拿摩温说："总得你帮忙，照应照应。咱的小姑娘有什么事情，尽管打，打死不干事，只要不罚工钱停生意！"带工头称呼"小姑娘"，是讨好、谄媚拿摩温，希望拿摩温多多关照他们的实际利益，而对于包身工的死活则是冷酷无情。文中也还有"乡下姑娘""乡下小姑娘"之类的称呼，是作者对包身工的称呼，同样折射出尊重与同情。完全可以这么讲，在那个暗无天日的社会里，看到这么一双眼睛，时刻关注着包身工的悲惨境遇，听到那么一声称呼，充满温暖与呵护，我们感到欣慰，也看到世态人心的走向。

生存还是毁灭？

——莎士比亚《哈姆莱特》片段教学漫谈

教学哈姆莱特的"生存还是毁灭"这个经典独白，我先要求学生收听收看中央电视台"朗读者"节目中胡歌朗诵片段，然后再观看欣赏戏剧表演片段，前者是中文版，后者是英文版，两种版本朗诵效果各有特色，打动人心。学生听得认真，渐入佳境。我又将课件打开，以诗歌形式排列这个经典文段，并用红蓝二色标记关键字词，提醒学生朗读的时候，特别注意这些词句的意味。

生存还是死亡，

这是一个值得考虑的问题；

默然忍受命运的暴虐的毒箭，

或是挺身反抗人世的无涯的苦难，

通过斗争把它们扫清，

这两种行为，哪一种更高贵？

死了；睡着了；什么都完了；

要是在这一种睡眠之中，我们心头的创痛，

以及其他无数血肉之躯所不能避免的打击，

都可以从此消失，

那正是我们求之不得的结局。

死了；睡着了；睡着了也许还会做梦；

嗯，阻碍就在这儿：

因为当我们摆脱了这一具朽腐的皮囊以后，

在那死的睡眠里，

究竟将要做些什么梦，

那不能不使我们踌躇顾虑。

人们甘心久困于患难之中，

也就是为了这个缘故；

谁愿意忍受人世的鞭挞和讥讽、

压迫者的凌辱、傲慢者的冷眼、

被轻蔑的爱情的惨痛、法律的迁延、

官吏的横暴和费尽辛勤所换来的小人的鄙视，

要是他只要用一柄小小的刀子，

就可以清算他自己的一生？

谁愿意负着这样的重担，

在烦劳的生命的压迫下呻吟流汗，

倘不是因为惧怕不可知的死后，

惧怕那不曾有一个旅人回来过的神秘之国，

是它迷惑了我们的意志，

使我们宁愿忍受目前的磨折，

不敢向我们所不知道的痛苦飞去？

这样，重重的顾虑使我们全变成了懦夫，

决心的赤热的光彩，

被审慎的思维盖上了一层灰色，

伟大的事业在这一种考虑之下，

也会逆流而退，失去了行动的意义。

　　如此收看、聆听、朗读之后，师生再一起来品味独白（台词）。学生对台词有足够的熟悉与感知，又借助朗读沉浸到安静专注的课堂气氛中来，如此学习、品味经典，效果自然不是油光水滑、浮光掠影而过。品味只设计了一个核心问题，你读出了一个怎样的哈姆莱特，请结合关键台词加以解说。学生自由发言，教师适当补充、深化、拓展。有人说读到了一个徘徊在生存还是毁灭两种人生状态之间的异常纠结、矛盾、痛苦的哈姆莱特。文句"生存还是毁灭，这是一个值得考虑的问题"写出哈姆莱特此时此刻人生选择的艰难与窘迫。我提醒学生深入思考，为何难以抉择？"值得思考"表明什么？"生存"与"毁灭"两种人生状态各是怎样的？这些问题没有标准答案，意在促进学生深入思考，将理解引向深刻。教师补充两句名言，没有思考的人生不值得过，"人固有一死，或重于泰山，或轻于鸿毛"。又提问，从哈姆莱特的身份、地位、境遇来看，他如何才能求得生存？如何又会毁灭？引导学生温习、回顾剧情，主要理解他复仇之外，还有扫除恶人，整顿朝纲，扭转乾坤的崇高抱负。

　　有人说，我读到了一个面对死亡犹豫不决、矛盾痛苦的哈姆莱特。文中有句子："默然忍受命运的暴虐的毒箭，或是挺身反抗人世的无涯的苦难，通过斗争把它们扫清，这两种行为，哪一种更高贵？"这里突出选择的艰难与困惑，实际上展示了两种不同的人生态度。面对人生的苦难与挫折，要么选择"默然忍受"，要么选择"挺身反抗"，前者意味着哈姆莱特放弃复仇，逆来顺受，默默忍耐，任人宰割，如此可以当牛做马，苟延残喘，行尸走肉一般浑浑噩噩，得过且过。这种态度突出一个"忍"字，一把利刃架在心上，还要忍耐，不反抗，不出声音。鲁迅先生对于中国人的生存状态，有这样的描述，中国人经历了两种状态：想做奴隶而不得，暂时做稳了奴隶。中国人一辈子就是做奴隶的命，就是从来没有获得做人的资格。鲁迅笔下的许多人物的经历生动地诠释了这个现象。后者则是挺身而出，奋起反抗，即便苦难无涯，即便力量孤弱，也决不妥协，更不怯懦，退缩。要战斗，要扫荡，活出尊严，活得高贵。结合哈姆莱特的境况来看，他是一个王子，象征正义与光明，是典型的人文主义思想的代表人物，但是，势单力薄，孤立无援。对方新王克劳狄斯则是一个国王，代表着邪恶与黑暗，炙手可热，强大无比。显然，这场反抗其实就是一场战斗，一场充满悲剧色彩的较量。力量悬殊，天差地别，哈姆莱特的失败是必然的。但是，他在思考，"哪一种行为更高尚"，答案不言而喻，他选择行动，选择复仇，选择高尚，他的高尚在于反抗黑暗，铲除邪恶，重整乾坤。鲁迅有名言，"真的猛士，敢于直面惨淡的人生，敢于面对淋漓的鲜血，这是怎样的哀痛者和幸福者"，又说"沉默啊沉默，不在沉默中灭亡，就在沉默中爆发"。面对无涯的苦难、淋漓的鲜血，哈姆莱特的选择和鲁迅的主张是一致的，唯有反抗，才能获得尊严，才活得高贵，即便这种反抗是失败的。

有人说，读到一个想死又不敢死、惧怕死亡的哈姆莱特。文中对于死亡的思考、顾虑着墨比较多。一方面，他对死亡是"求之不得"，因为，"一旦死去，死了；睡着了；什么都完了；要是在这一种睡眠之中，我们心头的创痛，以及其他无数血肉之躯所不能避免的打击，都可以从此消失"，死亡对于陷身无涯苦难和遭受命运毒箭的哈姆莱特而言是一种解脱和新生，一死百了，无需忍受，无需折磨，无忧无虑，无痛无苦。不过，要注意，哈姆莱特"求之不得"的不仅仅是自己的苦难消失，更是"其他无数血肉之躯所不能避免的打击"也消失，这就见出哈姆莱特的博大胸怀与勇敢担当，他要解救黎民，拯救国家；他要扫除黑暗，将国家带向光明正大的新天地。正如鲁迅所言，"无尽的远方，无数的人们，都与我有关"，何等博大的胸襟？何等悲悯的情怀？又是何等崇高的担当？另一方面，哈姆莱特又担心死亡，顾虑重重。"因为当我们摆脱了这一具朽腐的皮囊以后，在那死的睡眠里，究竟将要做些什么梦，那不能不使我们踌躇顾虑。"人虽然死了，但是灵魂不灭，还会做梦，还不甘心放弃，还有梦想在支撑着，"梦"的可能存在使得人不敢离去，不舍得放弃。梦的存在使哈姆莱特顾虑重重，犹豫不决。梦是什么，显然是他的"伟大事业"。

有人说，读到了一个忍受无涯苦难、煎熬度日的哈姆莱特。请看这样的句子："谁愿意忍受人世的鞭挞和讥讽、压迫者的凌辱、傲慢者的冷眼、被轻蔑的爱情的惨痛、法律的迁延、官吏的横暴和费尽辛勤所换来的小人的鄙视，要是他只要用一柄小小的刀子，就可以清算他自己的一生？"如果用一柄小小的刀子就可以清算他自己的一生的话，谁都不愿意忍受人世无涯的苦难。问题是，现在不能自杀，不能清算自己的一生，还得忍受，还有梦想，还肩负使命。忍受什么呢？欺压、凌辱、歧视、讥讽、黑暗、不公，七个短语排比，铺陈排比，犹如苦难排山倒海而来，全都涌向哈姆莱特，给人以灭顶之灾、世界末日之感。哈姆莱特一个人对抗一个社会，一副柔弱的肩膀扛住一个世界的黑暗，如同鲁迅先生所言，用肩膀扛住黑暗的闸门，悲壮而震撼，惨烈而雄奇，哈姆莱特的形象站立起来，定格成为一道人文主义的壮丽风景。

有人读到了一个害怕死亡、担心死后的哈姆莱特。文中有这样的句子：

谁愿意负着这样的重担，

在烦劳的生命的压迫下呻吟流汗，

倘不是因为惧怕不可知的死后，

惧怕那不曾有一个旅人回来过的神秘之国，

是它迷惑了我们的意志，

使我们宁愿忍受目前的磨折，

不敢向我们所不知道的痛苦飞去？

惧怕神秘而未知的死亡，惧怕有去无回的死亡，惧怕死后的种种可能，所以不敢飞向痛苦，神秘消失，所以宁愿忍受生命的压迫与沉重的负担，所以愿意忍受目前的磨折，忍受也罢，惧怕也罢，均是因为心中有梦，人生不甘。哈姆莱特的畏惧死亡与一般人对死亡的恐惧有区别，他不怕死，只是担心死后的未知和梦想或"伟大的事业"未能实现，留下巨大遗憾，那样的话，即便离去，也是死不瞑目，饮恨一生啊。

有人读到了一个顾虑重重、优柔寡断的哈姆莱特，结尾一节诗句可以证明这一点。重重顾虑让人变成胆小怕事、畏首畏尾的懦夫，慎之又慎的思维又让炽热的决心黯然无光，伟大的事业最终因为过多的顾虑而成为泡影。哈姆莱特心思细腻，思考全面，决策谨慎，行动迟缓，这是他的缺点，也是他的优点。一个人一旦充分认识到自己的缺点的时候，也就意味着他的觉醒和坚强，完全可以推测，甚至坚信，经过了这样一番痛定思痛的思考之后，他追求伟大事业的行动一定是充满力量的。

后 记

2021年9月，我们着手第一轮新教材教学，也开始从事"新课标背景下语文课堂教学逻辑与活力研究"，这是新教材面向全国推行使用第一届之后我校第二轮使用新教材实施新课标教学。之前，我们老师接受了国家、省、市、校内不同规格的培训，现场观摩、研讨了不少新课标教学课例，对于新课改的思想、理念、价值、意义以及教学策略、路径走向等问题或多或少有些了解，口头上也许能说出一套一套的术语与观点，但是，如何让新课标落实在课堂教学之中，如何设计单元教学，如何完成大概念大单元、大情境的资源重组与教学设计，如何设计核心问题，如何创设学科情境、社会情境与历史文化情境，如何构建任务驱动，大家都感到陌生而复杂，可资借鉴的经验很少，学生和教师的理念改变和身份定位都不是很清楚。在这种情况下，我们依托教材的单元组合、学习提示、单元要求、任务研讨，以及我们对新课标的理解等内容，对每一个单元、每一项学习任务，都做出一定既有分工，又有合作的设计与探讨。这本《"教"出一片好风光》是作者三年来努力践行新课标、贯彻新理念、转变教学方式、落实学科素养的汗水结晶，也是"新课标背景下语文课堂教学逻辑与活力研究"课题组同仁艰苦探索的智慧沉淀。

这本书所选篇目全是高中语文新教材传统篇目与新增篇目，教材研读与课堂教学以案例形式呈现，来自师生对话，来自课堂生成与教学反思，体现新课标、新理念与新思维，读者定位为语文教师、语文教研员，高校语文课程与教学专业的研究生，以及广大即将走向语文教学岗位的高校毕业生。该书可以从如何解读与突破、升华文本，如何依据文本解读对接新课标，有效设计课堂教学，如何提炼话题和问题来激发学生的主动性，如何借助文本教学有效落实学科核心素养与关键能力的培养，如何有效提升语文学习品质与语文创新能力，如何在经典教学中实现与文本、与作者、与学生对话等方面助力广大一线教师提升专业素养与教学技能。具体而言，该书具有以下特点。

其一，立足情境，咀嚼语言，调动生活，激活思维，生发文字的可能意义，闪现言语的璀璨光芒，丰富学生的言语生命，促进学生的精神成长。作者耕耘语文三十多年，酷爱古典诗词，钟情中外经典，深钻教材文本，一度迷恋孙绍振的文本解读思想，精研潘新和的言语生命动力学说，整合自己的读写体会，秉持创新性继承、创造性发展的原则，致力于语文教学本质思考与实践探索，坚信语言是语文的核心，是思维的形式，是交际的工具，是文化的载体，是生命的确证。课堂教学的亮点之一就是让语言复活气血，让眼睛明亮生辉，让精神明媚灿烂。教师的职责从某种意义上说，就是借助言语品味，唤醒沉睡的文本，点燃学生的思维火花，引发读者与作者、读者与文本、读者与读者、读者与教师的多方交汇与碰撞，进而共情共理，达成默契共鸣。教师是打火机，是导火线，任务只有一个，点燃学生对语言以及语言后面的生命的兴趣与热情。当然，语言与制约语言的语境密切相关，须臾不离。任何脱离语境的静态分析、释文解字、演绎文本的行为都是对语言的扭曲与背叛。语言，只有回归家园，回归语境，才能散发出生命光芒，才能闪射出精神气象。

其二，注重设问，提纲挈领，直捣黄龙，既关切全篇，又提振精神，暗自呼应思维的发展与提升。引导学生慢读文本、细读文本、精读文本、深读文本、对读文本、联读文本，注重整合内容，嫁接资源，喜欢构建关联，形成新见，珍视灵感发现，巧妙设计问题，力求于无疑处生发疑问，于浅显处发现深刻，于平常处洞见奇崛，于陈旧处赋予新意。设问力求立足文本，对接学情，闪见创意，犹如一枚石头扔进湖泊，激起圈圈涟漪；犹如一串鞭炮炸响森林，激荡阵阵回音。语文课的快乐源泉之一就在于思维的拓展与深化，思想的表达与交流，思考的夯实与精进。作者教学经典名篇，尤其注重设置高品质的问题来引导学生思维，激发学生兴趣，促进课堂学习走向深刻与开阔，展现诗意风光与生命格调。

其三，探究文本，创意解读，多维比较，多向思考，多边拓展，将文本"泡"开，将语境扩展，将生命演绎得绚烂多彩，暗自呼应审美的欣赏与创造。所谓"创意解读"主要是指作者解读文本，推进课堂，既追求教学方式的新颖独特、个性分明，又追求文本理解的深度体验与独特发现，多采用比较拓展、生发联系、感应情境、融通生命的做法。比较思维呈现多点散发、多面扩展、多层推进、多向开掘、全面开花的态势。或标题制作，或情节设计，或细节辨异，或场景描绘，或景物点染，或开篇切入，或结尾安排，或过渡置换，或诗心词眼，或主旨趣味，或文化差异，或一篇之内，或多篇关联，凡此种种，不一而足。比一比，差异鲜明，特征凸显；比一比，拓展思维，深化思考；比一比，咂摸言语，情味十足。"比"字贯穿教学，勾连丰富内容，折射经典光芒，成为全书一大思维亮点，也是全书一道审美风景。

其四，合作探究，对话经典，开掘文化意蕴，融汇生命体验。教学注重挑选重点文段或关键字词，引导学生细嚼慢咽，精读深思，字字咂摸，句句斟酌，切情切境，生发感动，既走进言语背后的生命天地，又洞察文化思想，构建价值联系，让学生经由言语抵达生命，经由表达实现共享，经由审美积淀文化。一般而言，思维的扩散，理解的深化，智慧的生成，联系的建构，价值的演绎，审美的激活，生命的激荡，全是来源于经典的触发与师生的对话以及思维的碰撞、交流。该书研读经典，设计教学，从不停留在浅表层面，而是师生精细研读，充分对话，碰撞思维，交流思想，沉淀文化，努力实现语文课堂人文合一、教学相长的理想境界。

其五，逻辑建构，焕发活力，精心设计教学，发力学科素养。"新课标背景下语文课堂教学逻辑与活力研究"是湖南省教育科学"十四五"规划2021年度立项课题，系雅礼中学语文教研组全体老师及雅礼教育集团语文名师工作室所有骨干成员共同参与研究的课题。核心成员有刘昭文、徐昌才、张妍、彭芬、周述乔、姚国正、胡洪来、刘炜伟、熊开杰、唐鸿杰、钱垠、唐艳萍、潘炳清、李兰、陈宏资、朱箐兰、金路、陈建平等。该课题从"建构逻辑"与"焕发活力"两者内在关系的角度进行探索，目的在于经由语文新教学促进学生整合生命的和谐发展，开掘出"科学精神"与"生命气象"交相辉映的课堂设计策略，以改变当前语文教学或"散落无序"或"干涩无味"的面貌。重点探究文本逻辑、教授逻辑、学习逻辑三者的内在关联，在寻求从基于表层逻辑的形式关联到基于深层逻辑的内在关联的过程中建构课堂整体教学逻辑，并以此为根脉，激活学生课堂情绪与思维，突显学生课堂主体性，实现课堂活力的自然生成与自由绽放，有效地培养学生的语文核心素养，成就学生的生命个性，实现语文课堂真实生命的复活。逻辑如干与枝，活力是叶与花，学生的语文素养与生命个性为果。真实的课堂就是一棵师生共同滋养下而充满生机的树。

课堂教学的要领、方法、智慧，学科核心素养的开掘与落实，师生对话的生成与拓展等，大量存在于文本教学案例之中。也就是说，读者阅读本书，经由一个个教学案例，既可以抵达文本深处，又可以领会教学的技能与追求，还能充分感受到新课标的渗透与对接。

书稿得以出版，要感谢全国人大代表、长沙市雅礼中学校长王旭先生，王校长的人格魅力、教育情怀和理想追求给予我们的语文教研以巨大的鼓舞和激励。要感谢全国著名的语文教育研究专家、华东师范大学教授、博导杨道麟先生，杨教授的专精治学精神给予我们坚定信心，引领我们勇敢探索，昂首前行。要感谢全国知名语文教育专家王良先生，我们多次热烈探讨语文教育，理念趋同，主张相似，思想呼应，同道相悦。要感谢广大语文同仁，尤其是课题组的同事们，你们的热忱鼓励和大力支持，是我们努力推进雅礼语文教研的不竭动力。要感谢为书稿提出宝贵意见的全国知名语文教育专家邱益莲教授。特别要感谢为这本书赐序指教的全国著名语文教育专家、南京信息工程大学博士、教授汲安庆先生。你们高屋建瓴、指点教育，引领课改，既有理论的烛照，又有实践的助推，给予我们的语文教学探索以切实的指导与智慧的启迪。语文江湖，此呼彼应，同道相谋，不亦乐乎？

徐昌才　刘昭文

2023年8月于雅礼园